पूर्वरंग

[आलोचना]

पूर्वरंग

नामवर सिंह

सम्पादक
आशीष त्रिपाठी

राजकमल प्रकाशन

ISBN : 978-81-267-3064-3

मूल्य : ₹395

पहला संस्करण : 2018

प्रकाशक : राजकमल प्रकाशन प्रा.लि.
1-बी, नेताजी सुभाष मार्ग, दरियागंज
नई दिल्ली-110 002

शाखाएँ : अशोक राजपथ, साइंस कॉलेज के सामने, पटना-800 006
पहली मंजिल, दरबारी बिल्डिंग, महात्मा गांधी मार्ग, इलाहाबाद-211 001
36 ए, शेक्सपियर सरणी, कोलकाता-700 017

वेबसाइट : www.rajkamalprakashan.com
ई-मेल : info@rajkamalprakashan.com

मुद्रक : बी.के. ऑफसेट
नवीन शाहदरा, दिल्ली-110 032

POORVA-RANG
by Namwar Singh
Edited by Ashish Tripathi

आलोचक का पूर्वरंग

प्रो. नामवर सिंह की ख्याति मूलत: एक आलोचक की है—एक ऐसे आलोचक की, जिसने आलोचना में आने के पहले कवि होने की इच्छा की, और बाकायदा एक कविता-संग्रह तैयार किया, पर जो प्रकाशित न हो सका।

आलोचक की छवि को अनन्त विस्तार दिया—उनके व्याख्यानों ने, जो भारत के विभिन्न क्षेत्रों में हुए। इन व्याख्यानों ने नामवरजी को मूलत: हिन्दी होने के बावजूद एक भारतीय पहचान दी। साथ ही वे 'भाषा' और 'साहित्य' की दुनिया से बाहर एक जन-बुद्धिजीवी भी बने। इस नई छवि के पीछे व्याख्यानों के वे विषय थे जो भाषा, साहित्य, अनुवाद और आलोचना से लेकर राजनीति, समाजविज्ञान, दर्शन, स्त्री-अध्ययन और दलित-अध्ययन तक फैले हुए थे। इन्हीं व्याख्यानों के कारण वे 'हिन्दी का चेहरा' बनकर उभरे। एक ऐसा चेहरा, जो प्रत्येक मुद्दे पर हिन्दीवालों की ओर से बेबाक राय दे सकता था—निर्भय और निर्मम।

इस सबके बावजूद नामवरजी मूलत: आलोचक हैं—ज्ञान के क्षेत्र में भाषा और साहित्य के प्रतिनिधि। अपने व्याख्यानों, परिसंवादों, साक्षात्कारों और कक्षा-व्याख्यानों में भी वे मूलत: आलोचक के रूप में ही उपस्थित होते हैं—पाठ या प्रकरण को परत-दर-परत खोलते, दुनिया-जगत से उसके सम्बन्धों की पहचान करते, उसकी समझ अथवा आस्वादकता के रास्ते में आनेवाली बाधाओं को हटाते, उसके सम्बन्ध में एक निर्भ्रान्त राय बनाते, उसे प्रतिमानों के निकष पर कसते और अन्तत: मूल्यांकन का मार्ग प्रशस्त करते हैं।

नामवरजी का आलोचक अपने सर्वोत्तम रूप में प्रकट होने के लिए कभी प्रबन्धात्मक विस्तार की ओर गया हैं तो कभी निबन्धात्मक संक्षेप और तीक्ष्णता की ओर। 'छायावाद', 'कविता के नये प्रतिमान' और 'दूसरी परम्परा की खोज' सुदीर्घ प्रबन्धात्मक रागदारी के उदाहरण हैं—बड़ा ख़याल की तरह। उसके बरक्स 'इतिहास और आलोचना', 'कहानी नई कहानी', 'वाद विवाद संवाद', 'कविता की ज़मीन और ज़मीन की कविता' तथा 'हिन्दी का गद्यपर्व' के आलेख छोटे ख़याल की मानिन्द हैं—सुगठित और एकतान। यह भी स्पष्ट है कि निबन्ध ही हमारे युग में आलोचना का मुख्य माध्यम हैं। प्राय: सभी आलोचक आज निबन्धों में ही खुद को व्यक्त करते हैं।

आलोचना पुस्तकें प्रायः निबन्ध-संकलन हैं। इस सम्बन्ध में इतिहास क़ाबिलेग़ौर है। रामचन्द्र शुक्ल और हजारी प्रसाद द्विवेदी के बाद की आलोचना में रामविलास शर्मा, मुक्तिबोध और नामवर सिंह की आलोचना-त्रयी प्रखरता के साथ स्थापित हुई। इस त्रयी ने एक वैचारिक संघर्ष किया। इसने विरासत से सीखा और अपने लिए एक 'परम्परा' की स्थापना की। इन आलोचकों का वैचारिक संघर्ष प्रमुखतः निबन्धों के माध्यम से सामने आया। परन्तु अपने विचारों की सम्पूर्णता से स्थापना के लिए इन सभी ने प्रबन्धात्मक कृतियों की आवश्यकता का भी अनुभव किया। 'हिन्दी आलोचना और आचार्य रामचन्द्र शुक्ल', 'कामायनी : एक पुनर्विचार' और 'छायावाद' जैसी 1955-56 के आसपास लिखी गई पुस्तकें इसी प्रक्रिया का अंग थीं। स्पष्ट है कि नई वैचारिकता और आलोचना की स्थापना के लिए प्रबन्धात्मक और निबन्धात्मक—दोनों ही प्रारूपों में समान रूप से प्रयास करना एक युगीन आवश्यकता थी, जिसे इन आलोचकों ने समझा। नामवर सिंह के आलोचक-व्यक्तित्व का निर्माण इसी युग में हुआ। सम्भवतः इसीलिए उन्होंने आलोचना के दोनों प्रारूपों में सहजता से काम किया। परन्तु, यह भी देखने में आता है कि वाद विवाद संवाद में गहरी दिलचस्पी के कारण उन्होंने निबन्ध ज्यादा बड़ी मात्रा में लिखे।

कहना न होगा कि प्रो. नामवर सिंह ने मार्क्सवादी आलोचक के रूप में नये विचारों की स्थापना के लिए प्रायः निबन्धों का सहारा लिया। उनकी भाषायी भंगिमाएँ प्रायः ज्यादा मुखरता के साथ निबन्धों में ही व्यक्त हुई है। प्रगीतात्मक संरचना के प्रति आकर्षण और वाचिकता के प्रति आसक्ति के कारण भी निबन्ध उनकी वैयक्तिकता के ज्यादा निकट थे। संकेन्द्रित एकतान लेखन की आदत उन्हें इस ओर ढकेलती और बाध्य करती थी कि वे निबन्ध लिखें। शायद यही वे वजहें हैं जिनके कारण नामवर जी की आलोचना का ज्यादातर हिस्सा निबन्धों के रूप में हमारे सामने है। इससे कुछ अलग कारणों से मुक्तिबोध की आलोचना भी निबन्धों में ही प्रकट हुई। रामविलास शर्मा ने अवश्य बाद में खुद को ज्यादातर दीर्घ परियोजनाओं में लगाए रखा। परिणामस्वरूप जहाँ उन्होंने अनेक प्रबन्धात्मक कृतियों की रचना की, वहीं प्रायः उन्होंने तात्कालिक बहसों से भी खुद को दूर रखा। 'महाआख्यानात्मक आलोचक' कहलाने के सबसे बड़े अधिकारी हिन्दी में सम्भवतः वही हैं। रामविलास शर्मा के ये कार्य प्रगतिशील आन्दोलन की ज़रूरतों से उपजे थे और भारत में जनवाद के प्रसार में उनकी भूमिका ऐतिहासिक है। मुक्तिबोध और नामवर सिंह आलोचना में तो राहुल सांकृत्यायन, रांगेय राघव और भगवतशरण उपाध्याय इतिहास और दर्शन के क्षेत्रों में एक सुव्यवस्थित और सुदृढ़ वैचारिकी निर्मित करने में रामविलासजी के सच्चे संगी रहे हैं। नामवर सिंह ने यों तो रामविलासजी की तरह दीर्घ परियोजनाओं पर कार्य नहीं किया, परन्तु यह भी स्पष्ट है कि उन्होंने समकालीन रचनाशीलता की पड़ताल के बहाने प्रगतिशील-जनवादी संघर्ष को आगे बढ़ाया। उन्होंने प्रतिक्रियावादी शक्तियों और विचारों के साथ ही प्रगतिशील आन्दोलन के 'अन्धबिन्दुओं'

से मोर्चा लिया। इस प्रक्रिया में उन्होंने प्रगतिशील आलोचना की परिधि को विस्तार दिया। उसे उदार, समावेशी और जनतांत्रिक बनाया। यह संघर्ष उन्होंने प्रमुख रूप से अपने निबन्धों, व्याख्यानों और साक्षात्कारों के माध्यम से किया।

यह पुस्तक उनके निबन्धों और छोटी टिप्पणियों का संकलन है।

पुनः यह कहना जरूरी है कि यह प्रो. नामवर सिंह के लिखित निबन्धों और टिप्पणियों की पुस्तक है। इसमें उनके वाचिक का कोई प्रारूप या अंश शामिल नहीं है। साथ ही, उनके 'लिखित' की सम्भवतः यह अन्तिम पुस्तक है, जो दो पुस्तकों की शृंखला का हिस्सा है।

इस पुस्तक में उनके अब तक असंकलित रहे आये प्रकाशित-अप्रकाशित निबन्ध और कुछ छोटी टिप्पणियाँ शामिल हैं। पुस्तक को आकार की दृष्टि से तीन खंडों में बाँटा गया है। पहले खंड में उनके कुछ बड़े निबन्ध हैं। ज्यादातर निबन्ध शुरुआती समय के हैं। नामवरजी का पहला प्रकाशित निबन्ध, भारत यायावर के अनुसार, 1945 का है : 'समाज के अग्रचेता : तुलसी'। यह निबन्ध 'क्षत्रिय मित्र' के जुलाई-अगस्त, 1945 के अंक में प्रकाशित हुआ था। परन्तु इस निबन्ध में एक छात्र या उत्साही युवा के ही दर्शन ज्यादा होते हैं। यही निबन्ध यहाँ संकलित है। अनगढ़ता के बावजूद आलोचक नामवर सिंह की पहली झलक 1950 में प्रकाशित उनके निबन्ध 'हिन्दी समीक्षा और आचार्य शुक्ल' में ही मिलती है। पुस्तक 'हिन्दी का गद्यपर्व' और संचयनों 'आलोचना के रचना पुरुष' तथा 'हिन्दी समीक्षा और आचार्य शुक्ल' में प्रकाशित होने के बावजूद इसीलिए इसे पुनः यहाँ संकलित किया गया है। पहले खंड में, इन दो निबन्धों के अतिरिक्त कुल 18 निबन्ध हैं। अपरिहार्य कारणों से प्रकाशन में हुई देरी के कारण इसमें संकलित पाँच निबन्ध श्री भारत यायावर द्वारा सम्पादित, अत्यन्त महत्त्वपूर्ण संचयन 'प्रारम्भिक रचनाएँ' में संकलित हो गए हैं। आलोचक नामवर सिंह के शुरुआती आलोचनात्मक विकास को समझने की दृष्टि से महत्त्वपूर्ण होने के कारण ये यहाँ संकलित हैं। यहाँ प्रकाशित निबन्ध सम्भवतः अब तक अप्रकाशित ही हैं जो यहाँ पहली बार संकलित हो रहे हैं। ये निबन्ध हमें प्रो. काशीनाथ सिंह के व्यक्तिगत संग्रह से प्राप्त हुए हैं। इन निबन्धों को अब तक सहेजे और सँभाले रखने के लिए हम प्रो. काशीनाथ सिंह के अत्यन्त आभारी हैं और प्रकाशन के लिए उपलब्ध कराने के लिए नतमस्तक। पुस्तक के पहले खंड के अन्य निबन्ध भी 1950-1960 में लिखित-प्रकाशित, लेकिन अब तक असंकलित हैं। ये नामवर सिंह की रचनात्मकता के प्रारम्भिक, लेकिन महत्त्वपूर्ण दस्तावेज हैं।

पुस्तक के दूसरे खंड की ज्यादातर सामग्री श्री विष्णुचन्द्र शर्मा के सम्पादन में प्रकाशित होनेवाली पत्रिका 'कवि' में क्रमशः छपी। यह व्यवस्थित निबन्धों की बजाय छोटी वैचारिक टिप्पणियाँ हैं, जो एक आलोचक के रूप में नामवरजी के बुनियादी

सिद्धान्त 'मैत्री दर्शन' की 'साखी' हैं। परवर्ती नामवर की आशीर्वादी मुद्राओं से शिकायत रखनेवाले जनों को, प्रारम्भिक नामवर की ये टीपें जरूर पढ़नी चाहिए। इनमें से अनेक टिप्पणियाँ 'नामवर सिंह' के नाम से प्रकाशित हैं और अनेक 'कविमित्र' के नाम से। यह जानना दिलचस्प है कि 'कविमित्र' नाम से अनेक कवि, आलोचक और कवि-आलोचक इस पत्रिका में टिप्पणियाँ लिखा करते थे। बाद में प्रो. अवधेश प्रधान के प्रयत्नों से सम्पादक श्री विष्णुचन्द्र शर्मा से यह ज्ञात हो सका कि इनमें से कौन-सी टीप किसने लिखी थी। हम प्रो. अवधेश प्रधान के आभारी हैं कि उन्होंने 'कविमित्र' नाम से लिखी गई वे टिप्पणियाँ हमें उपलब्ध कराईं। इन्हीं टिप्पणियों में मुक्तिबोध पर लिखी नामवरजी की सम्भवत: पहली टिप्पणी भी शामिल है, जिसका अब ऐतिहासिक महत्त्व है। इस खंड में बाद के दिनों में लिखी गई 13 टिप्पणियाँ भी शामिल की गई हैं। ये 13 टिप्पणियाँ अलग-अलग कारणों से इधर के वर्षों में लिखी गई हैं। ये एक बड़े आलोचक के हाशिये में बिखरी सामग्री की तरह हैं, जो प्राय: अलक्षित रह जाती हैं। परन्तु सम्पूर्णता से जानने के लिए इन्हें देखना अनिवार्य होता है। कहना न होगा कि इसमें डॉ. विश्वनाथ त्रिपाठी पर लिखित 'आईना क्यों न दूँ' और महेश्वर पर लिखित 'महेश्वर का निर्णय' नामवरजी के संवेदना-तन्तुओं को समझने की दृष्टि से अत्यन्त महत्त्वपूर्ण हैं। भारतभूषण अग्रवाल पुरस्कार के निर्णायक के रूप में लिखी गई टिप्पणियों से समकालीन कविता के प्रति नामवरजी की प्रतिक्रियाओं को विस्तार मिलेगा। लोकप्रियता के शिखर पर होने के बावजूद गत 30 वर्षों में नामवरजी ने पुस्तक-समीक्षाएँ और ब्लर्ब नहीं के बराबर लिखे हैं। ऐसे में महत्त्वपूर्ण कवि एकान्त श्रीवास्तव के तीसरे काव्य-संकलन 'बीज से फूल तक' के ब्लर्ब के रूप में लिखी गई टीप पढ़ना सहज ही चकित करता है। यह अलग ही अध्ययन का विषय है कि अत्यन्त महत्त्वपूर्ण होने के बाद भी यह कविता-संकलन अलक्षित रह गया, इस ब्लर्ब के बावजूद। इस खंड की अन्य टिप्पणियाँ भी छोटी सही, पर बेहद महत्त्वपूर्ण हैं।

पुस्तक के तीसरे खंड में नामवरजी की 11 राजनीतिक टिप्पणियाँ शामिल हैं। इनमें से 10 'जनयुग' का सम्पादन करते हुए लिखी गई थीं। इनमें उनका नाम स्पष्टत: प्रकाशित नहीं हुआ था। ग्यारहवीं टीप 'सहारा समय' साप्ताहिक में 'यथासमय' स्तम्भ में लिखी गई थी। इस स्तम्भ की अनेक किस्तें 'जमाने से दो दो हाथ' में ले ली गई थीं। यह अब तक असंकलित छूट गई थी। प्रो. नामवर सिंह की राजनीतिक चेतना का मुखर उदाहरण ये टीपें हैं। इस रूप में इन्हें स्वतंत्र ढंग से पढ़े जाने की आवश्यकता है।

इन निबन्धों और टिप्पणियों से लोकप्रियता और विवादों का इतिहास रचनेवाले एक आलोचक के कम प्रकाशित 'पूर्वरंग' से भी परिचय होता है और उसके 'हाशिये'

से भी। मुझे उम्मीद है कि हिन्दी के पाठकों को इन दोनों में साथ-साथ दिलचस्पी होगी। यों भी 'पूर्वरंग' और 'हाशिये' अनेक बार 'मुख्य नाटक' और 'मुख्य पृष्ठ' पर ज़्यादा रोशनी डालते हैं।

हम 2010 से नामवरजी की पुस्तकों के प्रकाशन में संलग्न हैं। 4-4 पुस्तकों के दो समूह 2010 और 2012 में प्रकाशित हुए हैं। छः पुस्तकें अभी तैयारी की प्रक्रिया में हैं जबकि दो पुस्तकों का यह सेट आपके सामने है।

इन पुस्तकों में प्रकाशित सामग्री पिछले सत्तर वर्षों की दीर्घ अवधि में लिखित एवं प्रकाशित परन्तु असंकलित रही है। खोज का यह काम 2005 में प्रारम्भ हुआ। निरन्तर पत्र-पत्रिकाओं, पुस्तकों, पुस्तकालयों, इंटरनेट एवं खास तौर पर निजी संग्रहों को खँगालने पर यह सामग्री प्राप्त हुई है—लगभग 2000 पृष्ठ। उसमें नामवरजी के आलेख, व्याख्यानों के लिप्यंतरित पाठ, वाचिक टिप्पणियाँ, व्यक्तिगत साक्षात्कार एवं सामूहिक परिसंवाद शामिल हैं। इसके बावजूद अभी अनेक आलेख और व्याख्यानों के मुद्रित पाठ खोजे जाने बाकी हैं। नामवरजी ने जब स्वयं यह संग्रह देखा तो उन्हें आश्चर्य हुआ। अनेक आलेख और व्याख्यान उनकी स्मृति में नहीं थे। इस सामग्री को पुस्तकों में बाँटने की प्रमुखतः दो योजनाएँ विकल्प के रूप में सामने थीं—विषयवार पुस्तकें और लिखित-वाचिक की अलग-अलग पुस्तकें। हमने बीच का रास्ता अपनाया। सामयिक विषयों पर एक स्वतंत्र पुस्तक 'जमाने से दो दो हाथ' के साथ प्रेमचन्द पर केन्द्रित पुस्तक 'प्रेमचन्द और भारतीय समाज' में आलेख, भाषण एवं वाचिक टिप्पणियाँ एक साथ मौजूद हैं। इसके अतिरिक्त वाचिक की दो पुस्तकें 'आलोचना और विचारधारा' तथा 'साहित्य की पहचान' लिखित की दो पुस्तकें 'कविता की ज़मीन तथा ज़मीन की कविता' तथा 'हिन्दी का गद्य पर्व' और साक्षात्कार-संवाद की दो पुस्तकें 'साथ-साथ' तथा 'सम्मुख'। इन पुस्तकों से गुजरते हुए आप नामवरजी की प्रतिभा के विविध आयामों से संवाद कर सकेंगे।

सम्पूर्ण खोज-यात्रा में प्रो. कमला प्रसादजी के साथ ही हिन्दी के वरिष्ठ कथाकार प्रो. काशीनाथ सिंह का प्रोत्साहन मेरी शक्ति रहा है। अनेक आदरणीय वरिष्ठों एवं मित्रों ने इस कार्य में निरन्तर दिलचस्पी ली है और बहुविध सहयोग किया है। सभी के प्रति आभार व्यक्त करना सिर्फ औपचारिकता नहीं है।

इस सम्पूर्ण खोज-यात्रा में एक बात मैं निरन्तर महसूस करता रहा कि इसके संग्रहण एवं प्रकाशन के प्रति नामवरजी में गहरी असम्पृक्ति रही है। सम्भवतः यही कारण है कि इतनी ढेर सारी सामग्री अब तक पुस्तक के रूप में संकलित-प्रकाशित नहीं हो सकी है। अनेक व्याख्यान तो उन्होंने प्रकाशित रूप में देखे भी न थे। आज के समय में, जबकि लोग आत्मप्रदर्शन की प्रवृत्ति के शिकार हैं, नामवरजी में एक किसान का-सा संकोच है। अपने लिखे और बोले हुए के प्रति नामवरजी की यह

असम्पृक्ति और उसके व्यवस्थित प्रस्तुतीकरण के प्रति उनका यह संकोच, मुझे अनेक तरह से अपरिग्रह के पुराने मूल्य का ही एक नया रूपान्तर लगता रहा है। उनके समकालीनों, हमउम्रों और उन्हें ज्यादा जानने का दावा करनेवाले लोगों के विचारों के समानान्तर मुझे नामवरजी में एक 'सूफियाना विराग' मिलता है। एक बार मेरे पूछने पर उन्होंने स्पष्ट रूप से कहा था कि 'चाहे निबन्ध हों या पुस्तक, मुझे उसका प्रकाशन तभी जरूरी लगता रहा है, जबकि वह मौजूदा परिदृश्य में हस्तक्षेप करे, उसके ठहराव को तोड़े और वाद-विवाद-संवाद की प्रक्रिया को आगे बढ़ाए। मेरी ज्यादातर पुस्तकें अपने समय की बहसों में भागीदार होकर लिखी गई हैं। इसीलिए संग्रह के लिए संग्रह निकालना मेरी प्राथमिकता नहीं रहा है।' इसी विचार के कारण पर्याप्त सामग्री के बावजूद उनके संग्रह सामने नहीं आ सके। मैंने देखा था कि 'वाद विवाद संवाद' के साथ ही 'आलोचना' में उनकी एक अन्य पुस्तक का विज्ञापन छपा था : 'जब हिन्दी नई चाल में ढली'। वह पुस्तक नहीं आ सकी। शुरुआती दिनों में मैंने उनके आलोचनात्मक निबन्धों के पुस्तक रूप में प्रकाशन की जब भी बात की, उन्होंने ज्यादा रुचि नहीं ली।

इसके बावजूद यदि इन पुस्तकों का प्रकाशन हो रहा है, तो इसका आशय यह नहीं है कि नामवरजी का विचार बदला है। वस्तुतः अनेक मित्रों के निरन्तर दबाव और निरन्तर आग्रह के कारण उन्होंने इनके प्रकाशन की अनुमति दी है। संकोच के साथ। मैं इसके लिए उनका आभारी हूँ।

उम्मीद है कि इनके प्रकाशन से गत सत्तर वर्षों से अधिक में फैली उनकी यह रचनात्मकता अपने ज्यादा आयामों में उभर सकेगी। सात दशकों में प्रगतिशील आलोचना की प्रभावशाली एवं निर्णायक भूमिका का खुलासा भी उनसे हो सकेगा तथा नामवरजी की अपनी वैचारिक स्थिति अधिक स्पष्ट हो सकेगी।

इन पुस्तकों के संकलन-सम्पादन के पीछे प्रो. कमला प्रसाद की प्रेरणा रही है। इस श्रृंखला की पहली चार पुस्तकें देखकर वे खुश हुए थे। दूसरी चार पुस्तकों का सेट आने के पूर्व ही वे हमें छोड़कर चले गए। उनकी अनुपस्थिति में उनकी उपस्थिति का महत्त्व ज़्यादा खुलकर प्रकट हुआ है। उनके साथ सक्रिय गतिशीलता का जो समय मैंने गुज़ारा है, वह मेरे भीतर सदैव जीवित रखेगा। इस अवसर पर उन्हें याद करना, ऐसा ही है जैसे अपने भीतर झाँकना। बाहर वे नहीं हैं। भीतर एक स्मृति-फ़िल्म में वे मौजूद हैं—बोलते, चलते और कुछ करने के लिए उकसाते, आलस करने पर नाराज़गी जताते। इस अवसर पर उन्हें याद करता हूँ।

—आशीष त्रिपाठी

अनुक्रम

खंड-3

खंड-1

साहित्य क्या है?

'अभी हम लोग केवल नाम पर एकमत हुए हैं। मैं तो कहता हूँ कि हम दोनों उस वस्तु को भी हृदयंगम कर सकते हैं, लेकिन इसके लिए हमें परिभाषा के रूप में उस वस्तु को समझने की कोशिश करनी पड़ेगी, न कि परिभाषा-रहित नाम के रूप में।'

—प्लेटो

यदि तर्हि लोक एषु प्रभाराणम्, किं शास्त्रेणा क्रियते।
लोकतोअर्थप्रयुक्ते शब्द प्रयोगे शास्त्रेणा धर्मनियमः क्रियते।

—महाभाष्य, पस्पश

कुछ आलोचकों का विचार है कि 'साहित्य' शब्द का प्रयोग आजकल बड़े व्यापक अर्थ में होने लगा है और किसी खास विषय की समस्त पुस्तकें उस विषय का साहित्य कही जाने लगी हैं। इससे भ्रम फैलने की आशंका है। यही बात 'लिटरेचर' शब्द के बारे में अंग्रेजी साहित्य-शास्त्र की कुछ पुरानी किताबों में भी कही गई है। विद्वानों ने हिन्दी में उसी का उल्था कर दिया है। इतनी दूर की कौड़ी लाने का काम विद्वान ही कर सकते हैं। हिन्दी में 'साहित्य' शब्द का प्रयोग इतने व्यापक अर्थ में कहीं नहीं होता। गणित का साहित्य, विज्ञान का साहित्य अथवा आयुर्वेद-साहित्य कोई नहीं कहता। लोक में प्रायः कविता, उपन्यास, नाटक, कहानी, निबन्ध को ही साहित्य कहा जाता है और कभी-कभी इन विषयों की आलोचना को भी साहित्य के अन्दर मान लिया जाता है। साधारण रूप में लोग इतना जानते हैं कि साहित्य क्या है और क्या नहीं है। इसलिए साहित्य की शास्त्रीय चर्चा करते हुए 'साहित्य' के लोक प्रचलित तथाकथित व्यापक अर्थ को सीमित करने की आवश्यकता नहीं है।

इसके विपरीत कुछ विद्वानों ने 'साहित्य' को इतने सीमित अर्थ में लिया है कि उसे लोक-प्रचलित व्यापक अर्थ के साथ उसकी संगति बैठाना अधिक आवश्यक प्रतीत होता है। उदाहरण के लिए ऐसे भी आलोचक हैं, जो बौद्ध सिद्धों, जैन मुनियों और यहाँ तक कि कबीर जैसे निगुनिए संतों की रचनाओं को 'साहित्य-कोटि' में स्वीकार नहीं करते। निःसन्देह साहित्य की यह 'कोटि' अत्यन्त सीमित है और

साहित्य-सम्बन्धी लोकधारणा के विपरीत नहीं तो भिन्न अवश्य है। इसका कारण क्या है ? क्या ये विद्वान 'साहित्य शब्द' का अर्थ नहीं जानते ? यह कहना साहस का काम है। वस्तुतः यह सीमा साहित्य के अर्थ-ग्रहण का परिणाम नहीं है, बल्कि इसके पीछे साहित्य-सम्बन्धी एक निश्चित विचारधारा है।

वस्तुतः 'साहित्य' शब्द के लोक प्रचलित अर्थ और शास्त्रीय अर्थ में मौलिक अन्तर नहीं है। जो अन्तर दिखाई पड़ता है, वह अर्थ-सम्बन्धी नहीं है, बल्कि दृष्टिकोण-सम्बन्धी है।

तात्पर्य यह है कि 'साहित्य' शब्द उन शब्दों में से है, जिनके विषय में अर्थ की समस्या उतनी नहीं है, जितनी 'परिभाषा' की। साहित्य के अर्थ के सम्बन्ध लोक और शास्त्र के बीच विशेष अन्तर नहीं है। बात इतनी ही है कि साहित्य-सम्बन्धी लोक-ज्ञान बहुत कुछ अस्पष्ट, अनिश्चित और अव्यवस्थित है। अपने सहज ज्ञान के आधार पर साधारण लोग अनेक विषयों की रचनाओं में से साहित्य की रचनाओं को चुन तो सकते हैं लेकिन ठीक-ठीक यह नहीं बता सकते कि वह विशेषता कौन-सी है, जिसके कारण साहित्य अ-साहित्य से भिन्न है। सामान्य पाठक कविता, उपन्यास, नाटक, कहानी वगैरह की अलग-अलग विशेषताएँ शायद बता सकते हैं, लेकिन इन सबके बीच वह कौन-सी सामान्य विशेषता है, जिससे ये साहित्य कहलाती हैं। यह बताने में उन्हें कुछ कठिनाई हो सकती है। इस प्रकार साहित्य-सम्बन्धी सहज ज्ञान एक हद तक कामचलाऊ तो हो सकता है, लेकिन शास्त्रीय चर्चा में काम नहीं दे सकता। किसी चीज के बारे में जानना एक बात है और उस जानकारी को ठीक-ठीक ढंग से प्रकट कर सकना बिलकुल दूसरी बात है। उसके लिए कारण नहीं दे सकते हैं।

परिभाषा की आवश्यकता

साहित्य क्या है, इस चक्कर में पड़ने की जरूरत ? कविता, उपन्यास, नाटक, कहानी वगैरह की किताबें तो हम पढ़ते ही हैं और इस तरह अनुभव से यह भी जानते हैं कि साहित्य क्या होता है। लेकिन इस तरह का जो जानना है, उसे भी क्या हम जानते हैं ? क्या हमें विश्वास है कि जरूरत पड़ने पर अपने इस ज्ञान का हम सही-सही उपयोग कर सकते हैं, अर्थात् एक साहित्यिक कृति को असाहित्यिक कृति से अलग कर सकते हैं ? यदि हमें इतना व्यावहारिक ज्ञान है तो आरम्भ में साहित्य की ठीक-ठाक परिभाषा करने अथवा कम-से-कम जानने की भी कोई जरूरत नहीं है।

लेकिन व्यवहार में प्रायः देखा जाता है कि इस तरह का व्यावहारिक ज्ञान अत्यन्त अभ्यास के होते हुए भी कहीं-कहीं विवेक करने में चूक जाता है। ऐसी हालत में कम-से-कम अपने-आप के लिए ही इस व्यावहारिक ज्ञान को भी अधिक स्पष्ट और व्यवस्थित करने की जरूरत है। अनेक अनुभवों को निचोड़कर एक

सामान्य नियम बना लेने से चूकने की आशंका कम हो जाती है। बिखरे हुए अनुभवों को समेटने और सँजोने के सिलसिले में भी एक विशेष प्रकार का अनुभव प्राप्त होता है, जो उस विषय को समझने में बहुत सहायक होता है। साथ ही यह सँजोया और सुलझाया हुआ अनुभव हमारे व्यक्तिगत उपयोग के अतिरिक्त दूसरों के लिए भी उपयोगी हो जाता है।

बात यहीं तक होती, तो भी हर्ज न था लेकिन इस सवाल का एक दूसरा पहलू भी है। 'साहित्य' शब्द का प्रयोग सार्वजनिक रूप से होता है। इसका अर्थ यह है कि यह शब्द सबकी सम्पत्ति है और शब्द कोई सिक्का नहीं है जो उसका एक निश्चित मूल्य हो। इस क्षेत्र में सरकारी आदेश नहीं चलता; किसी शब्द को हम चाहे जिस अर्थ में लें और जिस अर्थ में दें। ऐसी हालत में सम्भव है कि साहित्य का जो हमारा व्यक्तिगत अर्थ है, वह सार्वजनिक उपयोग अथवा किसी व्यक्ति-विशेष के अर्थ से मेल न खाए। उदाहरण के लिए आचार्य रामचन्द्र शुक्ल ने 'हिन्दी साहित्य का इतिहास' में बौद्ध सिद्धों और जैन मुनियों की अनेक रचनाओं का समावेश इस बिना पर नहीं किया कि उनके अनुसार वे साहित्य कोटि में नहीं आतीं। इसके विपरीत महापंडित राहुल सांकृत्यायन ने 'हिन्दी काव्यधारा' में उन रचनाओं को ससम्मान स्थान दिया है और डॉ. हजारीप्रसाद द्विवेदी ने उन्हें हिन्दी साहित्य की 'प्राणधारा' कहा है। कुछ समालोचक कबीर को साहित्यिक या कवि ही नहीं मानते, जबकि दूसरे समालोचकों के लिए वे प्रखर प्रतिभा वाले सहज कवि हैं। विद्वानों के बीच जहाँ इस प्रकार का गहरा मतभेद हो, सामान्य पाठक के लिए अनिवार्य हो जाता है कि साहित्य के सम्बन्ध में अपनी स्पष्ट राय बनाने का प्रयत्न करे।

मतभेद वाले प्रसंगों में अनिश्चित अर्थ वाले शब्दों से काम नहीं चलता। ऐसे समय वाल्तेयर की तरह चुनौती देनेवाले लोग अक्सर मिल जाते हैं, जो सबसे पहले यही कहते हैं कि बहस करने से पहले अपने विशेष शब्दों की परिभाषा बताओ अर्थात् उनका अर्थ निश्चित कर दो।

साहित्य के विभिन्न अर्थों के झमेले को देखकर कुछ लोग यह धारणा बनाने के लिए मजबूर हो सकते हैं कि हमको अपने अर्थ से मतलब है, दूसरों के अर्थ से क्या लेना-देना? परन्तु सचाई यह है कि साहित्य के विभिन्न अर्थ कहीं-कभी विभिन्न भ्रान्त विचारधाराओं के परिणाम हैं और उनके द्वारा साहित्य-सिद्धान्त के क्षेत्र में ही नहीं, बल्कि रचना के क्षेत्र में भी कतिपय भ्रान्त प्रवृत्तियों के फैलने की आशंका बनी रहती है। उदाहरण के लिए जो लोग सरह, कबीर या कभी-कभी तुलसी की रचनाओं को साहित्य की कोटि में नहीं मानते, वस्तुतः वे साहित्य के नाम पर एक विशेष प्रकार के 'शुद्ध साहित्य' की विचारधारा के अनुयायी दिखाई पड़ते हैं। साहित्य का विद्यार्थी ऐसी मान्यताओं की उपेक्षा करके केवल निजी मान्यता को लेकर बैठा नहीं रह सकता। साहित्य-चर्चा में एक अवस्था ऐसी भी आती है, जब

समालोचक किसी रचना को निकृष्ट कहने की जगह उसे 'अ-साहित्य' कहने के लिए लाचार हो जाता है। ठीक वैसे ही, जैसे जीवन में किसी निकृष्ट कार्य को हम 'अमानुषिक' या 'अमानवीय' कहना अधिक उचित समझते हैं। ऐसी अवस्था में भी साहित्य की परिभाषा जरूरी हो जाती है।

साहित्य की परिभाषा करने का अर्थ है, उसकी सीमाएँ निर्धारित करना। साहित्य की सीमाएँ भाषा के माध्यम से व्यक्त होने वाली अनेक विधाओं तथा अन्य माध्यमों की कलाओं से मिली-जुली हैं।.जैसा कि आचार्य शुक्ल का कहना है, संसार की हर एक बात और सब बातों से सम्बद्ध है। इसलिए और सब बातों से किसी बात को अलग करके समझना मुश्किल है। यहाँ कभी-कभी बड़े-बड़े विद्वान भी चूक जाते हैं। उनका खयाल है कि साहित्य को समझने के लिए केवल साहित्य पर ही विचार करने की जरूरत है। लेकिन जिस तरह नक्शे में किसी शहर का निश्चित स्थान निर्धारित करने के लिए उसके आस-पास के दूसरे स्थानों अथवा अक्षांश-देशान्तरों का निर्देश जरूरी है, उसी प्रकार साहित्य की युक्तिसंगत परिभाषा पर पहुँचने के लिए उसे अन्य सम्बद्ध विषयों के परिवेश में रखकर देखना होगा। ऐसे विषयों में सबसे पहले स्वयं साहित्य-शास्त्र ही है, जिसे प्राय: साहित्य के ही अन्तर्गत लिया जाता है।

साहित्यशास्त्र और साहित्य

आचार्य शुक्ल के अनुसार 'साहित्य के अन्तर्गत वह सारा वाङ्मय लिया जा सकता है, जिसमें अर्थबोध के अतिरिक्त भावोन्मेष अथवा चमत्कारपूर्ण अनुरंजन हो तथा जिसमें ऐसे वाङ्.मय की विचारात्मक समीक्षा या व्याख्या हो।'[1] स्पष्ट है कि शुक्लजी विचारात्मक समीक्षा को भी साहित्य के अन्तर्गत मानते थे। यह मत अत्यन्त प्रचलित है और ऐसा प्रतीत होता है कि आचार्य ने प्रचलित मत को ही व्यावहारिक दृष्टि से लिपिबद्ध कर दिया है। साहित्य और समीक्षा के पारस्परिक सम्बन्ध पर विचार करते हुए आज से एक हजार वर्ष पहले राजशेखर ने लिखा था कि प्रतिभा दो प्रकार की होती है : कारयित्री और भावयित्री। कारयित्री प्रतिभा कवि की उपकारक होती है और भावयित्री प्रतिभा भावक या आलोचक का उपकार करती है। प्राचीन आचार्य कहते हैं कि कवि और भावक में भेद नहीं है क्योंकि दोनों कवि हैं। कालिदास का मत इससे भिन्न है। उनके मत में कवित्व से भावकत्व पृथक् है अर्थात् कवि और सहृदय या आलोचक एक-दूसरे से भिन्न हैं। इनमें एक का विषय शब्द-रचना है और दूसरे का विषय रसास्वादन। जैसा कि कहा गया है :

> 'कोई तो वाणी की रचना करने में निपुण है और कोई उसके सुनने में ही प्रवीण है। तुम्हारी दोनों प्रकार की बुद्धि आश्चर्यजनक है। एक में

---

1. चिन्तामणि, भाग 2, पृ. 184

अनेक गुणों का समन्वय कठिन है। एक पत्थर सुवर्ण उत्पन्न करता है और दूसरा उसकी परीक्षा करता है।'[1]

राजशेखर के विवरण से स्पष्ट है कि प्राचीन भारत में भी साहित्य और समीक्षा के आपसी सम्बन्ध के विषय में मतभेद था। कुछ लोग समीक्षा को साहित्य के अन्तर्गत मानते थे किन्तु दूसरी ओर कालिदास जैसे कवि थे, जो समीक्षा को साहित्य से अलग मानने के पक्ष में थे। स्वयं राजशेखर ने इस विषय पर स्पष्ट रूप से अपना मत नहीं दिया है, किन्तु अन्त में कालिदास का मत व्यक्त करके उन्होंने जैसे स्वयं अपनी भी सहमति उन्हीं के साथ प्रकट कर दी है। यही नहीं, राजशेखर रचना और समीक्षा की दो भिन्न शक्तियाँ मानते हैं और 'एकः सूते कनकमुपलस्तत्परीक्षा क्षमोऽन्यः' से भी इसी की पुष्टि होती है।

यूरोप में भी अत्यन्त प्राचीन काल से इस समस्या पर विचार होता आ रहा है और वहाँ लगभग यह मत स्थिर हो चुका है कि साहित्य-रचना और समीक्षा की शक्तियाँ भिन्न-भिन्न हैं। यह सम्भव है कि व्यक्ति-विशेष में ये दोनों शक्तियाँ एक साथ हो सकती हैं, लेकिन इससे दोनों की अभिन्नता प्रमाणित नहीं होती। गेटे साहित्यकार होने के साथ उच्च कोटि का वैज्ञानिक भी था, लेकिन इससे यह निष्कर्ष निकालना गलत होगा कि विज्ञान और साहित्य, दोनों अभिन्न हैं। तात्पर्य यह कि सैद्धान्तिक दृष्टि से साहित्य समीक्षा से भिन्न है और समीक्षा को साहित्य के अन्तर्गत रखना ठीक नहीं है।

लेकिन यहाँ कुछ विद्वानों ने 'साहित्य-शास्त्र' और 'साहित्य-समीक्षा' में अन्तर किया है। 'साहित्य-शास्त्र' से उनका मतलब 'पोएटिक्स' अथवा 'थियरी ऑफ लिट्रेचर' है और 'साहित्य-समीक्षा' व्यावहारिक समालोचना अथवा 'क्रिटिसिज्म प्रॉपर' है। इस प्रकार साहित्य-शास्त्र एक प्रकार से दर्शन के उस विशेष विभाग से सम्बद्ध है, जिसे अंग्रेजी में 'एस्थेटिक्स' कहते हैं और जिसमें साहित्य के 'स्वरूप' तथा 'कार्य' पर विचार किया जाता है। भारत के प्राचीन आचार्य जब काव्य की परिभाषा, शब्द-शक्ति, विवेचना, रसविमर्श तथा अलंकार-निर्णय जैसे सैद्धान्तिक विषयों पर विचार करते हैं तो उसे हम सामान्यतः 'साहित्यशास्त्र' कहते हैं। इस दृष्टि से आचार्य शुक्ल की 'रस-मीमांसा' साहित्य-शास्त्र है। इसके विपरीत जब किसी कविता या उपन्यास की विशेषताओं का उद्घाटन करते हुए स्थल-स्थल पर उसकी व्याख्या की जाती है तो उसे 'समालोचना' कहते हैं। इस दृष्टि से आचार्य शुक्ल की

---

1. सा च द्विधा कारयित्री भावयित्री च। कवेरूपकुर्वाणा कारयित्री।...भावकस्योपकुर्वाणा भावयित्री।... 'कः पुनरनयोर्भेदो यत्कविर्भावयति भावकश्च कविः' इत्याचार्याः 'न' इति कालिदासः। पृथगेव हि कवित्वाद् भावकत्वं, भावकत्वाच्च कवित्वम्। स्वरूपभेदाद्विषयभेदाच्च। यदाहुः—

कश्चिद्वाचं रचयितुमलं श्रोतुमेवाऽपरस्तां
कल्याणी ते मतिरुमयथा विस्मयं नस्तनोति।
नह्येकस्मिन्नतिशयवतां सन्निपातो गुणाना—
एकः सूते कनकमुपलस्तत्परीक्षा क्षमोऽन्यः॥

—काव्य-मीमांसा, पृ. 29-33

तुलसी, सूर, जायसी सम्बन्धी आलोचनाएँ 'समालोचना' के अन्तर्गत आती हैं। अबरक्राम्बे का विचार है कि 'समालोचना' को तो साहित्य के अन्तर्गत स्वीकार करना चाहिए, लेकिन 'साहित्यशास्त्र' को उससे बाहर समझना उचित होगा।[1]

इसमें कोई शक नहीं कि व्यावहारिक समालोचना में बुद्धि-व्यापार के साथ-साथ यथास्थान सहृदयता और भावुकता का भी पुट होता है, किन्तु तात्त्विक दृष्टि से समालोचना का पूरा कार्य बौद्धिक ही है और साहित्य-शास्त्र की तरह उसमें भी विवेचन शक्ति की ही प्रधानता रहती है। इस तरह तो विज्ञान और दर्शन के ग्रंथों में भी विचारक की व्यक्तिगत विशेषता के फलस्वरूप यत्र-तत्र साहित्यिक स्फुलिंग मिलते हैं लेकिन 'प्राधान्येन व्यपदेश:' न्याय से हम उन्हें साहित्य की कृति न कहकर विज्ञान अथवा दर्शन का ही ग्रंथ मानते हैं। यही सिद्धान्त 'समालोचना' पर भी लागू होता है। इसलिए जैसा कि रेने वेलेक ने दो टूक शब्दों में कहा है, साहित्य और साहित्य-सम्बन्धी अध्ययन में एकदम अन्तर करने की जरूरत है, क्योंकि दोनों भिन्न क्रियाएँ हैं : एक रचनात्मक है, अर्थात् कला है तो दूसरी यदि ठीक-ठीक विज्ञान नहीं है तो ज्ञान या विद्या की एक जाति है।[2] इस अन्तर पर पर्दा डालने से कोई लाभ नहीं है।

साहित्यशास्त्र और समालोचना एक प्रकार का 'विज्ञान' है तो साहित्य एक 'कला' है। इस प्रकार साहित्य-शास्त्र और साहित्य के बीच की विभाजक-रेखा को स्पष्ट करते हुए हम विज्ञान और कला जैसे दो विस्तृत क्षेत्रों में जा पड़ते हैं। साहित्य कला है या नहीं, इस पर विचार करने से पूर्व हमें देख लेना चाहिए कि 'विज्ञान' की वह कौन-सी विशेषता है जो कला के रूप में साहित्य से उसे अलग करती है।

विज्ञान और साहित्य

विज्ञान कहते समय सामान्यत: हमारे मन में प्राकृतिक विज्ञान रहते हैं, जैसे—भौतिक विज्ञान, रसायन विज्ञान, जीव विज्ञान इत्यादि। परन्तु आजकल मानव-विज्ञानों को भी विज्ञान कहने की परिपाटी है; समाज विज्ञान, मनोविज्ञान, यहाँ तक कि भाषाविज्ञान को भी हम विज्ञान ही कहते हैं। इसका कारण यह है कि 'विज्ञान' एक प्रकार की 'पद्धति' भी है और प्रकृति का अध्ययन करते-करते इस विशेष प्रकार की 'पद्धति' का विकास हुआ है, जिसका उपयोग मानव-जीवन के अध्ययन में भी सफलता के साथ किया गया है। इस प्रकार ज्ञान के क्षेत्र में विज्ञान का अर्थ 'वैज्ञानिक पद्धति' हो गया है। जब हम साहित्य और कला को विज्ञान से भिन्न कहते हैं तो वस्तुत: उन्हें हम 'वैज्ञानिक पद्धति' से अलग करना चाहते हैं।

[काशीनाथ सिंह के व्यक्तिगत संग्रह से प्राप्त हस्तलिखित अधूरा आलेख। सम्भवत: अप्रकाशित]

---

1. Principles of Literary Criticism, London, 1932,
2. Theory of Literature, 1949, P. 3

साहित्य का इतिहास

साहित्य के इतिहास को यदि केवल 'इतिहास के लिए' नहीं होना है तो उसे सबसे पहले किसी रचना या लेखक के ऐतिहासिक मूल्यांकन की आवश्यकता से उत्पन्न होना चाहिए। मूल्यांकन और इतिहास दो निरपेक्ष चीजें नहीं हैं। मूल्यांकन के दौरान में ही इतिहास की उत्पत्ति हुई है। इतिहास यदि मूल्यांकन की ऐतिहासिक पद्धति का परिणाम है तो ऐतिहासिक पद्धति भी मूल्यांकन की विभिन्न पद्धतियों का विकास है। कभी किसी कविता को स्वतंत्र और अपने-आपमें पूर्ण मानकर व्याख्या कर लेने से ही सन्तोष हो जाता था। फिर इधर-उधर से समानान्तर पंक्तियों को लेकर तुलनाएँ चल पड़ीं। लेकिन ये क्रमहीन तुलनाएँ कभी-कभी ऐसे भयंकर निष्कर्ष तक पहुँचाने लगीं कि तुलना को ऐतिहासिक आधार देना पड़ा। इसके बाद क्रमशः ऐतिहासिक सम्बन्ध, सापेक्षता और परम्परा का बोध जगा। इस प्रकार हम निरपेक्ष मूल्यांकन से सापेक्ष मूल्यांकन और स्थिर समीक्षा से गतिशील समीक्षा की अवस्था तक पहुँचे। इतिहास ने ऐतिहासिक पद्धति का विकास किया और अब आवश्यकता है कि ऐतिहासिक पद्धति साहित्य का व्यवस्थित इतिहास प्रस्तुत करे।

परन्तु आजकल इतिहास की समस्याएँ इस तरह प्रस्तुत की जाती हैं गोया समीक्षा की समस्याओं से उनका कोई सम्बन्ध है ही नहीं। ले-देकर इतिहास के नाम पर एक ही समस्या बार-बार सामने आती है : काल-विभाजन की; क्योंकि सामग्री-संग्रह और परीक्षण वस्तुतः कोई सैद्धान्तिक समस्या नहीं समझी जाती। और पतवार हीन नाव की तरह सारी बहस आज भी वहीं चक्कर काट रही है। शुक्लजी द्वारा निर्धारित कालों के नाम वाल्मीकि-रामायण के कांडों की तरह मानदंड बन गए हैं। किसी ने वीरगाथा काल पर बहुत जोर मारा तो काफी बहस-मुबाहसे के बाद अन्त में यही निष्कर्ष निकाला कि आदिकाल का नाम 'आदिकाल' ही होना चाहिए। इसी तरह 'रीतिकाल' पर विचार-विमर्श करने के बाद किसी ने अपनी मौलिक सूझ का दावा करते हुए 'श्रृंगार काल' नाम सुझाया, गोया शुक्लजी को वह सूझा ही न था। और आधुनिक काल में आने पर वही पच्चीस-पच्चीस वर्षों के उत्थान, जिन्हें शुक्लजी ने भारतेन्दु, महावीर प्रसाद द्विवेदी जैसे युग-प्रवर्तक साहित्यकारों के नाम के साथ सम्बद्ध किया था या फिर छायावाद जैसी प्रमुख काव्य-प्रवृत्ति के नाम के

साथ। यहाँ भी 'वैज्ञानिक' पद्धति के इतिहासकारों को दूसरा रास्ता न सूझा। सवाल है, यह गतिरोध क्यों?

जब तक इतिहास के काल-विभाजन की समस्या सबसे निरपेक्ष रूप में ली जाती रहेगी तब तक उसकी यही गति होगी। काल-विभाजन की समस्या अपने-आपमें कोई स्वतंत्र और सर्वथा निरपेक्ष समस्या नहीं है। इसका सम्बन्ध हमारे साहित्य-सम्बन्धी समूचे दृष्टिकोण से है। आलोचना की समस्याओं से इतिहास की समस्याएँ अभिन्न रूप से जुड़ी हुई हैं। जो व्यक्ति आलोचना के क्षेत्र में शाश्वतवादी है, वह इतिहास में काल-विभाजन की समस्या सुलझाने आएगा तो क्या करेगा? जो यह मानता ही नहीं कि साहित्य का भी इतिहास होता है, वह अपने साहित्य का 'इतिहास' लिखेगा तो क्या लिखेगा? जो आलोचना में अब भी शाश्वत मूल्यों की दुहाई देता हो, इतिहास में उसके 'पुनर्नवीकरण' का क्या अर्थ हो सकता है?

आलोचकों को यह पता नहीं है कि मूल्यांकन के समय वे जो बात कहना चाहते हैं, उसे इतिहास के समय भूल जाते हैं—कम-से-कम शाब्दिक रूप से! समीक्षा-सिद्धान्त में तो 'रूढ़ि और मौलिक परम्परा का ऐतिहासिक विकास', 'संक्रमण और सन्तुलन' जैसी बातें करते हैं; परन्तु इतिहास की चर्चा में ये फिकरे याद नहीं रहते। जाहिर है कि इन सिद्धान्तवादी आलोचकों को इतिहास से कोई खास मतलब नहीं है—इतिहास की चर्चा कभी-कभी वे केवल इसलिए कर देते हैं कि किसी सामयिक प्रश्न को छोड़ देने का मतलब है अपनी समयोपयोगिता में कमी! यही तो विडम्बना है। जिन्हें इतिहास लिखने की चिन्ता है, उनका कोई साहित्यिक सिद्धान्त नहीं और जिनके कुछ साहित्यिक सिद्धान्त हैं, उन्हें इतिहास से मतलब नहीं।

सवाल यह है कि अपने साहित्य का कोई नया इतिहास क्यों? हमारी वह कौन-सी आवश्यकता है जो शुक्लजी के 'इतिहास' से पूरी नहीं हो पाती? क्या हम दूसरा इतिहास केवल इसलिए चाहते हैं कि शुक्लजी के इतिहास में कवियों और लेखकों की संख्या कुछ कम है, तिथियाँ कहीं-कहीं गलत हैं, कवियों के मूल्यांकन से मतभेद है और काल-विभाजन की पद्धति कुछ अव्यवस्थित है? यदि ये त्रुटियाँ दूर हो जाएँ तो क्या हमारी सभी आवश्यकताएँ पूरी हो जाएँगी? सम्भव है, बहुतों की आवश्यकताएँ इससे पूरी हो जाएँ। क्योंकि आज भी अधिकांश लोग साहित्य के इतिहास को साहित्यिक कोश से अधिक नहीं समझते। शब्द-कोश की तरह साहित्य के इतिहास को भी लोग केवल कभी-कभी आवश्यकता आ पड़ने पर देख लेने की वस्तु समझते हैं। सम्भव है, 'हिन्दी शब्द सागर' के साथ 'हिन्दी साहित्य का इतिहास' छापने के पीछे इसी अन्योन्याश्रित सम्बन्ध और सन्दर्भ-उपयोगिता का ध्यान रहा हो!

लेकिन जो यह जानते हैं कि शब्द-कोश भी केवल अकारादि-क्रम से रखे शब्दों की सूची नहीं, बल्कि प्रत्येक शब्द की विविध ऐतिहासिक अवस्थाओं का

निदर्शक भी है, वे साहित्य के इतिहास की रूपरेखा में परिवर्तन करने का अनुभव एक अन्य स्तर पर करते हैं। विद्वानों को विदित है कि ऐतिहासिक शब्द-कोशों ने ध्वनि विज्ञान के नियमों और ऐतिहासिक व्याकरण के निर्माण में महत्त्वपूर्ण योग दिया है और इस तरह उन्नीसवीं सदी की अनेक सांस्कृतिक खोजों के लिए पृष्ठभूमि तैयार हुई। यदि ऐतिहासिक पद्धति पर आधारित शब्द-कोश इतने बड़े युग-प्रवर्तक कार्य कर सकते हैं तो कोई वजह नहीं कि साहित्यिक इतिहास भी सन्दर्भ-सम्बन्धी उपयोगिता से कहीं महान कार्य न करें!

यदि साहित्य के इतिहास की सामाजिक उपयोगिता को थोड़ी देर के लिए छोड़ भी दें तो इसकी साहित्यिक उपयोगिता स्वयं इतनी महान है जिसका अभी बहुतों को गुमान भी नहीं है। आलोचना के क्षेत्र में जो मानदंड की चर्चा चल रही है, उसका निर्धारण 'इतिहास' से ही सम्भव है। साहित्य के मान हमारे ऐतिहासिक अनुभवों के ही स्थायी परिणाम हैं, इसलिए 'मानों' की खोज इतिहास के बिना असम्भव है। यदि हमारे सामने अपने साहित्य का सही इतिहास हो तो बहुत-सी विदेशी विचारधाराओं की हवाई बहस काफी कम हो जाए और तात्कालिक परिस्थितियों से उत्पन्न अनेक समस्याओं का हल निकालने में भी सुविधा हो।

रचना के क्षेत्र में भी इतिहास से अपनी परम्परा का जीवित-बोध उत्पन्न हो सकता है, जिससे अपनी जड़ें तो मजबूत होंगी ही, प्रयोग की दिशा में विजातीय तत्त्वों को त्यागने और पचाने की शक्ति भी आ सकती है। सही इतिहास, इस तरह, आलोचना और रचना दोनों के लिए प्रेरणादायक होता है। इसलिए इतिहास की समस्याओं को साहित्य-समीक्षा के पूरे परिवेश में रखकर विचार करने की जरूरत है।

हमारे यहाँ बात तो 'काल-विभाजन' की की जाती है, लेकिन विचार-शृंखला स्थापित करने की ओर किसी का ध्यान नहीं है। हमारा सारा इतिहास खंड-खंड विभाजित ही तो दिखाई पड़ता है। काल-खंडों में सोचने के लोग इतने अभ्यस्त हो गए हैं कि दिमाग में वीरगाथा काल, निर्गुन धारा, सूफी धारा, राम भक्ति, कृष्ण भक्ति, रीतिकाल इत्यादि प्रवृत्तियाँ अलग-अलग इकाइयों की तरह पड़ी हुई हैं। सम्पूर्ण हिन्दी साहित्य की परम्परा का धारावाहिक रूप कितने लोगों के दिमाग में है! सचाई यह है कि किसी कवि को पूरी परम्परा की एक कड़ी के रूप में देखने के अभी हम अभ्यस्त नहीं हुए हैं। साहित्यिक के प्रति अभी इतने संगठित और सुनियोजित दृष्टिकोण का विकास नहीं हो सका है। कभी-कभी फुटकल निबन्धों में परम्परा का धारावाहिक विवरण दिखाई पड़ जाता है, जो अपनी यांत्रिकता के बावजूद इस दिशा में आगे बढ़ने की प्रेरणा अवश्य देता है। इसलिए विभाजन से पूर्व संयोजन की आवश्यकता है।

हजार वर्ष के काल-प्रवाह में हजारों कवियों और लेखकों के बीच एक शृंखलाबद्ध सम्बन्ध स्थापित करना अथवा उनमें निहित आन्तरिक साहित्यिक सम्बन्ध

को खोज निकालना आसान नहीं है। जहाँ काव्य-रूढ़ियों का निर्वाह है, वहाँ तो कुछ सुविधा हो सकती है, अन्यथा कवियों और लेखकों की निजी विशेषताएँ विचार-शृंखला ढूँढ़ने में अत्यन्त बाधक होती हैं। साहित्य के इतिहासकार को इन सम्बन्धों का पता लगाना है, जिनके प्रति स्वयं वे कवि और लेखक भी अनभिज्ञ रहे हैं। सतर्क रूप से परम्परा का निर्वाह करने वाले कवि-लेखक कम ही मिलते हैं, क्योंकि प्रतिभाशाली साहित्यकारों का ध्यान मौलिकता दिखाने की ही ओर अधिक रहता है। सम्बन्ध के भी विविध प्रकार मिलते हैं : विरोध भी सम्बन्ध की सूचना देता है और मुख्यधारा से भटककर किसी शाखा में बह निकलने से भी सम्बन्ध का ही बोध होता है। हमारे साहित्य के इतिहास में ऐसे अनेक संक्रान्तिकाल हैं और ऐसी अनेक शाखा प्रवृत्तियाँ हैं। इन सबका पता लगाने के लिए रूप-सम्बन्धी ऊपरी सम्बन्धों से आगे बढ़कर मूल चेतना का सम्बन्ध ढूँढ़ने की आवश्यकता है।

सम्यक् संयोजन से ही सम्यक् विभाजन सम्भव है। जब साहित्यकारों और साहित्यिक कृतियों के बीच फैले हुए नाना सम्बन्ध-सूत्रों और उन सूत्रों की प्रकृति का उद्‌घाटन हो जाएगा, तो काल-विभाजन और वर्गीकरण का कार्य अपने-आप हो जाएगा।

यदि इतिहास की इस सम्बन्ध-भावना की कसौटी पर विभिन्न इतिहासकारों को उनके साहित्यिक दृष्टिकोणों का असली अन्तर समझ में आ जाएगा—यहाँ व्यक्तिवादी, जड़ समाजवादी और सिद्धान्तहीनतावादी—सभी प्रवृत्तियाँ अपने नग्न रूप में सामने आ जाती हैं।

साहित्यिक सम्बन्ध अनिवार्यतः अन्य सम्बन्धों की ओर ले जाते हैं और कभी वे अन्य सम्बन्ध-सूत्र साहित्यिक सम्बन्धों को स्पष्ट करने में अत्यन्त सहायक होते हैं—ये सम्बन्ध-सूत्र सामाजिक या सांस्कृतिक होते हैं। परन्तु कुछ लोग साहित्य के इतिहास में सामाजिक और सांस्कृतिक सम्बन्ध-सूत्रों की आवश्यकता नहीं समझते। यही नहीं, कभी-कभी वे इस पद्धति का विरोध करते हैं। उनकी युक्ति में इस हद तक जोर तो अवश्य है कि साहित्य का इतिहास सबसे पहले 'साहित्य' का इतिहास है—इसलिए राजनीति, दर्शन, विज्ञान, चित्रकला आदि से उसकी अपनी विशिष्ट सत्ता तो स्वीकार करनी ही चाहिए।

लेकिन साहित्य का इतिहास 'इतिहास' भी है—इतिहास कहते ही हम उसमें परिवर्तन की सम्भावना स्वीकार करते हैं। इसलिए साहित्य का इतिहासकार साहित्य के परिवर्तनों का भी लेखक होता है। और यदि वह साहित्यिक परिवर्तनों के कारणों का पता लगाए बिना साहित्य के सूक्ष्म परिवर्तनों का आकलन कर सके तो अन्य सम्बन्ध-सूत्रों पर दौड़ने का कष्ट उसे नहीं दिया जा सकता। सामाजिक सम्बन्ध-सूत्र उसकी सहायता के लिए हैं, बन्धन नहीं हैं—वह चाहे तो उन्हें उपयोग

में ला सकता है, अन्यथा वह 'स्वतंत्र' है। वह यह मानने के लिए विवश नहीं है कि साहित्यिक परिवर्तन सामाजिक परिवर्तन के समानान्तर है।

यहाँ यही कहा जा सकता है कि अनुभव ने साहित्यिक इतिहास के सामाजिक कारणों को पर्याप्त उपयोगी साबित किया है। इसका प्रत्यक्ष प्रमाण यह है कि हिन्दी में इतिहास-लेखन का काम जब से शुरू हुआ है, सामाजिक पृष्ठभूमि देने की प्रथा तभी से चलती आ रही है। हमारा इतिहास प्रमाणित करता है कि साहित्य को सामाजिक प्रक्रिया का अंग समझकर विचार होता रहा है और उससे लाभ हुआ है। इसलिए किसी युक्तिसंगत कारण के अभाव में उसे छोड़कर 'शुद्ध' साहित्यिक इतिहास लिखना और जो हो, सबसे पहले अनैतिहासिक कार्य है।

साहित्य के इतिहास में सामाजिक पृष्ठभूमि की आवश्यकता इसलिए भी है कि वस्तुतः वह साहित्य-विशेष का इतिहास होता है—साहित्य-विशेष अर्थात, जाति-विशेष का साहित्य। चरम विश्लेषण से भी साहित्य को उसकी भाषा और भाषा बोलने वाली जाति की प्रकृति से नहीं अलगाया जा सकता। साहित्य के विषय तो विषय रूप-सम्बन्धी वैशिष्ट्य को भी स्पष्ट करने के लिए जातीय जीवन में जाना होगा। इतिहास-निर्माता शक्ति की उपेक्षा करके इतिहास लिखना हथेली पर सरसो उगाने के समान है।

इस पृष्ठभूमि से अनेक समस्याएँ जुड़ी हुई हैं। भाषा, बोली और संस्कृति-सम्बन्धी अनेक तत्त्व जो साहित्यिक इतिहास की सामग्री तक को प्रभावित करते हैं, सामाजिक पृष्ठभूमि पर हल हो सकते हैं। हिन्दी साहित्य के इतिहास में राजस्थानी, मैथिली, दखिनी हिन्दी का पुराना साहित्य लें तो आधुनिक राजस्थानी, मैथिली और उर्दू का साहित्य लें या नहीं—इस प्रश्न का उत्तर शुद्ध साहित्यिक भूमि पर दे सकना कठिन है। इसी तरह अभिजात साहित्य और लोक साहित्य में पारस्परिक घात-प्रतिघात से उत्पन्न होनेवाले साहित्यिक परिवर्तनों को अच्छी तरह समझने के लिए हमें साहित्येतर सम्बन्ध-सूत्रों का सहारा लेना ही पड़ेगा।

तात्पर्य यह कि हिन्दी साहित्य के इतिहास की मुख्य समस्या काल-विभाजन नहीं बल्कि साहित्य के विविध भीतरी और बाहरी सम्बन्ध-सूत्रों की खोज की है। फिर उन सम्बन्ध-सूत्रों में अन्तर्विरोध, अन्तर्विरोध की मुख्य और गौण धाराओं का निश्चय और विकासशील धारा को उभारकर रखने का काम शुरू होता है।

उदाहरण के लिए हिन्दी साहित्य के आरम्भ से ही नाथों-सिद्धों की धार्मिक और चारण-भाटों की ऐहिक कविताएँ मिलती हैं। स्पष्ट ही वे विरोधी काव्य-प्रवृत्तियाँ हैं। आरम्भ में चारण-भाटों की रचनाएँ प्रबल दिखाई पड़ती हैं, परन्तु धीरे-धीरे वे गौण हो जाती हैं और नाथ-सिद्धों की योगपरक रचनाओं के सहारे कबीर जैसे संत की ज्ञानभक्तिपूर्ण बाणी फूट पड़ती है। कालक्रम से इस लोकाश्रयी

काव्य का एक हिस्सा प्राचीन शास्त्र का सहारा लेकर कृष्ण और राम काव्य के रूप में निकला और दूसरा हिस्सा फारसी सूफी मत का सहारा लेकर सूफी काव्य में फूट पड़ा; स्वयं निर्गुण काव्य की धारा तो बहती ही रही। परन्तु इसी धार्मिक काव्य में ऐसा अन्तर्विरोध निहित था कि सत्रहवीं सदी के आरम्भ से एक ओर यह साम्प्रदायिक और मठबद्ध हो गया तो दूसरी ओर ऐहिक श्रृंगार की रीतिबद्ध रचनाएँ होने लगीं। धीरे-धीरे रीतिबद्ध रचनाओं के पेट से उनके विरुद्ध कुछ रीतिमुक्त कविताएँ भी सामने आईं। इस प्रकार 19वीं सदी के मध्य तक हिन्दी में चारण-भाटों की विरुदावली मठवासी संतों और भक्तों की धार्मिक कविता, दरबारी कवियों की रीतिबँधी श्रृंगारी कविता और स्वच्छन्द प्रेमी कवियों की किंचित् रीतिमुक्त कविता आदि विविध प्रवृत्तियाँ दिखाई पड़ती हैं। इन परस्पर-विरोधी प्रवृत्तियों में से मुख्य विरोधी धाराओं को अलगाकर उन दोनों में भी मुख्य धारा का निर्णय करना इतिहासकार का काम है। इसके बिना आगे का इतिहास समझना कठिन है। रीतिकाल के बाद भारतेन्दु का आविर्भाव आकस्मिक है, अथवा अंग्रेजी उद्योग का प्रभाव या साहित्य के इतिहास की आन्तरिक गतिशीलता का भी परिणाम है, इसे स्पष्ट करने के लिए 'अन्तर्विरोध' के सिद्धान्त को समझना आवश्यक है। इतिहास का विकास इकहरा नहीं होता। वह परस्पर-विरोधी प्रवृत्तियों का संघात होता है और वह संघात ही उसे परिवर्तनशील बनाता है। अनुसंधान इतिहास के बिना असम्भव है। आलोचना के अतिरिक्त रचना के क्षेत्र में भी इतिहास के अनुभव सहायक हो सकते हैं। अपनी परम्परा का जीवित बोध किसी रचनाकार को कितनी शक्ति दे सकता है, यह रवीन्द्रनाथ ठाकुर और जयशंकर प्रसाद जैसे साहित्यकारों की रचनाओं से स्पष्ट है। संक्रान्ति युग के साहित्यकारों को इतिहास से ही आगे बढ़ाने की दिशा का संकेत मिलता है। अतीत की परस्पर-विरोधी धाराओं में से जीवंत धारा कौन-सी है—इसका बोध साहित्यकार को सही कदम उठाने की प्रेरणा देता है। रूप और शिल्प के क्षेत्र में भी इतिहास अपनी अक्षय राशि कवि के सामने लुटाने को प्रस्तुत रहता है। तात्पर्य यह कि इतिहास की आवश्यकता हमारे लिए केवल सन्दर्भ-उपयोगिता तक ही सीमित नहीं है, बल्कि महत्त्वपूर्ण साहित्यिक कार्यों के लिए है। ऐसी दशा में हमें साहित्य-समीक्षा के पूरे परिवेश में इतिहास की पद्धति पर विचार करना होगा।

साहित्य के इतिहास की पहली शर्त यह है कि वह 'साहित्य' का इतिहास है। इस हद तक उसकी अपनी विशिष्ट सत्ता है। जिस प्रकार दर्शन, विज्ञान, ललित कला आदि के विकास की अपनी गति होती है, उसी तरह साहित्य के विकास के भी अपने नियम हैं। इसलिए सबसे पहले हमें अपने साहित्य के भीतर काल-क्रम को ध्यान में रखकर एक भाव-क्रम स्थापित करने की जरूरत है। आचार्य शुक्ल ने इसे ही साहित्य की विचार-श्रृंखला कहा है।

साहित्य की विचार-शृंखला स्थापित करने में सबसे बड़ी कठिनाई यह होती है कि पूर्ववर्ती कवियों की विचार-परम्परा को सभी कवि सतर्क रूप से आगे नहीं बढ़ाते। इसलिए साहित्य में सब समय स्पष्ट रूप से विचार-शृंखला दिखाई भी नहीं पड़ती। रासो और मानस में अथवा तुलसी और बिहारी में किसी स्पष्ट विचार-परम्परा का पता नहीं चलता और न इसे खोज लेना इतना सरल ही है। कभी-कभी जहाँ विचार-शृंखला मिलती है, वहाँ एक प्रकार की ऊब भरी पुनरावृत्ति भी दिखाई पड़ती है। किसी युग में रूढ़ियों का अत्यधिक निर्वाह मिलता है तो किसी युग में रूढ़ियों का सर्वथा बहिष्कार। कवि और लेखक भावी इतिहासकार की सुविधा को ध्यान में रखकर रूढ़ि-पालन और रूढ़ि-विद्रोह नहीं करते। जो रूढ़ि इतिहासकार के लिए इतनी लाभदायक है, वही उस साहित्य के लिए अत्यन्त हानिकारक भी है। यदि किसी साहित्य में केवल रूढ़ियाँ ही मिलें तो उसका क्या महत्त्व होगा?

महान साहित्य विशिष्ट-विशिष्ट रचनाओं से समृद्ध होता है जिसमें प्रत्येक रचना दूसरी से विशिष्ट होती है और ऐसे साहित्य के इतिहासकार... ।

[काशीनाथ सिंह के व्यक्तिगत संग्रह से प्राप्त हस्तलिखित अधूरा लेख। सम्भवत: अप्रकाशित। अनुमानित रचनाकाल : 1953-54]

कला और साहित्य : श्लील और अश्लील

श्लील और अश्लील की सीमारेखा पर इतना विवाद हुआ कि सीमा-रेखा के लुप्त होने का खतरा पैदा हो चला है। विवादों का नतीजा अक्सर ऐसा होता है, बल्कि कुछ लोग जान-बूझकर ऐसी स्थिति पैदा करने की कोशिश करते हैं। ताज्जुब नहीं कि इस स्थिति से फायदा उठा कर कुछ लोग कहने लगे हैं कि अश्लील जैसी कोई चीज नहीं होती। इस तरह के खतरे का संकेत तुलसीदासजी दे गए हैं :

हरित भूमि तृन संकुल समुझि परहिं नहिं पंथ।
जिमि पाखंड बाद तें गुप्त होहिं सद् ग्रंथ॥

सो, सद्ग्रंथ लुप्त न हों, इसलिए पाखंड-विवाद के तृण संकुल को साफ कर लेना जरूरी है। फिलहाल, इतना ही हो जाए तो कम नहीं।

यह यही है कि आधुनिक युग में अनेक विद्रोही कलाकृतियों को अश्लील कहकर दबा देने की लगातार कोशिशें हुई हैं। ज्यादा नहीं, सिर्फ़ सौ साल पहले 'मादाम बोवेरी' उपन्यास के लिए फ्रांस में फ्लाबेयर पर मुकदमा चलाया गया था। डी.एच. लारेंस का उपन्यास 'लेडी चेटरलींज लवर' अभी कल तक इंग्लैंड में कानूनन निषिद्ध था। सेंसर और मुकदमेबाजी के ऐसे उदाहरण दर्जनों की तादाद में गिनाए जा सकते हैं। साहित्य में ये रचनाएँ श्रेष्ठ मानी गईं, लेकिन 'अश्लीलता' के आरोप में उन्हें कचहरी और प्रेस के संघर्षों से गुजरना पड़ा।

इन रचनाओं का मुख्य अपराध दरअसल यह रहा है कि उन्होंने पूँजीवादी व्यवस्था के नैतिक ढोंग का उद्घाटन किया। जाहिर है कि यदि कोई लेखक एक सत्तारूढ़ व्यवस्था को अश्लील कहेगा, तो वह व्यवस्था भी उसे अश्लील कहे बिना न मानेगी। जो व्यवस्था किसी राजनीतिक विद्रोही को भी 'चरित्रहीन' कहकर बदनाम कर सकती है, वह किसी नैतिक आक्रमण को कैसे माफ कर देगी? अश्लीलता या चरित्रहीनता पूँजीवाद व्यवस्था के तरकस का अमोघ अस्त्र है। खतरे के समय इसे इस्तेमाल करने में उसे तनिक भी हिचक नहीं होती। फिर तो कानून, धर्म, आचार, परंपरा आदि अनेक क्षेत्रों के सहायक तर्क इस्तेमाल होते हैं।

अश्लीलता के अभियोग से मुक्त होने के लिए लेखक उस सत्ता के विरुद्ध संघर्ष करते हुए भी प्रायः इस जाल में उलझकर रह जाता है। सारी युक्तियाँ उसी दायरे के अन्दर ही किसी-न-किसी प्रकार सिमटकर रह जाती हैं। दुखद विडम्बना यही है।

मसलन, कुछ लेखकों का कहना है कि श्लील और अश्लील का प्रश्न साहित्य का प्रश्न है ही नहीं, इसे वे सामाजिक नैतिकता का प्रश्न मानना चाहते हैं। उनका खयाल है कि इस तरह वे साहित्य को मुक्त कर लेंगे। लेकिन यह निष्फल पलायनवाद है। किसी समय कलावादियों ने भी सोचा था कि 'कला के लिए कला' का नारा देकर वे व्यवसाय के दूषित प्रभाव से कला को बचा लेंगे, लेकिन उनकी शुद्ध कला उस प्रभाव से कितनी बच सकी, इसे आज सभी जानते हैं। दरअसल यह जाल ही ऐसा है कि 'ज्यों-ज्यों सुरझि भज्यो चहत त्यों-त्यों उरझो जात'।

अश्लीलता के प्रश्न को साहित्य से हटाकर चाहे जिस शास्त्र के क्षेत्र में डालिए और इस तरह आप विषय पर विचार करने से चाहे जितना भागिए, लेकिन आक्रमकों के आरोप से बचना मुश्किल है। नैतिकता के संरक्षक बड़ी आसानी से कह सकते हैं कि साहित्यिक दृष्टि से रचना जैसी भी हो, नैतिक दृष्टि से तो वह सेंसर के अन्दर आती है, क्योंकि पुस्तक के रूप में वह समाज में भी जाती है।

अश्लीलता के आरोप से बचने के लिए कुछ लेखकों ने प्रस्ताव किया है कि 'श्लील-अश्लील' को 'सुन्दर-असुन्दर' का प्रश्न बनाकर साहित्य की मर्यादा में लाना चाहिए। उनका खयाल है कि इस तरह उस प्रश्न का भी साहित्यिक संस्कार हो जाएगा और शायद विचार करने में सुविधा होगी। शब्द परिवर्तन और साहित्यिक संस्कार पर किसको आपत्ति होगी? लेकिन खेद के साथ कहना पड़ता है कि इससे विचार करने में किसी प्रकार की विशेष सुविधा न होगी। सुन्दर-असुन्दर के निर्णय की समस्या इतनी आसान नहीं है। और कायदे से यह क्षेत्र भी सौंदर्यशास्त्र का है। इस जमीन पर भी साहित्यकार निरापद नहीं है। बाल की खाल निकालने वाले एक से एक सौंदर्यशास्त्री सन्नद्ध मिलेंगे। तर्कयुद्ध में साहित्यकार परेशान हो सकता है।

कुछ लेखकों की राय में 'साहित्य में श्लीलता-अश्लीलता सुरुचि और संस्कृति का प्रश्न है, नैतिकता का नहीं। यही सही। लेकिन सुरुचि और संस्कृति का प्रश्न तो और भी व्यापक तथा विवादास्पद है। दायरा बदल देने से प्रश्न नहीं बदल जाता और न कठिनाई ही कम होती है। प्रश्न चाहे 'श्लील-अश्लील' के रूप में हो, चाहे 'सुन्दर-असुन्दर' के रूप में या फिर 'सुरुचि और कुरुचि' के रूप में—निर्णय का वस्तुनिष्ठ सामाजिक आधार सर्वत्र रहेगा। इस ठोस वास्तविक आधार से लेखक का बच निकलना मुश्किल है। कल्याण इसी में है कि श्लील-अश्लील के दो भिन्न सामाजिक आधारों की सत्ता स्वीकार कर ली जाए।

परन्तु कुछ लेखक श्लील–अश्लील के सामाजिक आधार को स्वीकार करते हुए भी आज के अति प्रचलित सापेक्षतावाद की शरण लेना श्रेयस्कर समझते हैं। वे यह मानते हैं कि श्लील और अश्लील देश–काल पर आश्रित हैं, परन्तु इससे निष्कर्ष यह निकालते हैं कि 'उनकी कोई शाश्वत और आत्यन्तिक परिभाषा नहीं हो सकती है।' खुलासा यह कि श्लील–अश्लील सम्बन्धी मान्यता देश और काल के अनुसार बदलती रही है, इसलिए इसकी परिभाषा करना असम्भव है। ऊपर से देखने पर यह मान्यता अत्यन्त वैज्ञानिक और विवेकपूर्ण प्रतीत होती है, किन्तु इसके अन्तर्निहित निष्कर्ष अराजकता को प्रोत्साहन देते हैं। यही नहीं, इससे स्थापित मूल्यों का पक्ष भी मजबूत होता है।

श्लील–अश्लील की सापेक्षता प्रमाणित करने के लिए नृतत्त्वविज्ञान की नवीनतम खोजों का भी हवाला दिया जाता है। विभिन्न जातियों की संस्कृतियों के अध्ययन से ये तथ्य सामने आए हैं कि एक जगह जिसे अश्लील माना जाता है, वही दूसरी जगह के लिए श्लील है। लेकिन नृतत्त्वविज्ञान को भी ऐसी किसी जाति का पता नहीं है, जिसमें अश्लीलता का मान एकदम गायब हो। इससे सिर्फ इतना ही साबित होता है कि श्लील–अश्लील के मान भिन्न हैं, मानों की भिन्नता से मान्यता का अस्तित्व नहीं मिट जाता।

अश्लीलता की परिभाषा से बचने के लिए एक बारीक बात यह भी कही जाती है कि किसी 'विशेष मामले' में तो अश्लीलता का निर्देश किया जा सकता है, किन्तु उसके लिए सामान्य नियम नहीं बनाया जा सकता। इस प्रकार के तर्क का स्रोत जी.ई. मूर की 'प्रिंसिपिया एथिका' है। निःसन्देह हर मामला विशिष्ट होता है, लेकिन नियम के अभाव में उसका निर्णय कैसे होगा? कौन करेगा वह निर्णय? नियम न होगा तो व्यक्ति विशेष होगा और व्यक्ति विशेष भी सर्व–तंत्र–स्वतंत्र! यदि उसने मूर का अनुसरण किया तो अनिश्चयवादी; स्वयं अपने ही बारे में अनिश्चित! निर्णय क्या होगा, कहा नहीं जा सकता। यह तर्क है या अंधे की लाठी?

यद्यपि अब यह बात पुरानी पड़ गई है किन्तु अब भी कुछ लेखक कह बैठते हैं कि अश्लीलता का निर्णय करते समय लेखक के 'इरादे' का खयाल करना चाहिए। लेकिन इरादे का पता कैसे चले? यह कार्य वही कर सकते हैं जो लेखक के दिमाग में सेंध लगाने में सिद्ध हैं या किसी रचना की मनमानी व्याख्या करने में कुशल! वैसे, अवचेतन की खोज के बाद भी यदि कोई किसी के 'इरादे' की बात करता है तो उसे मासूम ही कहना चाहिए। ऐसा कहनेवाले को क्या खुद अपने 'इरादे' का पता है?

तमाम युक्तियों से हारने के बाद महान लेखकों की दुहाई दी जाती है। कहा जाता है कि अश्लील वर्णन तो व्यास, वाल्मीकि, कालिदास, शेक्सपियर तक में मिलते है, फिर अश्लीलता का निर्णय कैसे किया जाए? मतलब यह कि निर्णय

मुश्किल है। निष्कर्ष यह कि निर्णय असम्भव है। लेकिन भवभूति, तुलसीदास, दांते, मिल्टन, गेटे, तोल्स्तोय, चेखव, गोर्की आदि जैसे भी तो महान लेखक हैं जिनमें अश्लीलता का लेशमात्र नहीं है और इस वजह से उसकी महानता में कोई कमी आ गई हो, ऐसा भी नहीं है। सवाल यह है कि जो महान हैं, वे अश्लीलता के कारण हैं या अश्लीलता के बावजूद। अश्लीलता के लिए महान लेखकों को क्षमा करना एक बात है और उनकी अश्लीलता का औचित्य प्रमाणित करना बिलकुल दूसरी बात।

दरअसल इन तमाम तर्कों की बुनियादी कमजोरी यह है कि ये मौजूदा व्यवस्था के नैतिक आधार पर खड़े होकर उसका विरोध करने की कोशिश करते हैं। उन्हें पता नहीं है कि जिस डाल को वे काट रहे हैं, उसी पर वे स्वयं बैठे हुए हैं। यदि बुर्जुवा मनोवृत्ति की नैतिकता का उद्‌घाटन करते हुए कुछ लेखक स्वयं उघड़ जाते हैं, तो उनको ढँकने के लिए विचारक भी अपने परिधान से बाज नहीं आते हैं। इस आपसी संघर्ष में कौन कितना उघड़ जाएगा, कहना कठिन है।

वस्तुतः श्लील-अश्लील का प्रश्न मूलतः 'गोपनीयता' या 'प्राइवेसी' का प्रश्न है। सेक्स, यौन-प्रसंग या स्त्री-पुरुष सम्बन्ध से इसका सीधा सम्बन्ध नहीं है। ये बातें या तो आनुषंगिक हैं या परोक्षतः प्रभावित। शताब्दियों पहले संस्कृत आचार्य मम्मट ने 'ब्रीड़ा-जुगुप्सा' के रूप में अश्लीलता की परिभाषा दी थी। आधुनिक युग में अपने ढंग से विचार करते हुए डी.एच. लारेंस भी इसी निष्कर्ष पर पहुँचा था। अश्लीलता के सन्दर्भ में मम्मट ने 'कुमारसम्भव' के सातवें सर्ग का उल्लेख नहीं किया है। वैसे, दोष प्रकरण में उन्होंने एक से एक शृंगारिक श्लोक उद्धृत किए हैं, जिन्हें किसी अन्य मानदंड के अनुसार आसानी से अश्लील कहा जा सकता है, किन्तु मम्मट की दृष्टि में अश्लीलता का आधार केवल गोपनीयता था। वह गोपनीयता चाहे शब्द, पद और वाक्य के स्तर पर हो, चाहे अर्थ के स्तर पर। इस सन्दर्भ में मम्मट द्वारा परिगणित वे कुछ शब्द और क्रियाएँ आज भी प्रासंगिक हैं।

प्रश्न यह है कि गोपनीयता का दायरा क्या है? जवाब मुश्किल नहीं है, यदि हम 'पब्लिक' और 'प्राइवेट' अथवा 'सार्वजनिक' और 'वैयक्तिक' सम्बन्धी बुनियादी भेद को ध्यान में रखें। श्लील और अश्लील की सीमा-रेखा वही है जो सार्वजनिक और वैयक्तिक आचार की सीमा-रेखा है। सभ्यता के आरंभ में ही यह विभाजन हो गया था और सभ्यता के अन्त तक यह विभाजन रहेगा। विज्ञान का विकास चाहे जितना हो जाए, सामाजिक समानता ही क्यों न कायम हो जाए, लेकिन सार्वजनिक और वैयक्तिक का भेद रहेगा और इसके साथ रहेगी श्लील-अश्लील के बीच एक सीमा-रेखा! मानव व्यक्ति, व्यक्तिगत सम्पत्ति, एक पति—एक पत्नी सम्बन्धी तथा आचार की वैयक्तिता या गोपनीयता—इन तमाम मान्यताओं का उदय

एक साथ हुआ है और व्यक्तिगत सम्पत्ति के पूँजीवादी रूप के अन्त के बाद भी किसी-न-किसी रूप में ये मान्यताएँ हमेशा कायम रहेंगी। यही नहीं, व्यक्ति की सामाजिक स्वाधीनता के साथ इनका समुचित विकास होगा, व्यक्ति की यथोचित गोपनीयनता की रक्षा की सम्भावनाएँ दृढ़ होंगी।

['कला और साहित्य', संपादक : कैलाश दहिया, प्रकाशन विभाग, सूचना और प्रसारण मंत्रालय, भारत सरकार, प्रथम संस्करण : सितंबर, 1962]

साहित्यकार की आस्था

लोककथाओं में एक ऐसे दानव की कहानी आती है जिसके प्राण दूर जंगल में एक पेड़ पर रहनेवाले तोते में बसते थे और जब उस तोते की टाँग तोड़ी गई तो इधर दानव की भी टाँग टूट गई। इसी तरह उस तोते के साथ उसका भी एक-एक अंग टूटता गया और अन्त में तोते के मरते ही दानव ने भी दम तोड़ दिया, क्योंकि उसके प्राण उस तोते में बसते थे।

आज ऐसी बात कही जाए तो कोई विश्वास न करेगा क्योंकि लोग अपने प्राणों को अब अपने ही अन्दर समझते हैं। फिर भी 'आस्था' नाम की एक चीज आज भी है जिसे बहुत-से लोग अपने से कहीं बाहर रखते हैं क्योंकि उन्हीं की जबानी मालूम होता है कि उस बाहरी आधार के टूट जाने से खुद वे भी टूट गए।

अभी कुछ दिन पहले सोवियत यूनियन से खबर आई थी कि सुप्रसिद्ध कम्यूनिस्ट कथाकार फादएव ने 'आत्महत्या' कर ली। यह घटना ख्रुश्चोव की स्तालिन सम्बन्धी प्रसिद्ध रिपोर्ट के कुछ ही दिन बाद घटित हुई, इसीलिए बाहर के अनेक लोगों ने दोनों में कार्य-कारण सम्बन्ध जोड़ लिया; अर्थात् फादएव की आस्था टूट गई थी। यहाँ कारण जो हो लेकिन सचमुच कुछ लोगों के प्राण आस्था में बसते हैं और आस्था टूट जाने से यदि शारीरिक रूप से नहीं तो साहित्यिक रूप से अनेक लेखकों को मरते हुए देखा गया है। और जो महाप्राण होते हैं, वे जी तो लेते हैं लेकिन बहुत बड़ी कीमत चुकाकर।

मार्च के 'मेनस्ट्रीम' में प्रसिद्ध उपन्यासकार हावर्ड फास्ट ने इसी आशय का एक वक्तव्य दिया है। अमरीका की कम्यूनिस्ट पार्टी से इस्तीफा देते हुए उन्होंने कहा है कि सोवियत यूनियन की नवीनतम गतिविधि से उनके दिल को बहुत बड़ा सदमा पहुँचा है। ख्रुश्चोव की रिपोर्ट पर भी उन्होंने अपने मन की पीड़ा व्यक्त की थी, किन्तु इस बीच हंगरी में सोवियत सेना ने जो भीषण नरसंहार किया, उससे उनकी रही-सही आस्था भी टूट गई, क्योंकि सोवियत देश उनका भविष्य था, आदर्श था और इसलिए आशा तथा आस्था का आधार था।

फिर भी उनका विश्वास है कि मनुष्य जाति समाजवादी लोकतंत्र के रास्ते से नहीं हटेगी और इसके लिए वे उन कम्यूनिस्ट-गैरकम्यूनिस्ट तमाम लोगों से दृढ़

सम्बन्ध बनाए रखेंगे, जो अन्याय के विरुद्ध लड़ने की कोशिश करेंगे। परन्तु न्याय-अन्याय का निर्णय अब वे अपने विवेक से करेंगे।

कम्यूनिस्ट पार्टी से आस्था हट जाने पर उससे अलग हो जानेवाले हावर्ड फास्ट अकेले नहीं हैं और न यह घटना आज के लिए एकदम नई ही है। 'द गॉड दैट फेल्ड' के अनुसार आज से पन्द्रह-सोलह साल पहले ही आर्थर केस्टलर, स्टीफेन स्पेंडर जैसे अनेक लेखकों का इसी तरह मोह-भंग हुआ था। तब से ये लेखक तथा इनके स्वर में स्वर मिलाकर बहुत-से लेखक कहने लग गए हैं कि किसी पार्टी में आस्था रखना हानिकर है और कोई यह न समझ ले कि वे केवल कम्यूनिस्ट पार्टी का विरोध करने के लिए ऐसा कह रहे हैं, इसलिए कम्यूनिस्ट पार्टी के साथ दो-चार और दलों का नाम लेते हैं और इस तरह लेखक को 'स्वतंत्रता' का मंत्र देते हैं।

हर आदमी स्वतंत्र ढंग से सोचे और अपने विवेक के अनुसार कार्य करे, इससे बढ़कर अच्छी बात और क्या हो सकती है; आदिकाल से देश-विदेश के ऋषि-महर्षि, पंडित-ज्ञानी अपने विवेक के अनुसार कार्य करने की राय देते चले आ रहे हैं। कालिदास ने साफ शब्दों में कहा है कि जिसकी बुद्धि दूसरों द्वारा परिचालित होती है, वह मूढ़ है। बुद्ध का उपदेश ही है : अपने दीपक बनो, अपनी शरण लो। गीता की भी शिक्षा है : अपने से अपना उद्धार करो। फिर भी एक विचित्र बात है कि जिसने भी यह उपदेश दिया, वह स्वयं बहुतों का विवेक बन बैठा, यहाँ तक कि उपदेश देनेवाले स्वयं भी किसी अन्य पारलौकिक सत्ता में अपनी आस्था रखते थे। इसके विपरीत यह भी देखा जाता है कि साधारण आदमी भी जिसकी आस्था या तो भगवान में है या किसी महापुरुष में अथवा किसी सम्प्रदाय या पार्टी में, वह भी बहुत-से कार्य अपने सहज ज्ञान या विवेक से करता है।

कुल मिलाकर यह बात हम सबके सहज ज्ञान को तुरन्त अपील करती है कि आदमी को अपने विवेक पर ही सबसे अधिक भरोसा करना चाहिए क्योंकि अपने प्रत्येक कार्य के लिए अन्ततोगत्वा प्रत्येक व्यक्ति स्वयं उत्तरदायी है। यों भी इस दुनिया में किसी का भरोसा करना कठिन है। पता नहीं, कौन कब बदल जाए ? परन्तु इतनी सामान्य बात को 'स्वतंत्रता', 'दायित्व', 'विवेक' आदि न जाने कितने बड़े-बड़े शब्दों में जब कुछ लोग बहुत जोर से कहते हैं तो इसका आकर्षण बढ़ जाता है और यह सामान्य भावना विशिष्ट प्रतीत होने लगती है। तब उनको ध्यान से सुनना बहुत जरूरी हो जाता है।

विवेकवादियों का कहना है कि जो स्थिति सामने आए, उस पर अपने विवेक से विचार करना चाहिए। यदि इस समय कोई चीज बुरी मालूम होती है, तो उसे बुरी कहिए, आगे उससे कोई अच्छी चीज निकल आएगी तो उस समय देखा जाएगा। केवल इस आशा से कि कल वह अच्छी हो जाएगी, आज बुरी चीज को भली कहना धोखा है। मसलन सोवियत संघ की समाजवादी व्यवस्था को आज केवल

इसलिए स्वीकार करना कि कल वह निर्दोष साम्यवाद में बदल जाएगी, नासमझी है। इस प्रकार किसी घटना का निर्णय भविष्य के अनुसार करना गलत है। जिस तरह भविष्य अविचारणीय है, उसी तरह अतीत भी। कोई खराब चीज केवल इसलिए आज अच्छी नहीं कही जा सकती कि वह कल अच्छी थी।

फलस्वरूप 'विवेकवादी' हर घटना को उसके 'सामयिक' रूप में ग्रहण करने का सुझाव देते हैं। इस सिद्धान्त का नाम है 'नितान्त सामयिकता का नैतिक दायित्व'। इस सिद्धान्त के अनुसार हर घटना और स्थिति के अनुसार विचार बदलते रहने की पूरी स्वतंत्रता है। कल के विचार के लिए आज का विचार उत्तरदायी नहीं है और न वह उत्तरदायी है आगामी कल के विचार के लिए। इस विवेक की कसौटी पर हर घटना अपने-आपमें स्वतंत्र है और हर विचार अपनी जगह पर सही है। राजनीति के क्षेत्र में यदि यह बात कही जाए तो उसे 'अवसरवाद' कहा जाएगा लेकिन साहित्य में इसका अत्याधुनिक नाम है स्वातंत्र्य चिन्तन!

जो हो, यदि 'विवेकवादी' को इतने से भी सन्तोष हो जाए तो हम मान लें कि चलो, कहीं तो आस्था मिली! लेकिन नहीं। इस घटना-प्रवाह और विचार-प्रवाह में उनकी स्थिति बड़ी दयनीय दिखाई पड़ती है। पता नहीं क्यों, उन्हें 'यह स्थिति अधूरी, दुखभरी और अनिश्चयात्मक' प्रतीत होती है और इसके साथ ही वह आस्था भी केवल 'साम्प्रतिक' रहती है। इससे मालूम होता है कि उन्हें अपनी सीमा का बोध सता रहा है। उनका कहना है कि 'हमें जितना दिखता है, वह अन्धकार से घिरा है, लेकिन अपनी दृश्य-परिधि को ही हम दिशा मानकर चलते हैं।' कोई बात नहीं, यदि 'दृश्य-परिधि' में आलोक है तो उसके बाहर के अन्धकार से क्या डरना? यदि इस तरह चलते रहेंगे तो साथ-साथ 'दृश्य-परिधि' भी चलती रहेगी। परन्तु यही तो कठिनाई है कि वे उस अन्धकार को भूल नहीं सकते। वह अन्धकार बाहर नहीं है, उस 'दृश्य परिधि' के अन्दर है। जाहिर है कि भूत और भविष्य को नकार देने के बाद भी वे उसके अभाव के प्रेत से ग्रस्त हैं। और ऐसा अक्सर होता है। भविष्य से डरनेवाले के लिए वर्तमान भी भूत हो जाता है।

और इस स्थिति से उबरने का कोई उपाय भी नहीं है क्योंकि किसी अन्य की सहायता लेना पराधीनता है। चाहे इसी तरह मर जाएँ लेकिन इस परिधि में रहेंगे अकेले। स्वाभाविक भी है। भोगना जब व्यक्ति को है तो दायित्व भी व्यक्ति को ही लेना पड़ेगा। इससे निष्कर्ष यह निकला, कि समाज में सोचने-समझने, करने-धरने का सारा दायित्व हर व्यक्ति का अलग-अलग है। इस स्वायत्तता, विवेक और दायित्व की तर्कसंगत परिणति क्या होगी, इसकी ओर केवल इतना ही संकेत करना काफी है कि उस स्थिति में राज्य से लेकर परिवार तक और विश्वविद्यालयों से लेकर प्रारम्भिक पाठशालाओं तक के संस्थागत सम्पूर्ण सामूहिक प्रयत्नों से अलग हो जाना होगा। जब हर आदमी अपने लिए उत्तरदायी है तो एक दूसरे का उत्तरदायित्व

कोई क्यों ले, समाज में कोई इस प्रकार का मत प्रचारित करे तो लोग उसे घोर स्वार्थ कहेंगे लेकिन विचार-जगत में उसे 'व्यक्ति-स्वातंत्र्य' जैसा गौरवशाली नाम दिया जाता है!

आखिरकार यह व्यक्तिगत आस्था भी घबराकर आत्मघात की ओर प्रेरित करती है। अभी कुछ दिन पहले 'अंधा युग' नामक एक गीत-नाटक निकला है, जिसमें स्वतंत्रता, दायित्व, मर्यादा आदि 'मूल्यों' के साथ आस्था की भी स्थापना की गई है। परन्तु इसके लेखक की आस्था का यह हाल है कि अन्त में सबके दायित्व की गठरी अपने सिर पर बाँधकर उसके 'प्रभु' स्वर्ग की ओर चल देते हैं; किन्तु धरती के पामर प्राणियों को परितोष देने के लिए कहते जाते हैं कि मैं जल्द ही उतरूँगा। और लेखक भी अपनी ओर से तमाम पाठकों को दिलासा देता है कि यह मरण नहीं बल्कि 'रूपान्तरण' है क्योंकि वह तत्त्व तो 'निरपेक्ष' है। किसी को भ्रम न हो कि मैं पुराने 'पुनर्जन्मवाद' का गीता-रामायण के अवतारवाद की आवृत्ति कर रहा हूँ, इसलिए विचारार्थ नितान्त सामयिक पुस्तक 'अंधा युग' की ये पंक्तियाँ प्रस्तुत हैं :

पर एक तत्त्व है बीज रूप स्थित मन में
वह है निरपेक्ष उतरता है पर जीवन में।

प्रभु का अवतरण हो या नहीं लेकिन इतना निश्चित है कि 'निरपेक्ष' तत्त्व का रूपान्तरण जरूर हो रहा है। यह है 'मुक्त-आचरण' वाले विवेक की आस्था का रूप। कोई आश्चर्य मत करे, 'अंधा युग' का लेखक भी अपने को तमाम पार्टियों से स्वतंत्र, विवेकवान् अथवा आस्थावान् कहता है।

हिन्दी के एक और आस्थावान् लेखक हैं जिनकी एक कहानी के नायक 'खितिन बाबू' एक-एक अंग के काटे जाने पर भी आस्था जमाए रहते हैं और अपनी आस्था को मृत शरीर के साथ छोड़कर एक दिन चल बसते हैं। अन्त तक पता नहीं चलता कि उनकी आस्था किसमें है क्योंकि उन्हें अपने एक-एक अंग को अस्पताल में जाकर कटवा आने में ही सबसे बड़ा सुख मिलता है। ये 'खितिन बाबू' आगे चलकर नाना योनियों में पैदा होते हैं। कभी 'सीप' बनकर सागर की लहर के प्रति समर्पित हो जाते हैं, कभी 'द्वीप' बनकर नदी के प्रति, तो कभी 'दीप' बनकर पंक्ति के प्रति (प्रतीकों का तुक ध्यान देने योग्य है)! यह भी एक प्रकार की आस्था ही है क्योंकि लेखक के अनुसार यह 'स्थिर समर्पण' है।

कहने का मतलब यह है कि एकदम अपने 'विवेक' पर निर्भर रहनेवाले की भी आस्था के टूटने का उतना ही खतरा है, जितना किसी पार्टी में आस्था रखने वालों के लिए। यदि कम्यूनिस्ट लेखकों ने आत्महत्याएँ की हैं तो येसेनिन और स्टीफान ज्वाइग जैसे व्यक्तिवादी और रोमैंटिक साहित्यकारों ने भी आत्मघात किया है। दरअसल 'आस्था' के सिलसिले में जिस 'विवेक' शब्द का बहुत नाम लिया जाता है, वह स्वयं बहुत गोल है। जिसको हम 'विवेक' कहते हैं, वह क्या कोई सर्वथा

अन्तर्दृष्टि है ? या उसका भी निर्माण अनुभवज्ञान से होता है ? और जिस 'विवेक' को हम अपना कहते हैं, वह भी कितना अपना है और कितना पराया, इसका निर्णय कैसे हो ? देख-सुन, पढ़-गुन कर हम जो विचार बनाते हैं, उसके बारे में क्या हम दृढ़ता के साथ कह सकते हैं कि वह नितान्त अपना है ? 'व्यक्ति स्वातंत्र्य' का जो लोग इतना ढोल पीटते हैं, क्या वे सब विचार की दृष्टि से स्वतंत्र हैं ? क्या इन व्यक्ति स्वातंत्र्यवादियों की अपनी कोई पार्टी नहीं है, जिसके वे लिखित या अलिखित सदस्य हैं ? क्या इस पार्टी के प्रति उनकी आस्था नहीं है ? क्या वे ईमानदारी से कह सकते हैं कि 'व्यक्ति-स्वातंत्र्य' मंत्र उन्हें एक खास संस्था द्वारा प्रकाशित होनेवाली सूचनाओं और विचारों की पत्रिकाओं तथा पुस्तकों से नहीं मिला है ? और जो लोग यह दावा करते हैं कि हम हर घटना पर अपने विवेक से निर्णय करेंगे या करते हैं, उन्हें क्या इस बात का निश्चय है कि हर घटना की सूचना उन्हें मूल रूप में मिलती है ? बड़ी-बड़ी सरकारी अर्ध-सरकारी तथा गैर-सरकारी एजेंसियों द्वारा प्रसारित रेडियो और अखबारों की सूचना पर पलनेवाले युग में यदि कोई अपने निजी विवेक का दम भरता है तो वह कोरा दम्भ है। समाचारों पर जीनेवालों की आस्था के लिए हर क्षण खतरा है।

आस्था का शायद ही कोई आधार हो जिसमें अन्तर्विरोध न हो। जो अपने आस्था-केन्द्र के अन्तर्विरोध की प्रकृति को नहीं पहचानता, उसी की आस्था टूटती है, उसी में अनास्था उत्पन्न होती है अथवा इन सबके विपरीत उसमें आस्था के स्थान पर अन्धविश्वास घर करता है। किसी पार्टी या व्यक्ति या विचार में आस्था रखना गलत नहीं है, गलत है उस पार्टी, व्यक्ति या विचार को पूर्ण अथवा आदर्श मान लेना। यह अन्तर्विरोध हर स्तर पर और हर क्षेत्र में है, कहीं उग्र और कहीं मद्धिम। उदाहरण के लिए यह जानते हुए भी हम जीते हैं कि हर क्षण हम मर रहे हैं। किन्तु जो यह सोचता है कि हम हर क्षण मर रहे हैं, वह समय से पहले ही मर जाता है और जो अपने को अमर समझकर विचरण करता है, उसे सहसा मोह-भंग होता है। जो लोग अपने विवेक में आस्था दृढ़ करने की बात कहते हैं, क्या उनके विवेक में कभी अन्तर्विरोध नहीं होता ? जो लोग जनता की शक्ति में आस्था की बात करते हैं, क्या उस जनता में अन्तर्विरोध नहीं है ? इस अन्तर्विरोध के बावजूद इन तमाम चीजों में या इनमें से किसी एक में हमारी आस्था इसलिए होती है कि उसमें हमें जीवनी शक्ति दिखाई पड़ती है अथवा दूसरे शब्दों में उसमें भविष्य के बीज दिखाई पड़ते हैं। आस्था सदैव भविष्योन्मुखी होती है, इसीलिए आस्था के साथ सदैव आशा का भी नाम लिया जाता है। यह आकस्मिक नहीं है कि प्राय: निराशावादी ही अनास्थापूर्ण दिखाई पड़ते हैं।

परन्तु यह प्रश्न व्यर्थ नहीं है कि आस्था किसमें ? चाहे जिस सत्ता में आस्था रखे, सब धान बाईस पसेरी वाली बात गलत है। आस्था की शक्ति उसके आधार

से निर्धारित होती है ? एक व्यक्ति—चाहे वह स्वयं हो या कोई और—में गलतियों की सम्भावना, समूह की अपेक्षा अधिक है। बड़े-से-बड़े महापुरुष, नेता, तानाशाह या विचारक को भी आत्मबल के लिए अपने से बाहर निकलना पड़ता है और प्राय: वह जनशक्ति की ओर देखता है। यही वजह है कि जनता के प्रति आस्था को इतना महत्त्व दिया जाता है और साहित्य में उसे मानवतावाद कहते हैं।

सुना है, जैनेन्द्रजी के सामने एक बार किसी ने कहा—अक्ल बड़ी कि भैंस ? उन्होंने छूटते ही कहा—सवाल यह है कि किसकी अक्ल और किसकी भैंस ? इसी तरह सवाल यह नहीं है कि आस्था बड़ी या अनास्था ? सवाल यह है कि किसकी आस्था और किसकी अनास्था ? साथ ही, किसमें आस्था और किसमें अनास्था ? साहित्य में ऐसे साहित्यकारों की कमी नहीं है जिनकी अनास्था में भी सैकड़ों बौनों की आस्था से अधिक शक्ति है। आशावाद के नाम पर आशा से अन्त होनेवाली सैकड़ों तुकबंदियों की अपेक्षा निराशा की कविताएँ अधिक शक्तिशाली हैं। यही वजह है कि तुलसी और सूर के विनय के पद बावजूद निराशा के आज भी लोगों को शक्ति प्रदान करते हैं।

यहाँ आकर आस्था-अनास्था का प्रश्न कोरी सैद्धान्तिक चर्चा के स्तर से उतरकर समाज के ठोस धरातल पर आधार ढूँढ़ता है। सवाल यह है कि अनास्था से जो परेशान है, वे कौन लोग हैं ? समाज में बहुत-से लोग हैं जो आस्था-अनास्था के चक्कर में पड़े बिना भी दु:ख-सुख से लड़ते-भिड़ते अपनी जिन्दगी जी लेते हैं। लेकिन इन तमाम लोगों से अलग एक प्राणी है बुद्धिजीवी और वह बुद्धिजीवी क्या जो केवल रोटी पर जी ले! फिर बुद्धि किसलिए है ? बुद्धिजीवी का पहला कर्तव्य है कि विश्वास की प्राप्ति और यदि कोई विश्वास न भी मिले तो कम-से-कम यही विश्वास हो कि कोई विश्वास नहीं होना चाहिए।

थोड़ा-सा और आगे बढ़ने पर पता चलेगा कि बुद्धि के स्तर पर जिस प्राणी में 'आस्था' की इतनी भूख है, वह रहन-सहन के स्तर पर हमेशा जीवन में कहीं जम जाने के लिए परेशान है। जीवन में कहीं 'सेटिल' हो जाना बुद्धिजीवियों की बातचीत का सामान्य विषय है। इस प्रकार जीवन में अस्थिरता और विचारों में अनास्था दोनों समानान्तर स्थितियाँ हैं और इनमें कार्यकारण सम्बन्ध है। बुद्धिजीवी की अनास्था उसकी ढुलमुल सामाजिक स्थिति का परिणाम है। इस 'खानाबदोश दिमागी मजदूर' की हालत उस पंछी की तरह है जो :

> अन्तरिक्ष में आकुल आतुर
> कभी इधर उड़ कभी उधर उड़
> पंथ नीड़ का खोज रहा है...

ऐसी स्थिति में क्या यह सम्भव है कि उसे सोचने मात्र से आस्था की प्राप्ति हो जाएगी ? राम-भक्त तुलसीदास की आस्था को भी अन्तिम दिनों में सांसारिक

स्थितियों ने हिला दिया था—और उनके राम के रहते हुए। अपने मनोविकारों को दोष देते हुए वे अन्त तक यही कहते रहे : 'कबहुँक मन विश्राम न मान्यो'। इससे मालूम होता है कि अनास्था केवल मनोवैज्ञानिक व्याधि नहीं है और न तो केवल मनोवैज्ञानिक उपचारों से दूर हो सकती है। जब तक बुद्धिजीवी की सामाजिक स्थिति नहीं बदलती अथवा कम-से-कम सामाजिक स्थिति बदलने की भावना उसमें नहीं पैदा होती तब तक कोरे अलस चिन्तन से अनास्था का मिटना असम्भव है। जिन सामाजिक स्थितियों ने उसमें अनास्था पैदा की है, उन्हीं में उसे आस्था भी खोजनी है। कोई वजह नहीं है कि वर्तमान स्थिति में आस्था के बीज न हों। वैज्ञानिकों ने बहुत-सी खोज केवल अस्पष्ट सम्भावना को लेकर की है—कभी असफलता मिली है तो अक्सर सफलता भी मिली है किन्तु सारा-का-सारा श्रम तो कभी व्यर्थ नहीं हुआ है।

इसलिए आज के युग में एकदम अनास्था-ही-अनास्था देखना कम-से-कम तर्कसंगत तो नहीं प्रतीत होता। 'आस्था की खोज' मात्र से सिद्ध है कि समाज में इस भावना का वास्तविक आधार पहले से मौजूद है। और इतिहास के व्यापक परिवेश में देखने पर पता चलता है कि हमारा युग अतीत के अनेक अन्धकार युगों की अपेक्षा कहीं अधिक प्रकाशपूर्ण है। आज अपनी परिस्थितियों पर मनुष्य का अधिकार पहले से कहीं अधिक है। संसार की जनता आज पहले से कहीं अधिक संगठित और सूचना-सम्पन्न है। पहले आकांक्षाएँ थीं, अब योजनाएँ भी हैं। जो इस इतिहास के निर्माण में सचमुच भाग ले रहे हैं, उन्हें इस शक्ति का पूरा एहसास है, एहसास नहीं है तो उन्हें जो इससे अलग हैं। अपनी शक्ति का एहसास काम करने से होता है, इसे कहने की जरूरत नहीं है।

आस्था-अनास्था के सिलसिले में अक्सर गीता का नाम लिया जाता है और आधुनिक लेखक अर्जुन का मखौल उड़ाते हुए कहते हैं कि उन्होंने इतने सारे प्रश्नोत्तर के बाद अन्त में भगवान के सामने आत्मसमर्पण कर दिया। लेकिन धार्मिक प्रतीकों के आवरण को हटाकर देखें तो पता चलेगा कि अर्जुन ने आत्म-विद्या और योगचर्चा सुनने के बाद कृष्ण के सम्मुख समर्पण नहीं किया। आध्यात्मिक ज्ञान से उनका सन्देह दूर नहीं हुआ। सन्देह दूर हुआ विराट विश्व-रूप देखकर जो वस्तुत: 'काल' था और आज की भाषा में 'इतिहास'। इतिहास के उस विराट परिप्रेक्ष्य में अर्जुन को भविष्य का वह रूप भी दिखाई पड़ा जिसमें भीष्म, द्रोण, जयद्रथ, दुर्योधन आदि समस्त समूह विनाश के मुख में जा रहा था। इतिहास के इस परिप्रेक्ष्य का अर्जुन को ज्ञान हुआ और इसी इतिहास के प्रति उन्होंने अपनी आस्था प्रकट की। अब तक वे अपने दृश्य की सीमित परिधि में कौरव-दल को देख रहे थे, तब तक वे मोहग्रस्त भी थे और त्रस्त भी। फलस्वरूप वे एक प्रज्ञावादी की तरह अपने मोह और भय को तर्कसम्मत रूप देते रहे। अर्जुन के सन्देह का खंडन कृष्ण ने तर्क और

प्रदर्शन दोनों के द्वारा किया, परन्तु इस शर्त के साथ कि युद्धस्व। इससे साबित होता है कि सच्चे अर्थों में एक कर्मवीर धनुर्धर ही अपनी अनास्था पर विजय प्राप्त कर सकता है।

लेखक की कलम ही उसका अस्त्र है और उसकी रचना परिवर्तन। जिस तरह इसका निश्चय न होते हुए भी कि उपन्यास का अन्त क्या अथवा कैसा होगा, वह एक योजना का खाका बनाकर काम शुरू कर देता है, उसी तरह वह मानव स्वाधीनता के इतिहास में भी भाग ले सकता है। इतिहास के निर्माण का नियम स्वयं लेखक नहीं समझेगा तो कौन समझेगा? इतिहास का नियम साहित्य-रचना के नियम से बहुत भिन्न नहीं है। यदि हम रचना के भविष्य की परवाह किए बिना भी आत्मविश्वास के साथ उसे लिख डालते हैं तो इस समय संसार के भविष्य सम्बन्धी अनिश्चयों में उलझने का भी कोई कारण समझ में नहीं आता। जिस तरह उपन्यास लिखने वाला ही लिखते समय की पीड़ा, सन्देह, योजना, भटकाव, बाधा, आत्मविश्वास और अन्त में आनन्द की मन:स्थितियों को जानता है, दूसरा नहीं, उसी तरह संसार के इतिहास निर्माण में भाग लेनेवाला ही इन समानान्तर मन:स्थितियों को जानता है, दूसरा नहीं।

नि:सन्देह आस्था एक प्रश्न है, लेकिन उसका उत्तर इतिहास है और इस उत्तर का दायित्व हम सब पर है।

[हंस : 8 अक्टूबर, 1957
संपादक : बालकृष्ण राव, अमृत राय
हंस प्रकाशन, इलाहाबाद]

आधुनिक साहित्य की जटिलता बनाम पाठक समस्या और समाधान

[1]

क्या आधुनिक क्या प्राचीन, साहित्य कब जटिल नहीं रहा? सरल से सरल पंक्ति भी कभी-कभी जटिल प्रतीत होती है। यह ऐसी जटिलता है जिसके बारे में तुलसीदास ने कहा था : 'जिमि मुँह मुकुर मुकुर निज पानी। गहि न जाइ अस अद्भुत बानी'। निश्चय ही यहाँ हम उस प्रकार की जटिलता पर विचार करने नहीं जा रहे हैं। लेकिन इस सम्भावना की ओर संकेत करना अप्रासंगिक न होगा कि आधुनिक साहित्य की जटिलता में एक स्तर पर यह सामान्य जटिलता भी है, जिसका सम्बन्ध साहित्य-मात्र की सापेक्ष जटिलता से है।

लेकिन एक प्रकार की जटिलता और भी है जो हर युग की अपनी होती है और युग-परिवर्तन के साथ आती है और जिसके कारण एक युग के पाठकों के लिए दूसरे युग का साहित्य दुरूह प्रतीत होता है। यह 'ऐतिहासिक' जटिलता है। कहना न होगा कि साहित्य में आधुनिक युग के साथ भी एक विशेष प्रकार की जटिलता आई है और फिलहाल यह 'आधुनिक जटिलता' ही हमारे लिए विचारणीय है : आधुनिक साहित्य की सम्पूर्ण जटिलता नहीं, बल्कि आधुनिक साहित्य की आधुनिक जटिलता है।

वैसे, सम्पूर्ण से आधुनिक को अलगाना काफी जटिल कार्य है, जटिल ही नहीं, बल्कि रचना की अन्विति पर कुठाराघात भी, और शायद रसग्राही पाठक के लिए एक बाधा भी। लेकिन आलोचना जो भी अप्रिय कार्य करवा ले।

वयं तत्त्वान्वेषान्मधुकर हतास्त्वं खलु कृती।

[2]

आधुनिक जटिलता भाव की है या भाषा की—इस ब्यौरे में जाने से पहले आधुनिक जटिलता की प्रकृति का ही हमें सामना करना पड़ता है। तुलसीदास के किसी कठिन पद अथवा बिहारी के किसी कठिन दोहे के बारे में हम निश्चित रूप से जानते हैं

कि क्या समझ रहे हैं और क्या नहीं। लेकिन निराला या शमशेर की किसी कविता के बारे में यह बात नहीं है। इन कविताओं के बारे में निश्चित रूप से हम यह जानते ही नहीं कि हम उन्हें समझते हैं, यद्यपि इतना हम जानते हैं कि किसी विशेष क्षण में उनसे हम क्या समझते हैं।

अन्वय, शब्दार्थ-अलंकार-निर्देश आदि के बाद प्राचीन कविता एक निश्चित अर्थ-सूत्र में बँध जाती है और इस तरह बहुत कुछ समझ में भी आ जाती है। लेकिन आधुनिक कविता में जहाँ अन्वय की कठिनाई नहीं है और शब्दार्थ की भी कठिनाई हल हो जाती है, अर्थ के विविध रूपाकारों के निर्माण की सम्भावना बनी रहती है। एक हद तक यह कठिनाई छायावाद की भी कुछ कविताओं में थी और उन्हें अस्पष्टता तथा जटिलता का आरोप झेलना पड़ा। जिन्होंने छायावादी कविताओं को समझने का दावा किया, वे भी प्राय: उनमें 'कल्लोलिनी-कला-जल कलरव' ही देखते रहे जबकि स्वयं कवि कहता रहा : 'मैं दूर—सदा मैं दूर।' परन्तु उस 'दूर' के संकेत का भी आभास कुछ लोगों को मिल गया।

क्रमश: छायावादी कविताओं से भी अर्थ निकालने की एक पद्धति निकल आई। बहुत-से विशेषणों, उपमाओं या गौण चित्रों को एक-एक कर अलग करने के बाद प्राय: मुख्य अर्थ निकाल ही लिया जाता है। लेकिन जिसे हम 'नई कविता' कहते हैं, उस पर यह पद्धति कारगर नहीं हो पाती। शब्दों की दृष्टि से सरल और वाक्यों की दृष्टि से सीधी कविता भी पहेली बन जाती है। 'राग' शीर्षक कविता में शमशेर ने यही समस्या उठाई है और वह भी एक अत्यन्त सरल कवि त्रिलोचन का उल्लेख करते हुए :

> तुमने 'धरती' का पद्य पढ़ा है?
> उसकी सहजता ही प्राण है।
> तुमने अपनी यादों की पुस्तक खोली है
> जब यादें मिटती हुई एकाएक स्पष्ट हो गई हों?
> जब आँसू छलक न जाकर
> आकाश का फूल बन गया हो?
> —वह मेरी कविताओं सा मुझे लगेगा :
> तब तुम मुझे क्या कहोगे?

सचमुच कोई क्या कहेगा इस सरलता पर? एकदम बोलचाल के वाक्य और नित परिचित शब्द। फिर भी मैं स्वीकार करता हूँ कि इस कविता के अर्थ के बारे में मुझे निश्चय नहीं है। 'जब यादें मिटती हुई एकाएक स्पष्ट हो गई हों'—यह पंक्ति मेरे लिए पर्याप्त स्पष्ट नहीं है। 'धरती' के पद्य के बाद 'याद' के इस प्रकार सहसा उल्लेख की प्रासंगिकता भी प्रश्न है। फिर भी ये पंक्तियाँ मुझे अच्छी लगती हैं, यह कहना सम्भवत: अनावश्यक है।

इस सरलता में भी जो जटिलता है—क्या उसे हम 'आधुनिक' नाम दे सकते हैं? छायावाद की कविता यदि जटिल थी तो उस पर शब्दों का बहुत सम्भार था, लेकिन इस कविता में बस काम के ही थोड़े से शब्द हैं। रीतिकाल की कविता कठिन थी तो इसलिए कि 'अरथ अमित अति आखर थोरे' थे; यहाँ वैसी कोताही भी नहीं है।

आधुनिक युग की इस 'सरल जटिलता' को समझने के लिए यदि यूरोपीय दर्शन से उदाहरण लें तो काण्ट, हीगेल और विटिगिन्सटाइन की भाषा की तुलना काफी होगी। कठिन तीनों ही हैं लेकिन कारण भी तीन हैं। विटिगिन्सटाइन की भाषा को जहाँ साधारण पाठक भी समझ सकता है, वहाँ काण्ट और हीगेल की भाषा विद्वानों के लिए भी लोहे का चना है। परन्तु काण्ट के कसे सूत्रों की व्याख्या हो जाती है, हीगेल के शब्दों के घटाटोप से भी असली बात मालूम कर ली जाती है और विटिगिन्सटाइन के सहज सुबोध वाक्य भी पहेली मालूम होते हैं।

सफर में पुराने जमाने के लोग इतना सामान लादकर साथ ले जाते थे गोया पूरी गृहस्थी हो; आज सिर्फ एक अटैची लेकर सारी दुनिया की सैर की जा सकती है; लेकिन इसका मतलब यह तो नहीं कि आज की दुनिया में जटिलता कम हो गई है। और यदि यह बात जिन्दगी के बारे में सच है तो साहित्य के बारे में भी सच क्यों न हो?

रघुवीरसहाय से जब हम सुनते हैं कि :

> एक मैदान है जहाँ हम, तुम और ये लोग सब लाचार हैं
> मैदान के मैदान होने के आगे,

तो सचमुच ही इस सपाट मैदान की सपाटता के सामने बहुत से लोग अपने को लाचार महसूस कर सकते हैं, लाचार और शायद चकित।

इसी प्रकार केदारनाथ सिंह जब कहते हैं कि :

> क्रिया और गूंगे विशेषण के बीच
> खड़ी है—पूरी
> एक नामहीन
> पीढ़ी,

तो भाषा के बीच खड़ी इस नामहीन पीढ़ी को सहसा नाम देना कठिन हो जाता है। कितनी सरल और फिर भी कितनी जटिल!

यह कठिनाई कविता के अतिरिक्त भी है। कविता में यदि अधिक है तो इसलिए कि हिन्दी में कविता ही अधिक 'आधुनिक' है। कहानी-उपन्यास में भी जहाँ 'आधुनिकता' है, इसी जाति की जटिलता मिलती है। निर्मल वर्मा की 'तीसरा गवाह' कहानी परम्परागत कथानक तथा सरल भाषा के बावजूद 'थीम' के स्तर पर एक पहेली है। पहेली यह है कि 'तीसरा गवाह' कौन है? सम्भावनाएँ कई हैं और हर एक सम्भावना के लिए ठोस युक्तियाँ हैं, फिर भी सब अनिश्चित हैं। यदि यह

अनिश्चय पाठक में ही होता तो विशेष बात न थी। महत्त्वपूर्ण यह है कि उस कहानी का नायक स्वयं भी मूल कारण के बारे में अनिश्चित है और कौन जाने उसके द्वारा लेखक भी परिस्थिति की जटिलता तथा अनिश्चितता का ही संकेत करना चाहता है।

जटिलता के प्रति आधुनिक साहित्यकार की यह आत्म-सजगता ही आधुनिक साहित्य को पूर्ववर्ती साहित्य से अलग करती है और सम्भवत: उसे अपेक्षाकृत अधिक जटिल भी बना देती है।

[3]

जैसा कि सार्त्र ने कहीं कहा है, हम उस आदमी की तरह हैं जो एक अरसे से शीशे की ओर ध्यान दिये बगैर खिड़की के बाहर देख रहा था—और फिर एक दिन सहसा उस शीशे की ओर भी उसका ध्यान चला गया। यह नई सजगता की शुरुआत थी। लेखक भी एक अरसे से भाषा का प्रयोग करते आ रहे हैं और अपने अभिप्रेत के अनुसार भाषा को सँवारते-सजाते भी रहे हैं, लेकिन इतिहास में आज पहली बार इस माध्यम की 'प्रकृति' के प्रति लेखक इतना आत्मसजग हुआ है।

नि:सन्देह शब्द और अर्थ के 'साहित्य' की समस्या पहले भी उठाई गई थी। वाक् और अर्थ की प्रतिपत्ति के लिए कवि-कुल-गुरु कालिदास भी चिन्तित थे। भाव के अनुरूप भाषा को ढालने की बात मध्ययुगीन कवियों ने भी कही है। छायावाद-युग में भी भाव और कला के समन्वय की चर्चा हुई थी। 'कंटेंट' और 'फार्म' की बहस प्रगतिवाद में भी हो चुकी है, लेकिन स्वयं भाषा की प्रकृति के प्रति बुनियादी जिज्ञासा इधर ही प्रकट की गई है। दर्शन का अधिकांश चिन्तन भाषा-विचार की ओर मुड़ गया है। फिलहाल इस बात से बहस नहीं है कि यह गलत है या सही, बुरा है या भला। बात इतनी ही है कि भाषा के प्रति विशेष प्रकार की आत्म-सजगता एक तथ्य है और इस तथ्य के अस्तित्व को नकारना असम्भव है।

भाषा-सम्बन्धी आत्म-सजगता की एक मन:स्थिति का चित्रण करते हुए 'पिक्चर पोस्टकार्ड' कहानी में निर्मल वर्मा ने लिखा है : 'मैं कुछ कहना चाहता हूँ, फिर भी चुप रह जाता हूँ, क्योंकि मुझे मालूम है कि मैं जो कुछ कहूँगा, वह बहुत नीरस और निरर्थक है। बहुत से शब्द हैं और मैं अक्सर बोलते हुए गलत शब्दों को चुन लेता हूँ और फिर मुझे बुरा लगता है और फिर जिद बँध जाती है, और मैं विषय में भटक जाता हूँ, लेकिन तब चुप रहने का अवसर चुक जाता है, और जब अन्त में बोलकर चुप हो जाता हूँ, तो मुझे लगता है कि मुझे शुरू में ही चुप रहना था।'

भाषा-सम्बन्धी यह आत्म-सजगता पहले के साहित्य में भी कहीं है या नहीं, मुझे नहीं मालूम। इस विवरण से स्पष्ट है कि भाषागत आत्म-सजगता किस प्रकार कथन को या तो जटिल बना देती है या मौन में परिणत हो जाती है। इससे एक ओर जटिलता की सृष्टि होती है, तो दूसरी ओर अस्पष्टता की।

कुँवर नारायण के काव्य-संग्रह 'चक्रव्यूह' की पहली कविता 'माध्यम' से इस समस्या पर और भी प्रकाश पड़ता है :

वस्तु और वस्तु के बीच भाषा है
जो हमें अलग करती है,
मेरे और तुम्हारे बीच एक मौन है
जो किसी अखंडता में हमको मिलाता है :
एक दृष्टि है जो संसार से अलग
असंख्य सपनों को झेलती है
एक असन्तुष्ट चेतना है, जो आवेश में पागलों की तरह
भाषा को वस्तु मान, तोड़-फोड़ कर
अपने एकान्त में बिखरा लेती है
और फिर किसी सिसकते बालक की तरह कातर हो
भाषा के उन्हीं टुकड़ों को पुनः
अपने स्खलित मन में समेटती है, सँजोती है,
और जीवन को किसी नये अर्थ में प्रतिष्ठित करती है।

जिन लोगों की धारणा है कि भाषा केवल जोड़ती है, उन्हें यह जानकर धक्का लगेगा कि वह अलग भी करती है; और इसीलिए आज का कवि उस अलग करने वाली भाषा को टुकड़े-टुकड़े कर एक नये रूपाकार में सार्थक करने का प्रयत्न कर रहा है। फिलहाल महत्त्वपूर्ण यह नहीं है कि इस प्रयत्न में उसे कितनी सफलता मिली है, महत्त्वपूर्ण है उसका भाषा-विषयक यह नवीन दृष्टिकोण।

इस परिवर्तित दृष्टिकोण के यदि एक ओर भाषा-विनियम के आधार पर टिके हुए इस समाज के ताने-बाने की जटिलताओं को खोलकर रख दिया है तो दूसरी ओर लेखक को स्वतंत्रता का अकूत अहसास भी दिया है। असहाय अराजकता के बीच इस दृष्टि के द्वारा विविध प्रकार के जटिल रूपाकारों की रचना का आभास मिला है।

कुछ लोगों ने व्यर्थ ही खतरे की घंटी बजाई है कि ज्ञान-विज्ञान की विभिन्न शाखाओं-प्रशाखाओं के कारण भाषा खंडित हो गई है। इस विकास-प्रक्रिया के कारण भाषा में अभूतपूर्व सम्भावनाएँ भी पैदा हुई हैं। यही नहीं कि जो बातें पहले नहीं कही जा सकती थीं, अब कही जा सकती हैं, बल्कि हम कोई बात कहते समय उस सन्दर्भ के प्रति भी सचेत रहते हैं जिसे तत्काल व्यक्त तो नहीं किया जा सकता है, लेकिन जिससे निर्धारित होने का भाव व्यंजित करना सम्भव है।

जिस प्रकार परिवार में एक नये बच्चे के पैदा होने से परिवार के सदस्यों के पूर्ववर्ती सम्बन्धों में कुछ परिवर्तन आ जाता है, उसी प्रकार विज्ञान का हर नया आविष्कार समाज के अन्तर्वैयक्तिक सम्बन्धों में कुछ-न-कुछ हेर-फेर कर देता है,

पुराने सम्बन्धों के स्थान पर नये सम्बन्ध पैदा ही नहीं होते, बल्कि सम्बन्धों में एक-दो धागे और बढ़ जाते हैं, उनमें जटिलता आ जाती है। आज का लेखक इस जटिलता के प्रति अत्यधिक जागरूक है और यही उसकी कठिनाई है। यह कठिनाई इसलिए भी और बढ़ जाती है कि इन सामाजिक जटिलताओं को स्पष्ट रूप में समझ लेना सब समय सम्भव नहीं हो पाता है। कारण जो भी हो, लेकिन यह तथ्य है कि आधुनिक जीवन की जटिलताओं के बीच लेखक की दृष्टि में भी उलझन है।

भीषण पूँजीवादी प्रचार यदि कभी-कभी सुलझे हुए लेखक को भी उलझन में डाल दे तो क्या आश्चर्य ? इसके अतिरिक्त एक बुद्धिजीवी की अपनी कुछ सीमाएँ भी हैं। जैसा कि 'संक्रान्ति काल की कुछ साहित्यिक समस्याएँ' (त्रिशंकु) में अज्ञेय ने स्वीकार किया है : 'बहुधा प्रबुद्ध व्यक्ति के विचार स्पष्ट नहीं होते और जब ऐसा होता है तब वह 'आत्मरक्षा' की मनोवैज्ञानिक क्रिया के कारण उसे और भी उलझाने लगता है और अपने को विश्वास दिलाना चाहता है कि वह विचार में गहरा पैठ रहा है जब कि वास्तव में विचार को भावों के सागर में डुबो रहा है।'

यह आत्म-प्रवंचना, यह आत्म-विडम्बना और यह आत्म-सजगता यदि आधुनिक साहित्य को जटिल न बनाए तो क्या करे ?

जटिलता, वस्तुत: आधुनिक साहित्य का एक विषय है, या कि स्वभाव का एक अंग है। बहुत-सी रचनाएँ स्वयं इस उलझन या जटिलता को लेकर हुई हैं। इसी प्रकार अनिश्चय और अस्पष्टता को भी अनेक कविताओं में चित्रित किया गया है।

जिस साधारणीकरण की कमी का आरोप 'नई कविता' पर प्राय: लगाया जाता है, वह स्वयं नई कविता का एक विषय है। इस बात को तो स्वयं कवि ही कहते हैं कि आधुनिक युग में एक को दूसरे की बात समझना मुश्किल हो गया है। जिस युग में बहुत से लोग एकदम अकेले हों और अकेलेपन की पीड़ा से ग्रस्त हों, जिस युग में परस्पर-समागम तथा विचार-विनियम के साधनों की अभूतपूर्व वृद्धि के बावजूद लोगों में विचार-विनियम का वास्तविक आधार ही टूट गया हो, उस युग में 'साधारणीकरण' केवल साहित्यिक समस्या नहीं बल्कि सामाजिक समस्या है।

व्यक्ति-व्यक्ति और समूह-समूह के बीच में जो सामयिक दीवार खड़ी हो गई हैं, उन्हें गिराने में तो सम्भवत: कोई विराट क्रान्तिकारी सैलाब ही कामयाब हो, किन्तु इस वस्तु-स्थिति के बीच अपनी सीमा में आज के साहित्यकार छोटे-छोटे सेतुओं के निर्माण का प्रयत्न अवश्य कर रहे हैं। आकस्मिक नहीं कि 'सेतु' नई कविता के काफी प्रचलित प्रतीकों में से है।

इसके अतिरिक्त एक और प्रतीक है 'बरगद', जो गजानन मुक्तिबोध की कविता में प्राय: आता है। स्पष्ट ही जटिल और घनी वरोहों से युक्त यह पेड़ आधुनिक जीवन की जटिलता का प्रतीक है जो पहले की कविता में दुर्लभ है। इसलिए नई कविता की जटिलता पर निर्णय देते समय इस बात को स्पष्ट कर लेना

चाहिए कि जिसे हम प्राय: जटिल समझ रहे हैं, वह कहीं जीवन की ही जटिलता तो नहीं है और जिस जीवन को हम अपनी कमनिगाही के कारण सरल समझ रहे थे, कवि ने उसमें छिपी जटिलता का उद्घाटन कर दिया है।

[4]

इस आधुनिक जटिलता को इतने पर भी यदि कोई पाठक नहीं समझा तो लाचार होकर कहना पड़ेगा कि वह आधुनिक नहीं है। सम्भवत: ऐसे ही पाठकों से खीझकर अत्यन्त नवयुवक कवि सूर्यप्रताप को कहना पड़ा था :

मैं जो कुछ भी लिखता हूँ, व्यर्थ नहीं है
हूँ जहाँ खड़ा—तुम अगर वहाँ आ जाओ
फिर कह न सकोगे—इसमें अर्थ नहीं है।

कवियों की गर्वोक्ति की एक परम्परा है, अक्सर अपने जमाने में अनेक कवि नहीं समझे गए और उन्होंने ऐसे पाठकों को क्या-कुछ नहीं कहा। नये कवि ने तो सिर्फ इतना ही कहा है कि 'हूँ जहाँ खड़ा, तुम अगर वहाँ आ जाओ' तो पाठक को पूरा अधिकार है कि वह कवि से भी यही माँग करे। लेकिन ध्यान में रखने की बात यह है कि कवि जहाँ खड़ा है वह कोई सोने का सिंहासन नहीं है। वह जगह कुएँ की गहराई भी हो सकती है और आग से घिरा घर भी, या कौन जाने, खुद हमारे ही अन्दर की कोई दुखती हुई रग ही हो! प्रयोजन पाठक को केवल आत्म-सजग करना है।

कौन नहीं जानता कि एक ही स्थिति से गुजरनेवाले व्यक्ति केवल कुछ संकेतों से एक-दूसरे की बात समझ लेते हैं। विपत्ति में या प्यार में बहुत सारे शब्दों की जरूरत नहीं पड़ती। एक-दो शब्द या कभी-कभी मौन ही काफी होता है। क्या साहित्य के लिए भी यह सम्भव नहीं है? बहुत सारे शब्दों का अपव्यय साहित्यकार क्यों करे? जब वह जानता है कि जो सवाल उसके पाठकों के सामने है, उन्हीं से स्वयं वह भी जूझ रहा है तो उनकी ओर संकेत करना ही काफी है। इस दृष्टि से, जैसा कि सार्त्र का कहना है, प्रत्येक रचना 'सन्दर्भ-धर्मी' है। यह सन्दर्भ ही है जो लेखक का भी काम आसान कर देता है और पाठक का भी। लेखक को कठिनाई तब होती है जब उसके पाठकों का सन्दर्भ भिन्न हो, अर्थात् या तो पाठक विदेशी हों या किसी दूसरे जमाने के हों या फिर अपने युग की समस्याओं से अनजान हों।

ऐसी स्थिति में पाठकों को बदलना लेखक का कर्तव्य हो जाता है और कभी-कभी लेखक की शक्ति का अधिकांश इसी कार्य में लग जाता है। कायदे से जो शक्ति स्वयं कृति में जानी चाहिए, यह पाठक को परिवर्तित करने के प्रयास में लगती है तो रचना दुर्बल होने के अतिरिक्त जटिल हो जाती है। सम्भवत: आधुनिक साहित्य की जटिलता का एक कारण यह तनाव—यह द्वन्द्व भी है। लेकिन इसके अलावा कोई दूसरा रास्ता भी नहीं है।

दृश्य की रचना निःसन्देह महत्त्वपूर्ण कार्य है, लेकिन दृष्टि को खोलना भी कम महत्त्वपूर्ण नहीं है। यदि आधुनिक लेखकों ने दोनों कार्यों को साथ-साथ निबाहने की कोशिश की और इस कोशिश में कहीं-कहीं उनकी कलम उलझ गई, तो इसकी जिम्मेदारी कुछ तो पाठकों पर भी जाएगी ही।

जटिलता और अस्पष्टता उन देशों की कविता में भी है, जहाँ से 'आधुनिकता' का सूत्रपात माना जाता है, किन्तु उन देशों के विचारकों और दार्शनिकों ने आगे बढ़कर आधुनिकता की जटिलताओं का विश्लेषण भी प्रस्तुत किया। हर देश और युग में विचारकों की एक ऐसी कतार की जरूरत पड़ती है जो समसामयिक वातावरण को स्पष्ट करें ताकि साहित्यकारों और पाठकों का काम आसान होता रहे।

यह तथ्य है कि अपने यहाँ आधुनिक युग में ऐसे विचारक नहीं हुए। यहाँ बुद्धिजीवियों की वह अग्रगामी कतार नहीं रही जो समस्याओं को सुलझाती और प्रश्नों को स्पष्ट करती हुई धुन्ध को साफ करे। लिहाजा यह कार्य भी अपने यहाँ साहित्यकारों को ही करना पड़ा और चूँकि यह कार्य उनका नहीं था और न इसमें वे अभ्यस्त ही थे, इसलिए आधुनिक साहित्य के चारों ओर अब भी जटिलता का कुहामंडल कायम है।

यही वजह है कि आधुनिक साहित्य जितना जटिल नहीं है, उससे कहीं अधिक उसकी जटिलता का प्रचार है। और जिनके ऊपर इस भ्रम को दूर करने की जिम्मेदारी थी, उन्होंने भी इसे बढ़ाने में योग दिया। नई कविता के सन्दर्भ में 'साधारणीकरण' पर सबसे ज्यादा लेख अध्यापक-आलोचक ने लिखा। पिछले दस-पन्द्रह वर्षों में 'साधारणीकरण' की जितनी चर्चा हुई, उतनी संस्कृत में भी क्या हुई होगी! आचार्य रामचन्द्र शुक्ल भी सिर्फ इस शब्द का पुनरुद्धार ही करके रह गए; लेकिन नये आचार्यों ने इस शब्द को लेकर जाने कितनी शास्त्रीय बातों की उद्धरणी की। और नतीजा? विद्यार्थियों पर उनके आचार्यत्व की प्रतिष्ठा भले ही हो गई हो, नई कविता की एक भी जटिलता नहीं सुलझी।

फ्रेंच या अंग्रेजी में यदि आधुनिक कविता की जटिलता की शिकायत की गई तो विवेक और श्रम के साथ एक-एक प्रकार की जटिलता का विवेचन करके सामान्य नियमों का निर्देश भी किया गया। अपने यहाँ ज्यादा से ज्यादा नये कवियों को तुलसीदास होने का उपदेश दिया गया, और नहीं तो उन्हें जनता के समीप जाने का आदेश मिला। आदर्शों से वस्तुस्थितियों का मूल्यांकन भले ही हो जाए, विश्लेषण मुश्किल है। और अपने यहाँ यही नहीं हुआ।

[5]

परन्तु जटिलता का एक और भी पहलू है जिसके उल्लेख के बिना चर्चा अधूरी रह जाएगी। और वह है जटिलता का 'साम्प्रदायिक पहलू। इस सम्प्रदाय की सृष्टि स्वयं

कुछ-कुछ कवियों ने ही की है और कुछ आलोचकों के सहयोग से उसे एक व्यवस्थित काव्य-सिद्धान्त का रूप प्राप्त हो गया है। फ्रेंच प्रतीकवादियों ने कविता में 'अस्पष्टता' को अनिवार्य घोषित किया, अति-यथार्थवादियों ने अनायास (ऑटोमेटिक) लेखन के साथ अनायास अनुभावन को ही काव्य का आदर्श बतलाया। यहाँ तक कहा गया कि कविता का अर्थ करना कविता को नष्ट करना है। इंग्लैंड में आई.ए. रिचर्ड्स ने टी.एस. इलियट की 'वेस्टलैंड' कविता की दुरूहता का समर्थन करते हुए दुरूहता को युग-धर्म घोषित किया। रिचर्ड्स के शिष्य विलियम एम्पसन ने आगे बढ़कर सात प्रकार की अस्पष्टताएँ निर्धारित कर दीं। अमरीका तो खैर हर काम को बड़े पैमाने पर करने का हौसला रखता है; लिहाजा वहाँ 'नई समीक्षा' नाम से एक अलग स्कूल ही खड़ा हो गया, जिसके अनुयायी एक-एक शब्द की बाल की खाल निकालकर पिल पड़ें। इस प्रकार आधुनिक कविता की जटिलता के विश्लेषण के नाम पर 'जटिलता का सम्प्रदाय' ही खड़ा हो गया, जिसके विरुद्ध नई पीढ़ी के कवियों को विद्रोह की आवाज उठानी पड़ी।

स्वभावत: हिन्दी इस क्षेत्र में भी पिछड़ी रही। संयोग से आलस्य ने बचा लिया। वैसे, अज्ञेय ने 'तारसप्तक' के अपने वक्तव्य में 'जटिलता के सम्प्रदाय' का बीजारोपण कर दिया था। उन्होंने तत्कालीन अंग्रेजी काव्य की मान्यताओं को प्रतिध्वनित करते हुए स्पष्ट शब्दों में कहा था कि आज के कवि की भाषा को किसी हद तक गूढ़, 'अलौकिक' अथवा दीक्षा-द्वारा-गम्य (esoteric) माना जाना अनिवार्य है। कुछ दिनों तक इस 'अनिवार्यता' का निर्वाह भी हुआ, परन्तु प्रयोगकाल के बाद ही वह गूँज चुपचाप दब गई।

दरअसल दुरूहता का भी एक अपना आकर्षण है। आधुनिक चित्रकला की दुर्बोधता ने व्यवसायियों तक को आकृष्ट कर लिया। चित्रकारों ने चित्र बनाए, कला-समीक्षकों की सेना ने व्याख्याएँ कीं और व्यवसाइयों ने पूँजी खड़ी कर ली। कविता बेशक चित्र नहीं है; लेकिन जो लोग दुर्बोध चित्रों से व्यवसाय कर सकते हैं, उनके लिए जाने किस रूप में दुरूह कविता भी उपयोगी साबित हो जाए।

समस्या काफी जटिल है और इसे सुलझाने वाले शायद और आएँ। 'समाधान' मेरे पास नहीं है। अपनी हालत तो कुछ ऐसी ही है कि :

जो सुलझ जाती है गुत्थी, फिर से उलझाता हूँ मैं।

इस हिम्मत और तबीयत पर दाद मिलनी चाहिए।

[श्री शिक्षायतन कॉलेज, कालकत्ता, द्वारा 28-30 नवम्बर, 1959 को आयोजित परिसंवाद में दिया गया व्याख्यान]

राजनीति और साहित्यकार

प्रेसिडेंट जानसन की विदेश–नीति खास तौर से वियतनाम–नीति के खिलाफ अमरीका के शिक्षकों और छात्रों ने करीब छः महीने से जो बौद्धिक अभियान छेड़ रखा है, उस सिलसिले का सबसे दिलचस्प और शायद सबसे महत्त्वपूर्ण अध्याय है इसी सप्ताह सम्पन्न होने वाला व्हाइट हाल का पहला सांस्कृतिक समारोह।

समारोह में लगभग चार सौ कवि और चित्रकार, गायक, अभिनेता आदि एकत्र हुए किन्तु उनके आचार–विचार ने जानसन के सामने स्पष्ट कर दिया कि कला राज्य से असन्तुष्ट है और अधिकांश कलाकार सरकार की साम्राज्यवादी नीति के समर्थन से इनकार करते हैं।

पुलिट्जर पुरस्कार विजेता प्रसिद्ध कवि राबर्ट लावेल ने पहले ही निमंत्रण अस्वीकार कर बिगुल फूँक दिया था। कलाकारों ने, जिनमें से कुछ समारोह के लिए निमंत्रित नहीं थे, सावर्जनिक रूप से लावेल के निर्णय का समर्थन किया। स्पष्ट ही इस घटना ने तमाम समानधर्मा लेखकों के मन में एक असमंजस–भरा क्षोम डाल दिया। फल प्रकट हुआ ऐन समारोह के मौके पर।

कवि जान हरसे ने जान–बूझकर उस अवसर पर 'हिरोशिमा' शीर्षक कविता पढ़ी जो निश्चय ही प्रेसिडेंट के लिए कड़वा घूँट थी। जले पर नमक का काम किया काव्य पाठ की भूमिका ने जिसमें हरसे ने राष्ट्र की विदेश नीति पर छींटाकशी की। चोट शुरू ही हुई थी कि आलोचक डवाइट मैकडोनल्ड ने आगे बढ़कर एक पहलकदमी की और समारोह में घूमकर प्रशासन–विरोधी एक पेटीशन पर खुलेआम हस्ताक्षर कराने लगे। वैसे, मैकडोनल्ड पहले भी राबर्ट लावेल का समर्थन कर चुके थे, किन्तु उन्होंने समारोह में भाग लेकर उस अवसर का लाभ उठाना अधिक उपयुक्त समझा। प्रशासन की दृष्टि में कलाकारों की 'उग्रता' उस समय चरम सीमा पर पहुँच गई पर सरकार की ओर से सोवियत संघ में अमरीका के भूतपूर्व राजदूत जार्ज कैन्नन ने 'समकालीन समाज में कलाकार का स्थान' विषय पर अपना वक्तव्य आरम्भ किया और बगल के कमरे में 'लुईवील आर्केस्ट्रा' ने अपना कार्यक्रम चालू कर दिया जिसे स्पष्टतः जानबूझकर बाधा पहुँचाने के अर्थ में ग्रहण किया गया।

अन्त में प्रेसिडेंट जानसन ने जैसे सब कुछ पीकर भाषण देते हुए कहा कि 'आपकी कला राजनीतिक अस्त्र नहीं है लेकिन आप जो करते हैं, उसका बहुत कुछ गम्भीर रूप में राजनीतिक है।'

प्रेसिडेंट की यह 'गम्भीर चेतावनी' भी कलाकारों के ऊपर से शायद साफ गुजर गई। इसीलिए अन्यमनस्क भाव से जब वे कुछ अतिथियों से हाथ मिलाकर विदा हुए तो यह कहते पाए गए कि कुछ ने न आकर मेरा अपमान किया तो कुछ ने आकर।

अमरीकी व्हाइट हॉल का सांस्कृतिक समारोह हमारे लिए वैसे इतना महत्त्वपूर्ण नहीं है कि उसका इतना विस्तृत विवरण दिया जाए। विस्तार इसलिए भी बहुत आवश्यक नहीं कि इस देश के बुद्धिजीवी जिन अखबारों की खुराक पर जीते हैं, उनमें इस घटना का काफी रोचक वर्णन आ चुका है। फिर भी इसका उल्लेख इसलिए करना पड़ा कि इसे पढ़कर भी हमारे बुद्धिजीवियों और लेखकों ने कुछ ऐसा रुख दिखाया, जैसे कुछ हुआ ही न हो! आखिर इस खामोशी, इस अन्यमनस्कता और इस उदासीनता का क्या अर्थ है?

जहाँ विदेश के मामूली से मामूली साहित्यिक 'स्कैंडल' पर हफ्तों चर्चा की जाती है और चर्चा करने में इतनी फुर्ती दिखाई जाती है कि उनकी बहुज्ञता और 'अप-टु-डेट' होने का रोब गालिब हो जाए—वहाँ इस मोर्चे पर मौत का सा सन्नाटा! या इलाही ये माजरा क्या है?

जाने कहाँ इंग्लैंड के किसी अखबार में सोवियत संघ के किसी तथाकथित लेखक के छद्म नाम से एक 'वार्ड-7' नाम का उपन्यास छप गया तो अपनी हिन्दी के कुछ नये लेखक उसे इस तरह ले उड़े, जैसे बरसों से इसका इन्तजार कर रहे हों कि कोई सोवियत-विरोधी किताब आए और खबर के लिए भूखी हिन्दी जनता को दौड़कर उसकी सूचना पहुँचाएँ। किसी के कान पर जूँ न रेंगे लेकिन दोस्तों को तो आसमान सर पर उठाना है और उन्होंने उठाया।

लेकिन अमरीका की इस 'साहित्यिक' घटना पर न कलम उठी, न आवाज और न भौंह या पलक। 'बात कुछ सर तो नहीं है कि उठाए न बने!' बात न उठाएँ तो बात बनाएँ ही!

राबर्ट लावेल को हमारे नये कवि और लेखक न जानते हों—ऐसा नहीं है। नये कवियों में से अनेक ऐसे मिलेंगे जो जरा-सा छेड़ने पर ही राबर्ट लावेल की कविता-पुस्तकों के नाम ही नहीं बल्कि अनेक कविताओं के शीर्षक और स्मृति का चमत्कार दिखलाते हुए कविता की कुछ पंक्तियाँ भी सुना सकते हैं। वे राबर्ट लावेल को चाहने वाले हैं—अपना मानकर अपनाने वाले भी। लेकिन यह दिलचस्पी, देखिए तो, कविता तक ही रुक जाती है, कविता में जहाँ से शक्ति आती है, कवि के जिस साहस से कविता में धार आती है, उससे हमारे नये कवियों को क्या मतलब?

बीटनिक कवियों पर कहवाघरों में बात करते फेचकुर फेंक देंगे, उनके बारे में सुनी-सुनाई किंवदंतियों को जैसे अपनी मानकर सुनाएँगे, दूसरे-तीसरे हाथ की उधार ली हुई सूचनाओं को मौलिक लेख के रूप में छपाएँगे, बिना पढ़े और समझे बीट कविताओं पर बहस करेंगे और हर वक्त गोया शहादत का कफन सर पर बाँधे घूमेंगे—लेकिन वो बात सारे फसाने में जिसका जिक्र नहीं, वो बात यह कि बीट कवियों ने क्यूबा को अपना समर्थन दिया, कास्त्रो को अपना नेता माना और अमरीकी वर्ण-भेद की नीति के खिलाफ नीग्रो आन्दोलन में हिस्सा लिया। क्यों? क्या इसलिए कि यह सब 'राजनीति' है—राजनीति, जो 'बोर' करती है और जिसमें दिलचस्पी लायक कोई चीज नहीं? यह 'मीठा मीठा गप्प और कड़वा-कड़वा थू' क्यों?

लावेल की कविता लेकिन लावेल की राजनीति नहीं। बीट कवियों का 'सेक्स' लेकिन बीट कवियों की राजनीति नहीं। मोम का स्वाद भी मिले और हाथ भी न जले। ऐसा तो अभिजात और मध्यवर्ग की युवतियों के बारे में कहा जाता है, जिसे वोकैशियो 'लविंग बाई प्रॉक्सी' कहते थे।

प्रेरणा अमरीका से ही सही, लेकिन आधी ही क्यों? बाकी आधी क्यों नहीं?

नई पीढ़ी के कवि बड़े गर्व से कहते हैं कि पिछली पीढ़ी के हिन्दी कवियों की दृष्टि बहुत सीमित थी, यहाँ तक कि वे राष्ट्रीय सीमा से आगे बढ़कर देख ही नहीं पाते थे, जबकि नई पीढ़ी की व्यापक दृष्टि पूरे विश्व को अपने व्यास में समेटे हुए है। यह दावा सही होता यदि इस विश्वव्यापी दृष्टि की किरणें आज की विश्व-राजनीति पर भी कुछ तेज रोशनी डालतीं—'राजनीति' न सही तो विश्व में जहाँ भी मानवता पर संकट हो, उस पर 'मानव-नियति' या 'मानव-स्थिति के ही नाते ये नये कवि कुछ प्रकाश बिखेरते'।

लेकिन व्यवहार में स्थिति कुछ ऐसी दिखाई पड़ रही है कि यह पीढ़ी बहुत कुछ अपनी पूर्ववर्ती पीढ़ी से भी अधिक 'क्षेत्रीय' और संकीर्ण हो चली है। ऐसा नहीं है कि इस पीढ़ी में 'असन्तोष' और 'विद्रोह' की आग नहीं है, लेकिन लगता है कि वह आग जैसे एक सिगरेट पर आकर खत्म हो जाती है! बातों से इतना तो पता चलता है कि यह लेखक सरकार के समक्ष झुकने को तैयार नहीं है—सरकार के सामने न तो यह हाथ फैलाने की जिल्लत उठाना चाहता है और न सरकारी सम्मान का भूखा है। यहाँ तक कि वह सरकार से किसी तरह डरता भी नहीं, अपने जनतांत्रिक अधिकारों का उपयोग करते हुए वह सरकार के खिलाफ कुछ भी कहने या लिखने का हौसला रखता है। लेकिन देखिए तो अमल में वह करता क्या है?

जो लेखक उसकी समझ से 'सरकारी' हैं, उन पर हमला, यानी हमला सीधे सरकार पर नहीं, बल्कि उस पर जो किसी प्रकार सरकार का समझा जाता है, क्योंकि उसे पता है कि सरकार तथाकथित अपने उस लेखक की मदद करने नहीं आएगी। उल्लेखनीय है कि जिस समय राबर्ट लावेल अपने राष्ट्र के प्रेसिडेंट जानसन की नीति

को चुनौती दे रहा था, उस समय हिन्दी में उसके भाईबन्द नये साहित्यकार अपने प्रेसिडेंट या प्रधानमंत्री को नहीं बल्कि साठ पार कर चुके एक कवि पर दल बाँधकर तीरंदाजी कर रहे थे। प्रतिरोध की समानता यह कि अमरीकी कवि राष्ट्रपति का निमन्त्रण लेने से इनकार करता है तो हिन्दी कवि अपने वरिष्ठ की कविता-पुस्तक पढ़ने से इनकार करता है। विद्रोह में इससे बढ़कर समानता और क्या हो सकती है ? यही नहीं, बल्कि एक दूसरा कवि आगे बढ़कर यह सूत्र की फक्किका लिखता है जिसमें सारा जोर 'भाषा' पर है!

और इस तरह भाषा पर तान टूटना आकस्मिक नहीं है। पश्चिमी साहित्य-समीक्षा को दूर से सूँघकर अपने यहाँ कुछ ऐसा समझा जाने लगा है कि 'आधुनिक भावबोध' से परिपूर्ण होने के लिए 'भाषा-संवेदना' बीज-मंत्र है। शायद इस 'आधुनिक भाषा-संवेदना' का ही यह राजनीतिक विस्तार है जो नये लेखकों ने सरकार के खिलाफ अपने विद्रोह को व्यक्त करने के लिए एकमात्र भाषा के सवाल को चुना और एक छोटे से वक्तव्य पर बीस-पच्चीस हस्ताक्षर करवा के अपने विद्रोह भाव को तुष्ट कर लिया। निश्चय ही इससे आगे बढ़ने का अर्थ होता अपनी लेखकीय सीमा का उल्लंघन! इस प्रकार विद्रोह भी हो गया और कोई खतरा भी नहीं आया। समझदारी और कहते किसे हैं ? कितनी सूक्ष्म और कितनी कलापूर्ण! जनता नासमझ है जो इस आह्वान पर लेखक के पीछे उमड़ नहीं पड़ती। इसी को कहते हैं : स्थूल के प्रति सूक्ष्म का विद्रोह!

'भाषा को ठीक करने से पहले मैं मनुष्यों को ठीक करना चाहता हूँ।' प्रसाद के चाणक्य का यह कथन निश्चय ही इन नये लेखकों के लेखे सूक्ष्म के प्रति स्थूल का विद्रोह होगा और सम्भवत: 'असाहित्यिक' भी! यह भी एक विडम्बना है कि आज के अनेक नये लेखकों की तुलना में निरे 'साहित्यिक', छायावादी और राष्ट्रीय सीमा में बँधे रहनेवाले प्रसाद तो इतना 'राजनीतिक' वक्तव्य दें और आज के छायावाद-विरोधी, अन्तर्राष्ट्रीय दृष्टि वाले परम जागरूक साहित्यकार भाषा की क्रान्ति को ही अन्तिम क्रान्ति मान लें! ऐसी मनोदशा में केवल शब्दों की 'प्रासाद-क्रान्ति' का सपना देखा जा सकता है।

आकस्मिक नहीं है जो नई पीढ़ी के आधुनिकतावादी कवियों ने अमरीका के कवियों के राजनीतिक प्रतिरोध को अनदेखा कर दिया, जहाँ एक कवि साफ कहता है :

हल ढूँढ़ने का काम कवियों ने उन्हें
सौंप दिया है
गणितज्ञ पर
और उसने राजनीतिज्ञ पर।

यहाँ आज की राजनीति में इससे अलग किसी सामाजिक भूमिका की आशा करना व्यर्थ होगा। कहने के लिए यह 'बुखारी कविता' है किन्तु मानसिक बुखार का प्रलाप खासा सोचा-विचारा हुआ है। जो सवालों को हल करने की जिम्मेदारी राजनीतिज्ञों

पर छोड़ देने को तैयार हो, कल को अपनी और अपने कौम की तकदीर भी किसी अयूब या हिटलर के हवाले कर सकता है। काम का बँटवारा इससे अच्छा और क्या हो सकता है, कि एक तानाशाह सारे राज्य की बागडोर सँभाले और कवि तमाम सवालों से जान बचाकर चुपचाप कविता लिखे। जर्मनी में किसी समय साहित्यकारों के इसी रुख के कारण फासिस्ट हुकूमत आई और अमरीका में भी इसी रुझान के चलते मैकार्थीवाद का उदय हुआ। भारत में लेखकों का यह सपना पूरा न हो सका किन्तु अपने इस रुझान से वे अनजाने ही फासिज्म के लिए रास्ता तैयार कर रहे हैं। विडम्बना तो यह है कि वे जब होश में बात करते हैं तो फासिज्म का घोर विरोध करते हैं किन्तु ज्यों ही अपनी कविता के बुखार में जा पड़ते हैं तो वही बड़बड़ाते हैं जिसे सुनकर फासिस्ट शक्तियाँ चली आती हैं। दुनिया को राजनीतिज्ञों के हवाले करना बहुत कुछ इसी तरह है जैसे एक उपन्यास का अभिजात नायक जिन्दगी का काम अपने नौकरों पर छोड़ देने को तैयार था!

राजनीतिज्ञों पर इतनी जिम्मेदारी डालने के बाद राष्ट्रीय स्वयंसेवक संघ की शाखाओं में जाकर शरीर बनाने का ही काम बच रहा है क्योंकि इस समय भारत में वही एक 'अ-राजनीतिक' संगठन रह गया है जहाँ लड़कों की बाल-बुद्धि पर किसी तरह का आवश्यक-अनावश्यक जोर नहीं डाला जाता है। यहाँ तक कि उसका 'बौद्धिक' भी वस्तुत: शारीरिक ही होता है। आश्चर्य नहीं जो दिमागी परेशानियों से बचने के लिए बहुत-से नये लेखक इस शारीरिक अभ्यास को कहीं ज्यादा पसन्द करें—बशर्ते वहाँ सूर्योदय से पहले उठने का नियम हटा लिया जाए!

प्रेसिडेंट जानसन का भाषण ऐसे लेखकों के लिए अच्छा सबक है। वैसे प्रेसिडेंट ने एक तरह से इन लेखकों के ही मन की बात कही है क्योंकि जानसन की तरह ये भी अपनी कला को राजनीतिक अस्त्र नहीं मानते! लेकिन जानसन महोदय से क्या वह प्रश्न पूछने लायक नहीं है कि यदि वे कविता को राजनीतिक अस्त्र नहीं मानते तो 'हिरोशिमा' जैसी कविता से वे इतना घबराए क्यों? क्या 'हिरोशिमा' पर लिखी हुई कविता हिरोशिमा पर छोड़े हुए परमाणु बम से भी ज्यादा घातक थी जो वे उस पर इस तरह भड़क उठे? अब तो उनके पास उस छोटे से बम से कहीं ज्यादा शक्तिशाली और संहारक बम हैं फिर वे एक छोटी सी कविता को इतना खतरनाक क्यों मानते हैं?

कवि के पास तो कोई बम नहीं, न कोई अस्त्र या शस्त्र ही है—सिवा अपनी कलम के और वह भी ऐसा जैसे कि आत्मरक्षा के लिए किसी आदमी के पास उसका सिर्फ अपना नाखून। इस पर भी पेंटागन के प्रभु को इतना एतराज। यदि एक कवि की बाकी सभी हरकतें गम्भीर रूप में राजनीतिक हैं तो इस सूची से कविता को ही अलग रखने की हिदायत क्यों?

मैं जानता हूँ कि इन असुविधाजनक प्रश्नों का सामना करने के बजाय हमारे बहुत-से कवि मित्र इस बात पर मेरी अपेक्षा कदाचित् प्रेसिडेंट जानसन से सहमत होना ज्यादा

पसन्द करेंगे—इस दलील के साथ कि अक्सर बहुत-से गैर-साहित्यिक साहित्य के बारे में साहित्यकारों की अपेक्षा ज्यादा समझदारी की बातें करते हैं! इस समझ के चलते भय है, एक दिन वे अपने राष्ट्र की तकदीर के साथ अपनी कविता की तकदीर भी किसी ऐसे ही कला-प्रेमी 'राजनीतिज्ञ' के हवाले कर देना अधिक सुरक्षित समझेंगे। ऐसा नहीं कि नये साहित्यकार किसी राजनीतिक सवाल पर नहीं बोलते। राजनीति के बारे में इस प्रकार का अ-राजनीतिक रुख रखते हुए भी कुछ समय पहले उन्होंने दक्षिणी अफ्रीका के वर्ण-भेद और उससे भी पहले लुमुम्बा की हत्या तथा उसी के आस-पास अल्जीरिया के मुक्ति आन्दोलन पर सामूहिक हस्ताक्षर के साथ वक्तव्य प्रकाशित किया था। यही नहीं, बल्कि केरल के गत चुनाव के बाद जनतांत्रिक सरकार बनाने तथा तत्सम्बन्धी राजबंदियों को मुक्त करने के लिए भी उन्होंने अपील निकाली थी। ये छिटपुट कार्रवाइयाँ निश्चय ही नये लेखकों के साहस और राजनीतिक जागरूकता की सूचक हैं और इन्हें ऐसे अवसरों पर अपेक्षित व्यापक समर्थन भले ही प्राप्त न हुआ हो किन्तु अनेक क्षेत्रों से इसका नैतिक समर्थन किया गया! किन्तु इन इक्की-दुक्की कारवाइयों के बीच के लम्बे अन्तरालों को देखकर कभी-कभी लगता है कि यह सब कहीं कवि-जनोचित रोमानी साहस का प्रदर्शन मात्र तो नहीं! क्या इन कार्यों को उतनी गम्भीरता और जिम्मेदारी के साथ सचमुच पूरा किया जाता है जितनी इनके लिए अपेक्षित है? इनमें कहीं यह भाव तो नहीं कि देख लो, हम यह भी कर सकते हैं या 'हमको जो करना था सो कर गुजरे।'

इन तमाम बातों के बावजूद किसी भी लेखक से 'साहित्य और राजनीति' के संबंधों पर सैद्धान्तिक चर्चा कर लीजिए तो देखिए कि कितनी बारीकियों के जाल बिछ जाते हैं और क्या-क्या सोसे नहीं निकाले जाते हैं। यहाँ तक कि अन्त तक जाते-जाते विषयवस्तु मूल भाषा ही बन जाएगी और 'कमिटमेंट', 'एंगेजमेंट' के बाद जाने कौन-कौन से मूल पारिभाषिक शब्द आ टपकेंगे और इस प्रकार कोई सक्रिय कदम उठाने से पहले थक चुकेंगे।

कहने की आवश्यकता नहीं कि आज विश्व की जो आसन्न स्थिति है, वह एक लेखक से विचार के साथ ही क्रिया की माँग करती है। ज्यां पाल सार्त्र, इसीलिए जहाँ एक ओर दर्शन पर गम्भीर ग्रंथ लिखते हैं, वहाँ दूसरी ओर वियतनाम के सवालात पर अमरीका का निमंत्रण अस्वीकार कर वक्तव्य भी देते हैं—ऐसा वक्तव्य जिनके शब्द सहज ही क्रिया का रूप धारण कर लेते हैं। क्या हम अपनी जागरूकता को यह क्रियात्मक रूप नहीं दे सकते?

प्रश्न हम सबके सामने हैं जिसका जवाब सिर्फ एक है : 'क्रिया केवलम् उत्तर'।

केवल क्रिया नहीं और न क्रिया के लिए क्रिया। कुछ करना चाहिए इसलिए ही तब कुछ कर बैठना नहीं, बल्कि सुचिंत्य, सुनियोजित, सुसंगत एवं संगठित क्रिया।

[जनयुग, 4 जुलाई, 1965]

समाज के अग्रचेता : तुलसी

जहाँ 'तुलसी की कला' पाकर कविता 'लसी', वहाँ समाज भी उनके मानस की सहज वाणी पाकर कृत्य हुआ। एक ओर काव्य-रसिकों ने उनमें विहार के लिए नन्दन कानन से भी महान 'वाटिका' पाई तो दूसरी ओर विस्तृत समाज ने उच्चकोटि की लोक-नीति, नई मर्यादा पाई। एक ओर जब वे व्यक्तिगत साधना के मार्ग में विरागपूर्ण शुद्ध भगवद्‌भक्ति का उपदेश करते पाए जाते हैं तो दूसरी ओर संसार की विषम भूमि पर आकर पारिवारिक और सामाजिक कर्तव्यों का सौन्दर्य दिखाकर मुग्ध करते दिखाई देते हैं। इसीलिए तो आज लगभग चार शताब्दियों के बाद भी भारत की कोटि-कोटि जनता उन्हें पढ़ती है, समझती है, अपना आदर्श मानती है और साथ ही अपने विशृंखल समाज की सुव्यवस्था करती है। महाकाव्य जायसी ने भी लिखा, इधर बीसवीं सदी में भी कुछ महाकाव्य आए, किन्तु समाज ने अपने सुख-दुःख, हर्ष-विषाद और विजय-पराजय में तुलसी के मानस को ही अपना साथी क्यों बनाया ? क्या भारत की अन्य शिक्षित अथवा अशिक्षित जनता तुलसी को उत्प्रेक्षाओं, कल्पनाओं, कोमल भावनाओं अथवा गम्भीर अध्यात्म एवं दर्शन के लिए 'मानस' को पढ़ती है ? नहीं। भारतीय तुलसी के लोक हितकारी मर्यादा पुरुषोत्तम राम के लिए, साध्वी सती सीता के लिए, त्यागी तथा स्नेह मूर्ति अनुज लक्ष्मण तथा भरत के लिए और अनन्य भक्त हनुमान के लिए मानस को पढ़ते हैं और पढ़ते रहेंगे। हम आज भी तुलसी को अपने में, अपने को तुलसी में पाते हैं, इसीलिए उन्हें और केवल उन्हें पढ़ते हैं।

तो तुलसी ने आज के भारत को अपने मानस में चार सौ बरस पहले ही कैसे रख दिया ? क्या वे ज्योतिषी थे जो 'साठ साला पंचांग' देखकर समाज की जन्म कुंडली तैयार कर दी ? दूसरा कोई कवि ऐसा नहीं कर सका, क्यों ? इन प्रश्नों के उत्तर में हम कहते हैं कि ये अग्रचेता थे, भविष्यद्रष्टा थे। समाज की सीमित सीमा में जिसके लिए दूसरा शब्द 'ज्योतिषी या भविष्यवक्ता' है। ये ज्योतिषी थे किन्तु ग्रह-नक्षत्रों की चाल तथा समय के लघु से लघु विभागों की माप करने वाले नहीं, बल्कि समय की लघु से लघु लहरों में उठने-गिरने वाले समाज की रूपरेखा, बनने-बिगड़ने का ज्ञान रखने वाले थे। ये भविष्यद्रष्टा थे किन्तु ठीक-ठीक किसी व्यक्ति

की मृत्यु अथवा कुछ घटनाओं की घोषणा करने वाले नहीं, अपितु समाज की सांस्कृतिक जीवन-मृत्यु एवं कतिपय व्याधियों की आयु की ओर संकेत करने वाले थे, जिसमें घंटा, घड़ी तथा फल का महत्त्व उतना नहीं होता। तुलसी कवि थे। कवि ही क्यों, महाकवि थे किन्तु इन सबका प्राण है उनका अग्रचेता-अग्रद्रष्टा होना। उनका अग्रचेता होना ज्योतिष विद्या का परिणाम नहीं है; बल्कि उनके अतीत एवं वर्तमान की सामाजिक, धार्मिक, राजनीतिक आदि परिस्थितियों, समस्याओं का विशद् गम्भीर एवं सूक्ष्म अध्ययन तथा चिन्तन का परिणाम है। गोस्वामीजी ने उसी भूत और वर्तमान के समन्वय से भविष्य की कल्पना की, जो आज सत्य की भूमि पर प्रतिष्ठित-सी दिखाई पड़ती है।

तो वह अतीत और वर्तमान की कौन-सी समस्या है जो आज अतीत की समस्याओं को सुलझाती-सी नजर आ रही है? वह कौन-सा सुलझाव है जो आज भी गोस्वामीजी को अग्रचेता घोषित करता है? इन प्रश्नों का उत्तर देते समय दो बातें स्पष्ट रूप से सामने आती हैं। एक तो यह कि साहित्य एवं समाज का एक शाश्वत द्वन्द्व होता है जो किसी भी युग के लिए सत्य उतरता है। दूसरी यह कि सामाजिक दुर्बलताओं को दूर करने के लिए व्यावहारिक सत्य जो युग-विशेष तक ही काम देता है। गोस्वामीजी ने इन दोनों प्रकार के सत्यों की स्थापना की है। फिर भी इन दोनों सत्यों का आधार भारतीय संस्कृति ही है। यही नहीं, उन्होंने 'मानस' तथा 'कवितावली' के उत्तरकांड में निर्भीक होकर कलियुग की बुराइयों की भविष्यवाणी की है। बुराइयों की यह सूची आज भी सत्य उतर रही है। यह कहना अनावश्यक है कि ये बुराइयाँ तो समाज में हमेशा रहेंगी और गोस्वामीजी के समय में भी थीं।

पाश्चात्य विचारों से प्रभावित कुछ नये विचारकों का आक्षेप है कि गोस्वामीजी सामन्त युग में पले हुए थे इसलिए ऊँच-नीच का भेद, स्त्री स्वतंत्रता की निन्दा, कठोर वर्ण-व्यवस्था आदि बातों की परिधि से नहीं निकल सके जो आज किसी प्रकार ग्राह्य नहीं है। यह सत्य है कि युग के प्रभाव से कोई भी कवि वंचित नहीं रह सकता। किन्तु उपर्युक्त आक्षेप गोस्वामीजी के ऊपर ही नहीं आते, वर्तमान भारतीय संस्कृति के ऊपर भी आते हैं क्योंकि वर्तमान भारतीय समाज का निर्माण शंकराचार्य, स्वामी दयानन्द तथा राजा राममोहन राय से कहीं अधिक गोस्वामी तुलसीदासजी ने किया है। यह सही है कि उन्होंने रामराज्य के स्वर्णिम स्वप्न में चातुर्वर्ण व्यवस्था को भी भारत के लिए कल्याणप्रद बतलाया। साथ ही 'सोशल डिसिप्लीन' पर प्रधानतया जोर दिया। उन्होंने मार्क्स और लेनिन की तरह इतिहास की आर्थिक व्यवस्था करके साम्यवाद के सिद्धान्तों को मूर्त रूप नहीं दिया। किन्तु यह भी सही है कि चाहे कोई वाद क्यों न हो, उसकी अवधारणा एवं अवस्थिति भारतीय संस्कृति की पृष्ठभूमि पर ही होगी और इसमें गोस्वामीजी के रामराज्य का हाथ अवश्य रहेगा।

गोस्वामीजी संसार को संसार के रूप में देखना चाहते थे, स्वर्ग के रूप में नहीं। वे जीवन में जगत को और जगत में जीवन को देखने वाले थे। वे आदर्श में यथार्थ की तथा यथार्थ में आदर्श की प्रतिष्ठा करने वाले न थे। वे किसी 'यूरोपियन' समाज की कल्पना करने वाले न थे। इसलिए अपने युग में मुसलमानों की जातिहीन साम्य की भावना से प्रभावित होनेवाले अशान्त हिन्दू समाज की विशृंखता को उन्होंने रोकने का प्रयास किया। इसलिए गोस्वामीजी ने 'लोक-धर्म' और 'व्यक्ति-धर्म' दोनों की स्थापना की। 'सगुन, छीर, अवगुन जल दाता। मिलइ रचइ परपंच विधाता॥' के अनुसार संसार जैसा है, वैसा मानकर उसके बीच से एक कोने को स्पर्श करता हुआ जो धर्म निकलता है, वही 'लोक-धर्म' होता है। जो दुष्टों को छोड़कर अपने लिए ही परलोक का मार्ग ढूँढ़ता है, वह व्यक्ति-धर्म होता है। गोस्वामीजी ने 'लोक-धर्म' और 'व्यक्ति-धर्म' के पारस्परिक संघर्ष में लोक-धर्म को ही प्रधानता दी है। गोस्वामीजी के इसी लोक-धर्म में समाज की सारी व्यवस्था एवं मर्यादा केन्द्रित है।

गोस्वामीजी के इस लोक-धर्म का सम्बन्ध वस्तुतः ईश्वर से उतना नहीं था जितना जनता के व्यावहारिक जीवन से था। इसी 'लोक-धर्म' ने भारतीय समाज का नियमन किया। गोस्वामीजी जानते थे कि भारतीय समाज धर्म में इतना ओत-प्रोत है कि 'एकै साधे सब सधे' के अनुसार धर्म के समुचित मानदंड से ही भारतीय समाज का सुधार सम्भव है। इसलिए 'मुस्लिम-संस्कृति' के प्रभाव से, आक्रान्त हिन्दू जाति की रक्षा के लिए 'श्रुति-सम्मत' एवं लोकविहित आदर्शों की फिर से प्रतिष्ठा की, साथ ही वर्ण धर्म, आश्रम धर्म, कुलाचार आदि की पुनर्स्थापना की।

उन्होंने धर्म की धाँधली अपने युग की आँखों देखी और भविष्य में उसकी आशंका समझकर झगड़े सम्बन्धी कितने विषयों को समन्वयवाद का सहारा लेकर सुलझा दिया। इसलिए धर्म के नाम पर यूरोप में जहाँ इतना खून-खराबा हुआ, वहाँ भारत के सभी व्यक्ति धर्म के झमेले से मुक्त रहे और हैं भी।

गोस्वामीजी ने जो 'सियाराममय' संसार में भी व्यावहारिकता का ध्यान कर 'राम और रावण' दो विरोधी शक्तियों को प्रतिष्ठित किया, वह युग-युग की वस्तु हो गई। उनके द्वारा जलाई हुई यही क्रान्ति की ज्वाला आगे चलकर औरंगजेब से पीड़ित प्रजा की रक्षा के लिए शिवाजी तथा गुरु गोविन्द सिंह बनकर भड़क उठी और आज भी भारतीयों के हृदय में जल रही है।

इस प्रकार गोस्वामीजी ने शाश्वत सत्य से ओत-प्रोत आदर्शों को युग-युग के वेष्ठनों से मुक्त किया। किन्तु सामाजिक एवं साम्प्रदायिक विषमता का जो सुझाव उन्होंने उपस्थित किया है, वह विवादास्पद होते हुए भी आज के युग के लिए प्राचीन नहीं है।

इसके लिए उन्होंने राम-राज्य का आदर्श रखा है, जिसमें भिन्न-भिन्न वर्णों के बीच कर्म एवं मर्यादा की लकीरें स्पष्ट खिंची हैं। यों तो उन्होंने राज्य की सुव्यवस्था के लिए एक राजा को आवश्यक बतलाया किन्तु लोकमत पर सदा जोर दिया। उनके राम स्वेच्छाचारी नहीं, अपितु जनता के साथ बैठे हुए हैं। तभी तो गोस्वामीजी कहते हैं :

लोक एक भाँति को, त्रिलोकनाथ लोक बस
आपनी न सोच, स्वामी सोच ही सुखात हौ।

उन्होंने बराबर व्यक्तिवाद का विरोध किया है। जैसे :

'मारग सोइ जा कहुँ जोई भावा।' किन्तु गोस्वामीजी ने यह भी कहा है :

क—गुन अवगुन जानत सब कोई। जो कोई भाव करे तेहि सोई॥
ख—हित अनहित पसु पच्छिहुँ जाना।

जॉन स्टुअर्ट मिल ने जिसे इन शब्दों में कहा : 'Every individual knows his interest.'

'स्वारथ सहित सनेह सब, रुचि अनुहरद अपार।'

किन्तु वे समष्टि की उन्नति में व्यष्टि के भावों को कुचलने के पक्ष में नहीं हैं, वे व्यक्ति की स्वतंत्रता का मूल्य समझते हैं। गोस्वामीजी के ये विचार आज भी कितने नवीन से लगते हैं! न वे जॉन स्टुअर्ट मिल की तरह व्यक्तिवाद के एक छोर पर हैं, न नीत्शे की तरह राज्य के एक छोर पर। यहाँ भी गोस्वामीजी समन्यवादी हैं।

राम की आज्ञा सर्वमान्य है किन्तु एक रजक के कहने पर वे सीता जैसी स्त्री को भी छोड़ने में नहीं हिचकते। गोस्वामीजी ने लोकमत का बन्धन राजा के लिए यहाँ तक बतलाया है। गोस्वामीजी का राम-राज्य व्यावहारिक 'सत् और आनन्द' का प्रतीक है जिसमें समाज की 'रक्षा' और 'मंगल-कामना' निहित है। उन्होंने भगवान से प्रार्थना क़रते हुए जहाँ 'आश्रम-बरन-धरम विरहित सब, लोक वेद मरजाद गई है। दीजै दाहि देखि नातो बलि मही मोद मंगल रिनई है' कहा है, वहाँ 'राम-राज्य' हो जाने पर आनन्द का वर्णन भी किया है :

राम राज भयो कवज सगुण गुण
राजा राम जगत बिजई है,
समरथ बढ़ो सुजान मुसाहब
सुकृत सेन हारत जितई है।

इस 'राज्य-सुराज्य' 'राम-राज्य' में :

बैर न कर काहू सन कोई।
राम प्रताप विषमता खोई।
सब नर करहिं परस्पर प्रीती।
चलहिं स्वधर्म निरत श्रुति नीती।

माना, गोस्वामीजी ने आज के प्रजातंत्रात्मक युग की बात नहीं की किन्तु राज्यतंत्र (Autocracy) का आदर्श इससे ऊँचा हो ही क्या सकता है?

इसके अतिरिक्त मर्यादा का जहाँ तक सम्बन्ध है, गोस्वामीजी ने राम-राज्य की ऊँची, नीची श्रेणियों में यथोचित कर्म का विभाजन किया है। इसमें ज्ञानबल, बाहुबल, धनबल और सेवाबल—सभी का समन्वय है। गोस्वामीजी ने सभी वर्णों के यथोचित सुख के लिए 'अधिकारों' का नाम न लेकर 'कर्तव्यों' का ही नाम बराबर लिया है। इस व्यवस्था में सबसे बड़ी विशेषता यह है कि यह वर्ण विभाग केवल 'कर्मों के विभाजन' पर ही नहीं निर्भर है, अपितु 'भावों का विभाजन' भी इसका आधार है। इस प्रकार हम गोस्वामीजी के रामराज्य में 'श्रेणि विभाजन' से उत्पन्न 'वर्ग-संघर्ष' की आशंका नहीं पाते।

इस सिलसिले में कुछ उन पर यह दोष लगाते हैं कि उन्होंने निम्न श्रेणी वाले लोगों, दूसरे शब्दों में तथाकथित 'शूद्रों' की बड़ी निन्दा की है तथा उनके विकास का विरोध किया है, साथ ही 'विप्रों' का पक्ष लिया है। जैसे कलियुग वर्णन में :

सूद्र द्विजन्ह उपदेसहिं ग्याना।
मेलि जनेऊ लेहि कुदाना॥
जे बरनाधम तेहि तुम्हारा।
स्वपच किरात कोल कलवारा॥
नारि मुई घर सम्पति नासी।
मूड़ मुड़ाय भये संन्यासी॥
ते विप्रन्ह सन पाँव पुजावहिं।
उभय लोक निज हाथ नसावहिं॥
सूद्र करहिं जप तप व्रत दाना।
बैठि परासन कहहिं पुराना॥

किन्तु यहाँ विद्या-बुद्धिहीन शूद्रों की ओर उनका संकेत है, सवर्ण शूद्रों की ओर नहीं। फिर वर्ण-व्यवस्था का भंग वे नहीं सहन कर सकते थे। इसी से ब्राह्मणों को भी :

विप्र निरच्छर लोलुप कामी।
निराचार सठ वृषली-स्वामी॥

कहा है। गोस्वामीजी ने मर्यादायुक्त केवट जैसे शूद्र से भी राम और वसिष्ठ का भेंटना दिखलाया है।

इस प्रकार हम देखते हैं कि गोस्वामीजी ने एक कुशल अग्रचेता और अग्रद्रष्टा की भाँति समाज का अवलोकन किया, भले वे अनुमान बिलकुल ठीक-ठीक सही न उतरे हों। किन्तु साहित्य यदि किसी राष्ट्र की संस्कृति का प्राण है और यदि संस्कृति चिरन्तन होती है तो निस्सन्देह एक महान साहित्यिक की मान्यताएँ-

विचारणाएँ चिरन्तन होती हैं। इस प्रकार यदि यह बीते हुए काल को देखने में समर्थ हो सकता है तो निस्सन्देह आगामी कल को भी देख सकता है। गोस्वामीजी ऐसे ही महान साहित्यिक थे। इसीलिए वे अग्रचेता भी थे।

[क्षत्रिय मित्र : जुलाई-अगस्त, 1945]

हिन्दी समीक्षा और आचार्य शुक्ल

'बरगद की छाया के भीतर
नहीं अन्य तरु बढ़ पाया है
आँख खोल मानव, दृग मींचे
देख कहाँ तक तू आया है।'

—त्रिलोचन

एक बंगाली मित्र से बातचीत के सिलसिले में मैंने पूछा कि कवीन्द्र रवीन्द्र के बाद बंगला में कोई बड़ा कवि क्यों नहीं हुआ? चट प्रश्नात्मक उत्तर मिला, 'और पं. रामचन्द्र शुक्ल के बाद हिन्दी में कोई बड़ा समीक्षक क्यों नहीं हुआ?' कवि और समीक्षक में यों ही कोई तुलना नहीं, फिर ठाकुर और शुक्ल में तो सैद्धान्तिक मतभेद भी काफी रहा। न तो यहाँ उन महापुरुषों की तुलना अभीष्ट है और न उचित ही। विचारणीय है वह ऐतिहासिक सत्य जिसकी ओर मित्र ने संकेत किया। साहित्य ही नहीं, विधा के अन्य क्षेत्रों में भी यही हाल है। प्राय: महान् व्यक्तित्ववाला पुरुष अपनी पूर्व परम्परा के सम्पूर्ण वैभव को समेटकर पुंजीभूत गुणों के रूप में इतना विराट हो जाता है कि अगली पीढ़ी के प्रारम्भिक साधकों के लिए नई रूढ़ियाँ बनानी पड़ती हैं। इनका नया प्रयत्न उस विराट वैभव के सामने अत्यन्त लघु लगता है। परन्तु वे ही लघु प्रयत्न विकसित होते-होते युगान्त में पुंजीभूत होकर फिर एक दूसरे व्यक्तित्व की सृष्टि कर देते हैं। यहाँ मैं उस विराट व्यक्ति की प्रतिभा को स्वीकार करते हुए केवल उसकी परिस्थितियों की ओर संकेत करना चाहता हूँ। हिन्दी समीक्षा का इतिहास बहुत छोटा है, इसलिए इस सत्य की पुष्टि के लिए या तो संस्कृत साहित्यशास्त्र का इतिहास देखें या अंग्रेजी समीक्षा की परम्परा। शुक्लजी भारतीय पुनरुत्थान युग की उन परिस्थितियों की उपज थे, जिन्होंने राजनीति में महात्मा गांधी, कविता में रवीन्द्रनाथ ठाकुर, जयशंकर प्रसाद आदि को उत्पन्न किया।

हिन्दी समीक्षा में आचार्य शुक्ल का उत्थान एक ऐसी ही ऐतिहासिक घटना है। उनके वट-छाँह जैसे घने, गम्भीर, व्यापक और प्रभावशाली व्यक्तित्व ने समीक्षकों को ही नहीं, भावी नौसिखुओं को भी दबोच लिया। जैसा सभी महापुरुषों के बाद

होता है, यहाँ भी चोरी, अनुकरण, उधार आदि मिलाकर एक विलक्षण कुंठा का प्रदर्शन हुआ। विश्वविद्यालयों के छात्र तो छात्र हैं, नये-नये डॉक्टर और पत्र-पत्रिकाओं में प्रकाश फेंकनेवाले उदीयमान समीक्षक भी शुक्ल-सूक्तियों को बिना नामोल्लेख के 'सिवनि सुहावनि टाट-पटोरे' की तरह छिपा-छपा रहे हैं। दूसरी ओर शुक्लजी की धरती पर पश्चिमी समीक्षकों के दो-चार बीज वाक्यों को पल्लवित-पुष्पित करके लोग एक 'अद्भुत अनुपम बाग' लगा रहे हैं। परन्तु उसमें फलित क्या होता? कहीं आचार्य के अन्तेवासी भ्रान्त भाष्य पर तुले हैं, जो अपनी प्रामाणिकता के लिए उनकी अप्रकाशित मौखिक उक्तियों का हवाला देते चलते हैं। वहाँ 'मुद्दई सुस्त, गवाह चुस्त' वाली बात देखी जाती है। कहीं-कहीं कोई पश्चिमी समीक्षक एकदम उड़कर हिन्दी के गाँव में आया नया-नया ऊँट हो रहा है। कुछ हीनताग्रन्थि-ग्रस्त सम्मान्य समीक्षक अपनी मौलिकता का रोब गालिब करने के लिए शुक्लजी पर आड़े-लुक्के तीर-तुक्के चला देते हैं, ताकि लोग उन्हें आचार्य से सर्वदा अप्रभावित समझें। इनसे भिन्न एक ऐसा दल है जो आचार्य की बिलकुल उपेक्षा करके, एक नवीनतम ऐतिहासिक मानदंड और बाट के सहारे साहित्य का सारा गल्ला तौल-फेंकने में श्रमसिक्त है।

प्रश्न है, शुक्लजी की समीक्षा क्यों करें? अब तक उनकी समीक्षा या तो समीक्षा के लिए हुई है या निरुद्देश्य। न तो उनकी स्तुति की आवश्यकता है और न निन्दा की। आरोपों से उनकी रक्षा तो और व्यर्थ। सत्य अपना रक्षक स्वयं है। सफाई देने से कूड़ा ही बढ़ता है। हमें तभी समीक्षा-पद्धति के मानदंड स्थिर करने के लिए शुक्लजी की समीक्षा करनी है। अन्यथा रहने दें। और भी अनेक काम हैं। आचार्य की उपेक्षा करके नया कदम उठाना सम्भव तो है, परन्तु अपूर्ण। प्रत्येक साहित्य की अपनी परम्परा होती है और प्रत्येक शिष्ट, सभ्य तथा संस्कृत जाति उस परम्परा का ध्यान रखते हुए उसमें नई कड़ी जोड़ती है। नवीनता दृष्टिकोण की है, समीक्षा के उपादान तो वही रहेंगे। मार्क्सवादी समीक्षा एक दृष्टिकोण मात्र है, वर्तमान युग की पूर्ण समीक्षा-पद्धति नहीं। अच्छा हो कि इसके ऐतिहासिक दृष्टिकोण से हम हिन्दी की नई समीक्षा-पद्धति का निर्माण करने के लिए शुक्लजी की समीक्षा कर डालें। जितना एकांगी है शुक्लजी के प्रति उपेक्षा भाव, उतना ही एकांगी है श्रद्धा भाव। वैज्ञानिक दृष्टि का अर्थ न तो अश्रद्धा है और न उपेक्षा। यदि हम शुक्लजी का सभ्य विश्लेषण न करेंगे तो हमारा श्रद्धा-मिश्रित भय समीक्षा को आगे न बढ़ने देगा।

प्रश्न है, शुक्लजी का विश्लेषण कैसे करें? क्या उनकी इक्की-दुक्की स्थापनाओं को उद्धृत कर केवल सहमति प्रकट करें? इससे तो केवल समीक्षकों की रुचि-विभिन्नता का ही पता चलेगा। उनके किए गए वर्गीकरण में एक-दो संख्या जोड़ना या घटाना भी केवल छात्रोपयोगी खिलवाड़ होगा। उनका 'हिन्दी साहित्य का इतिहास' लेकर कुछ लेखकों और कवियों के नामों के भाव-अभाव पर भी उलझना ठीक

नहीं। यह प्रश्न ठीक है कि उन्होंने तुलसी को सूर से बड़ा कहकर या जायसी को बहुत महत्त्व देकर, अथवा कबीर की अनुचित निन्दा करके बड़ा बुरा काम किया। मुख्य प्रश्न यह है कि उन्होंने ऐसा क्यों किया? उसकी तुलनात्मक आलोचना तो आनुषंगिक है। सभी कहते हैं कि शुक्लजी की विशेष रुचि थी और विशेष मानदंड भी। हमें सर्वप्रथम उस मानदंड-निर्माण की परिस्थितियों, उपादानों और कारणों का विश्लेषण करना है। पहली आवश्यकता है उनकी सम्पूर्ण और सकल समीक्षा-पद्धति की (यदि वह इतनी व्यवस्थित है और नहीं तो उसके बिखरे सूत्रों को व्यवस्थित रूप देकर, अथवा उसके अव्यवस्थित और रिक्त स्थानों पर निशान लगाकर) परीक्षा की। यहाँ यह ध्यान रखना चाहिए कि शुक्लजी ने सूर, तुलसी, जायसी आदि कवियों की समीक्षा अपना मानदंड स्थिर करने के लिए की। फिर यह देखना है कि शुक्लजी ने अपनी समीक्षा-परम्परा को कितना आगे बढ़ाया? इसके लिए उन्हें समस्त हिन्दी अथवा भारतीय समीक्षा-परम्परा के परिपार्श्व में रखकर देखना चाहिए। यही उनका सही मूल्यांकन होगा। अन्त में सबसे महत्त्वपूर्ण है यह देखना कि उन्होंने अपने युगीन समाज की साहित्यिक माँग और साहित्यिकों की देन के बीच सम्बन्ध स्थापित करने के लिए क्या किया?

सच्चा समीक्षक छिटपुट नये-पुराने लेखों की मनमानी आलोचना करके ही सन्तुष्ट नहीं रहता, अपितु वह अपने युग के समाज और साहित्य के द्वन्द्वात्मक तथा गतिशील प्रभाव को तीव्र बनाने के लिए प्रयत्न करता है। इस प्रकार वह कवि, उपन्यासकार तथा नाटककार की ही तरह अपने समाज को आगे बढ़ाने में योग देता है। इसके लिए समीक्षक अतीत के कवि-लेखक और समीक्षकों का विश्लेषण करके देखता है कि किसी युग का साहित्य कहाँ तक उस समाज के हृदय की धड़कन से सम्बद्ध है और उसे जीवन्त तथा गतिशील बनाने में सहायक है। देखना है कि शुक्लजी ने यह कार्य कहाँ तक किया। मान लेना चाहिए कि वे छायावाद युग के समीक्षक थे। उस युग के समाज और साहित्य के परस्पर प्रभाव में उनका योग देना सबसे अधिक विचारणीय है। जब वर्तमान समाज नये समीक्षक से नई समीक्षा-पद्धति माँग रहा है, तो उसे भी वही करना होगा, जिसके द्वारा वह शुक्लजी का मूल्यांकन करने जा रहा है। इससे वर्तमान साहित्य-सम्बन्धी मिथ्या पूर्वग्रह तो दूर होगा ही, शुक्लजी का उपयोग भी उचित होगा। प्रश्न शुक्लजी के 'रीएडॉप्टेशन' 'रीएडजस्टमेंट' का है। सोचना है कि यदि शुक्लजी आज होते तो क्या लिखते? अर्थात् आज के समीक्षक को नई परिस्थिति के अनुकूल भरसक आचार्य शुक्ल बनना है।

[2]

आचार्य शुक्ल मूलतः काव्य के समीक्षक थे। यों 'इतिहास' में उपन्यास, कहानी, नाटक आदि अन्य अंगों पर भी विचार किया गया है, परन्तु इन सबके विवेचन में

उनका मन रमा नहीं। बात यह है कि उन्होंने उपन्यास आदि बहुत कम पढ़ा था और शुक्लजी समीक्षा-ग्रंथ पढ़कर समीक्षा करने वाले व्यक्ति न थे, जैसा कि आजकल का चलन है। वे पहले सहृदय थे, पीछे समीक्षक। शुक्लजी सच्चे अर्थों में सहृदय थे। उन्होंने पहले 'काव्यानुशीलनाभ्यास' के द्वारा अपने मन-मुकुर को विशद बना लिया था। तुलसी, सूर, जायसी का रस-मन्थन तो उन्होंने किया ही, हिन्दी साहित्य के लगभग सभी कवियों की उत्कृष्ट रचनाओं में अवगाहन भी किया। संस्कृत के वाल्मीकि, कालिदास और भवभूति की भारती से भी काम की बातें खोज निकालीं। इस प्रकार उनका हृदय भावसम्पृक्त, रससिद्ध, विवेकयुक्त तथा उदात्त हो गया था। फिर उनमें 'वर्णनीयतन्मवी भवन योग्यता' के साथ-साथ 'स्वहृदय संवाद' का सामर्थ्य भी आ गया। इस भाँति उन्होंने समीक्षा के लिए अत्यन्त परिष्कृत रुचि प्राप्त की। दृष्टिकोण भिन्न होने पर भी छायावादी काव्य की बारीकियों को समझने में वे पुराने ही नहीं, नये समीक्षकों में भी सबसे अधिक सफल रहे। उनके काव्य-मर्मज्ञ होने का एक कारण उनका कवि होना भी था।

शुक्लजी की इस विशेष रुचि के कारण कुछ लोग उन्हें रूढ़िवादी (डोगमैटिक) कहते हैं। परन्तु रूढ़िवादी कौन नहीं है? रूढ़िवादी वही होता है, जिसका अपना कोई सिद्धान्त नहीं। ऐसे ही ढुलमुल अवसर देखकर एक ही कविता को कभी सर्वोत्कृष्ट कहते हैं और कभी निकृष्टम। समीक्षा स्वयं एक रूढ़ि है, जो सामान्य जन की ऐसी ही अस्थिर और चंचल रुचियों के बीच तैयार होती है। इससे स्वच्छन्द तथा वैयक्तिक काव्य-रसास्वादन को खतरा नहीं। क्योंकि एक तो यह उसमें सहायक होती है, दूसरे, एक रूढ़ि पूर्व स्थापित रूढ़ि का खंडन ही नहीं करती, स्वयं भी भावी रूढ़ि से खंडित होने के लिए पथ-प्रशस्त करती है। रूढ़ि का ही भला नाम सिद्धान्त या नियम है। रिचर्ड्स के शब्दों में समीक्षा का इतिहास रूढ़ियों का इतिहास है।

कुछ लोग शुक्लजी के काव्याभ्यासजन्य पूर्वग्रह को लक्ष्य करके कहते हैं कि यदि वे व्यक्तिगत रुचियों से ऊपर उठ जाते, तो कई कवियों के साथ उचित न्याय कर पाते। वे समीक्षा में तटस्थता के सिद्धान्त का समर्थन करते हुए शुक्लजी की 'सब्जेक्टिविटी' को अनुचित समझते हैं। परन्तु समीक्षा नाप-तोल की बाट नहीं, जो एक बार तय कर दी जाए और 'लल्लू-बुद्धू' सभी उसके सहारे बिना बुद्धि खरचे साहित्य का गल्ला तौल फेंकें। आलोचना की प्रणाली तो वैज्ञानिक होती है, परन्तु उसका संचालन लक्ष्य कलात्मक या भावात्मक (सब्जेक्टिव) होता है। समीक्षा रचना-विज्ञान के साथ जीवन-दर्शन भी है, जो समीक्षक का अपना होता है। यही जीवन-दर्शन एक ओर आलोचना-प्रणाली को वैज्ञानिक सुसंगति (अक्यूरेसी) देता है और दूसरी ओर उसे निरा मशीनी मानदंड होने से बचाता है। तभी तो समीक्षा एक उपजीवी साहित्य मात्र न होकर स्वतंत्र रचनात्मक साहित्य में गिनी जाती है। इसका कार्य निषेधात्मक ही नहीं, विधेयात्मक भी है, बल्कि अधिकांश विधेयात्मक। फिर

अब तो भौतिक विज्ञान भी 'सब्जेक्टिविटी' को स्वीकार करने लगा है। नवीन अनुसन्धान के अनुसार वैज्ञानिक मापयंत्र शुद्ध भौतिक तथ्य को न बतलाकर भौतिक तथ्य की सापेक्षता बतलाते हैं। उदाहरणस्वरूप एक ही वस्तु का दो स्थानों से, दो कैमरों द्वारा लिया गया फोटो, भिन्न होता है। जब यंत्र का यह हाल है तो शुक्लजी तो चेतन व्यक्ति थे।

तात्पर्य यह कि शुक्लजी की समीक्षा-पद्धति एक सैद्धान्तिक भित्ति पर स्थित है और यह भित्ति है उनका अभिव्यक्तिवादी जीवन-दर्शन। यह कोई विशेष नहीं। आरम्भ में उस पर तुलसी-दर्शन के विशिष्टाद्वैत मत की छाप थी, परन्तु आगे चलकर वह वल्लभाचार्य के शुद्ध द्वैत मत के अनुकूल हो गया। इसकी झलक 'सूरदास' पुस्तक में छपित 'भक्ति के विकास' में मिल जाती है। पहले वे जगत को ब्रह्म के सत्स्वरूप की अभिव्यक्ति मानकर अव्यक्त और व्यक्त दो सत्ताओं में व्यक्त सत्ता को विशेष महत्त्व देते थे, परन्तु आगे चलकर व्यक्त सत्ता को ही सब कुछ मानने लगे। इस प्रकार उनका दर्शन वस्तुवादी (ऑब्जेक्टिव) था। शुक्लजी ने अपने दर्शन की व्यवस्थित तत्त्वमीमांसा तो कहीं नहीं उपस्थित की परन्तु उसके आचार-शास्त्र की झलक प्राय: मिलती रही है। उन्होंने जिस 'लोक-धर्म' की बात यत्र-तत्र की है (विशेषकर 'मानस की धर्मभूमि', तुलसीदास के 'लोकनीति और मर्यादावाद' आदि अध्याय में), वही उनके दर्शन का सामाजिक सिद्धान्त है। यों वह वर्णाश्रम व्यवस्था पर आधारित दिखाई पड़ता है परन्तु उसमें कुछ आधुनिक उदारता भी आ गई थी। कर्तव्यों के नागरिकशास्त्र का 'राइट ऑर्डरिंग ऑफ सेवरल लॉयल्टीज' वाला सिद्धान्त भी गृहीत था। हिन्दू-मुस्लिम एकता के लिए उन्होंने जायसी को ढाल बनाकर कबीर को इसलिए ठुकरा दिया कि कबीर को अपनाने से वर्ण-व्यवस्था की मर्यादा को धक्का लगने का भय था।

शुक्लजी के दर्शन का व्यापक व्यवहार उनकी समीक्षा-पद्धति में हुआ। अभिव्यक्तिवादी होने के कारण उन्होंने काव्य को केवल व्यक्त जगत से सम्बद्ध माना और निर्णय दिया कि अव्यक्त सत्ता-सम्बन्धी काव्य नहीं हो सकता। फलत: उन्होंने रहस्यवाद-छायावाद का विरोध किया। व्यक्त जगत से सम्बद्ध काव्य का अर्थ है विभाव में विभाव-प्रधान होना और आलम्बन के चित्रण का विशेष महत्त्व। आलम्बन के तीन प्रकार हैं—मानव, प्रकृति और ऐतिहासिक भरतविशेष। मानव आलम्बन के व्यस्त जीवन से सम्बद्ध होने के कारण कम संकुल महाकाव्य का पक्ष जिसमें नायक-नायिका का चरित्र-चित्रण। महाकाव्यों में भी साधना पक्ष का समर्थन। इसके विरुद्ध भाव-प्रधान गीत काव्यों का विरोध। प्रकृति के आलम्बन-चित्रण को इतना स्वतंत्र रूप दिया कि वह अकेले भी रसोद्रेक के लिए पर्याप्त माना गया। ऐतिहासिक अवशेषों के लिए तो उन्होंने रस-स्थिति का एक अलग चौखटा बना दिया। रही रस निष्पत्ति। भरत के बाद वाले अध्यात्मवादी अथवा वेदांती दार्शनिकों

ने रस को अलौकिक भूमि पर प्रतिष्ठित कर दिया था। शुक्लजी के वस्तुवादी दर्शन ने उसकी लौकिक व्याख्या कर डाली। फिर अभिनवगुप्त के 'अभिव्यक्तिवाद' को मानते हुए भी व्यक्त सत्ता-प्रेमी सांख्य भट्टनायक के 'मुक्तिवाद' की तरह न दे सके। इसी दार्शनिक मतभेद के कारण शुक्लजी ने क्रोचे के अभिव्यंजनावाद का विरोध किया। शुक्लजी काव्य को व्यक्त जगत की सीधी अभिव्यक्ति मानते थे और वह व्यक्त जगत की अभिव्यक्ति को कला मानता था। शुक्लजी ने इस काल्पनिक द्राविड़ प्राणायाम को दूर से ही प्रणाम किया। अनुभूति की अपेक्षा कल्पना को निम्न स्थान देना भी इसी व्यक्त दर्शन का प्रभाव है, क्योंकि कल्पना व्यक्त जगत से भिन्न एक अव्यक्त लोक का सृजन कर देती है तथा वास्तविकता से दूर ले जाती है। कल्पनाप्रधान अलंकारों और कलाओं को भी काव्य के क्षेत्र से निकालने का यही कारण था। संक्षेप में शुक्लजी की समीक्षा-पद्धति के ये कुछ सुसम्बद्ध सूत्र हैं। इनमें एक केन्द्रीय अन्विति इतनी घनिष्ठ है कि परस्पर विरोधी उक्तियों तथा असंगतियों की गुंजाइश नहीं। मानिए तो पूरा सिद्धान्त और ठुकराइए तो पूरा। 'हाँ' कहिए या 'ना'। सारसंचय की प्रवृत्ति का परिचय तो बिना पेंदी के लोग देते हैं।

[3]

सबसे पहले शुक्लजी के जीवन-दर्शन तथा समीक्षा-सिद्धान्त के उपादान कारणों का विश्लेषण। शुक्लजी आधुनिक पुनरुत्थान युग के चरम उत्कर्ष की उपज थे। वे 'निर्वाणोन्मुख आदर्शों के अन्तिम दीपशिखोदय' कहे जा सकते हैं। औद्योगिक क्रान्ति की ज्वाला में भभकती हुई भारतीय सामन्तवादी परम्परा का पूरा वैभव उनमें पुंजीभूत हो उठा। परन्तु उस पुनरुत्थान युग में दो विरोधी विचारधाराएँ समानान्तर बह रही थीं : एक आर्यसमाज की स्थूल नैतिकतावादी और दूसरी, ब्राह्मसमाज तथा रामकृष्ण मिशन की औपनिषदिक वेदान्ती। पहली से प्रभावित द्विवेदी युग था और दूसरी से रहस्यवाद-छायावाद युग। कालक्रम से हिन्दी साहित्य में एक पहले आई, दूसरी पीछे। शुक्लजी का निर्माण पहली धारा में हुआ और काम करना पड़ा दूसरी धारा में। इस प्रकार वे दो युगों के सन्धिस्थल पर दिखाई पड़ते हैं। यों वे समझौतावादी न थे, परन्तु चिरनवीन रहने के लिए प्रयत्नशील अवश्य थे। अपनी स्थिति के अनुकूल उन्होंने बीच का मार्ग पकड़ा। सोलहवीं सदी के ह्रासोन्मुखी सामन्ती समाज का भक्ति मार्ग, जो हिन्दी में स्वर्ण युग के नाम से विख्यात हो चुका था, उन्हें सबसे अधिक उपयुक्त जान पड़ा। भक्ति मार्ग अपनाने में शुक्लजी के मन में वही मनोवैज्ञानिक चेतना काम कर रही थी जिसका अनुमान उन्होंने भक्तिकाव्य के उदय के लिए किया था। वह यह कि पराजित जाति शक्तिहीन होने पर भगवान का सहारा लेती है। सन् सत्तावन में भारतीय तलवारें टूट चुकी थीं। लोग बहुत कुछ अंग्रेजी दासता के अभ्यस्त से हो चले थे। शुक्लजी ने उचित अवसर देखकर अवतारी भगवान की

शरण ली। परन्तु जिस प्रकार भक्तिकाव्य के उदय सम्बन्धी ऐतिहासिक कारणों को समझाने में शुक्लजी अक्षम रहे, उसी प्रकार वे इस पुनरुत्थान युग के काव्योत्थान का मूल कारण समझने में चूक गए। अंग्रेजों ने भारतीयों को असभ्य, असंस्कृत तथा बर्बर कहना शुरू किया था। भारतीयों की वर्तमान निधि तो कुछ भी नहीं थी। इसलिए उनकी हीनता ग्रन्थि ने प्राचीन आदर्शों के पुनरुत्थान का प्रयत्न किया। सामन्ती राष्ट्रीयता का उदय प्राय: ह्रासोन्मुख युग एक ओर प्राचीन गौरव के बालू में मुँह छिपाता है और दूसरी ओर काल्पनिक (स्पेकुलेटिव) दर्शन के आकाश में विचरण करता है। इसीलिए रवीन्द्रनाथ ठाकुर और महात्मा गांधी जैसे दोनों महापुरुषों ने अध्यात्मवाद का सहारा लिया। रहस्यवादी और छायावादी काव्यों ने 'महाजनो येन गत: स पंथा' का आदर्श निभाया। परन्तु शुक्लजी अध्यात्मवादी न हो सके। उनमें अवतारवाद का आग्रह इतना अधिक था कि वे व्यक्त जगत से ही सम्बद्ध रहे। इसीलिए जीवन के प्रति उनका दृष्टिकोण रवि ठाकुर और गांधीजी की तरह व्यापक तथा मानववादी न हो सका। वे अपने सिद्धान्तों को समाजवादी समता के निकट ले जाने में अन्त तक अक्षम रहे, जबकि मानवतावादी अध्यात्मवादियों ने उसे गलत-सही समेट लेने का प्रयत्न किया।

अस्तु, शुक्लजी ने बार-बार छायावादी काव्य को जीवन की व्यापक भावभूमियों पर विचरण करने के लिए नारा बुलन्द किया, तो कवियों के सामने कुछ स्पष्ट नहीं हो सका कि जीवन से उनका अभिप्राय क्या है! कुछ लोग इसे शुक्लजी की प्रगतिशीलता समझते हैं। परन्तु वह उस युग के मानवतावादी दृष्टिकोण से अधिक प्रगतिशील न था। शुक्लजी ने मोटे तौर से जगत को जीवन का पर्याय मान लिया, जिसमें एक ओर वन्य प्रकृति थी और दूसरी ओर विभिन्न प्रकार के काल्पनिक प्राचीन शील से युक्त कुछ मानव व्यक्ति। महाकाव्यों में वर्णित कुछ 'टाइप' के चरित्र ही उनके 'जीवन' के प्रतीक थे, जिनका शील वैचित्र्य शेक्सपीरियन युग के पात्रों के अनुसार निश्चित किया गया था। न तो उन्होंने अपने युग की आर्थिक-सामाजिक-राजनीतिक समस्याओं की विशद व्याख्या की और न गांधीवादी राष्ट्रीय मोर्चे के पास ही फटकने का साहस किया। इस प्रकार शुक्लजी के जीवनवाद में न तो तत्कालीन समस्याओं की ऊपरी सतह को स्थान था और न गहरी मौलिक समस्याओं में उतरने का प्रयत्न। इसीलिए वे 'रामराज्य' की वर्ण-व्यवस्था के आदर्शों में ही उलझे रह गए। कुछ और आगे बढ़े तो पन्तजी के प्राकृत-चित्रण पर रीझ उठें। ऐतिहासिक स्थानों के प्रति उनका मोह भी पुनरुत्थान युग की चेतना का प्रतिफलन था। ये सभी बातें तत्कालीन जीवन से पलायन की सूचना देती हैं। इसका सबसे बड़ा प्रमाण यही है कि बीसवीं शती के चौथे दशक तक समाजवादी सिद्धान्तों के प्रचार होने पर अध्यात्मवादी छायावादी कवियों के मानवतावाद ने तो सहज ही उसे अपना लिया, परन्तु जीवन-जगत के अनुरागी आचार्य शुक्ल बहुत

पीछे रह गए। वस्तुतः शुक्लजी का 'जीवनवाद' उस समय के अंग्रेज समीक्षक मैथ्यू आर्नल्ड के उस हवाई सिद्धान्त पर स्थित था, जिसमें 'कविता जीवन की आलोचना' कही गई थी।

वस्तुतः शुक्लजी द्विवेदी युगीन मान्यताओं के सुधारक रूप में खड़े हुए। द्विवेदी युग आर्यसमाजी 'प्यूरिटन' नीतिमत्ता से बुरी तरह प्रभावित था। साहित्य सरसता नहीं रह गई थी। इसलिए उन्होंने सरस भक्ति-भावना की पुनःप्रतिष्ठा की, जिसके द्वारा मूर्ति-खंडन, अवतार-विरोध, हिन्दू-मुस्लिम-विभेद आदि का तो वितंडावाद हटा ही, साहित्य की छाती से इतिवृत्तात्मकता की सिल भी हट गई। इससे साहित्य की सरस स्रोतस्विनी मरुस्थल पार करके उर्वर भूमि में उतरी। आचार्य ने स्वच्छन्दतावाद का समर्थन किया। उन्होंने स्वयं कविताएँ लिखीं। उधर द्विवेदी युग के स्वच्छन्दतावादी कवियों ने अंग्रेजी के गोल्डस्मिथ, ग्रे, बर्न्स, वड्र्सवर्थ वाले प्रथम रोमांटिक उत्थान का अनुसरण किया। छायावादी कवियों ने आगे बढ़कर अंग्रेजी रोमांटिक धारा के द्वितीय उत्थानवाले शेली, कीट्स, बायरन आदि कवियों से प्रभाव ग्रहण किया। यहीं आचार्य बिगड़ गए। वे स्वयं भी विदेशों से प्रभावित थे, किन्तु फिर भी आगे बढ़ने वाली स्वच्छन्दतावादी काव्य-धारा को विदेशी कहकर कोसने लगे। कवि आगे बढ़ गया, समीक्षक पीछे रह गया। यहाँ शुक्लजी का स्वच्छन्दतावादी कवि-समीक्षक बोल रहा था। छायावाद का विरोध करने के लिए शुक्लजी ने दूसरा अस्त्र उठाया। उसी समय मैथ्यू आर्नल्ड ने रोमांटिक धारा के विपरीत 'क्लासिकल' काव्य-धारा प्रवर्तित की थी। शुक्लजी ने भी छायावादी स्वच्छन्दतावाद के विरुद्ध तुलसी-जायसी के 'क्लासिसिज्म' का पुनरुत्थान किया। वहीं पता चलता है कि शुक्लजी अपने युग के काव्य को निश्चित दिशा देने की जगह बीच धारा में अड़कर खड़े हो गए। जो होना था वही हुआ। आचार्य खड़े-खड़े ताकते रहे और काव्य-गंगा उन्हें कतराकर कल-कल हास्य करती हुई आगे बढ़ गई। इस प्रकार नये युग के बीच आचार्य कुछ उलंग दिखाई पड़े।

महाकाव्य का शरीर उपन्यास, नाटक और प्रगीति मुक्तक—तीन भागों में बँट चुका था। सारा समाज काव्य से प्रगीत माँग रहा था और शुक्लजी उसे महाकाव्य का गोला देने पर तुले थे। इतिहास संश्लेषण से विश्लेषण की ओर जा रहा है। शुक्लजी ने इस बात को लक्ष्य न कर प्राचीन प्रबन्ध-काव्यों की उद्धरणी का आग्रह किया। कवि समीक्षक का साथ देने में असमर्थ रहा। प्रसादजी ने कामायनी लिखी भी तो वह छायावादी गीतों का संग्रह मात्र ही बन सकी।

रहा छायावाद के विरोध का दार्शनिक आधार। तब एक ही सत्ता के अव्यक्त और व्यक्त दो पहलू हैं तो एक को सत्य और पूर्ण कहना भ्रान्ति है। व्यक्त से दूर रहनेवाला उतना ही एकांगी है, जितना अव्यक्त से दूर रहनेवाला। यदि व्यापकता की दृष्टि से देखा जाए तो अव्यक्त कहीं अधिक रहस्यगर्भी और असीम है। नये छायावादी

युग की उदात्त भावना को इस असीम अव्यक्त सत्ता में विचरण करना अधिक सुखद मालूम हुआ। परन्तु शुक्लजी ने इस भावना को जीवन से दूर कहा। सच तो यह है कि छायावाद समूचे जीवन से दूर नहीं, केवल उसके व्यक्त वस्तुगत (ऑब्जेक्टिव) रूप से दूर था। इस प्रकार जीवन का एक टुकड़ा अपनाने के कारण वह एकांगी था। परन्तु एक पक्ष भावगत (सब्जेक्टिव) भी है, जो कम महत्त्वपूर्ण नहीं। काव्य कभी एक पक्ष को अपनाता है, कभी दूसरे को, और दोनों को। अपनाने में ही काव्य की पूर्णता है। छायावाद-रहस्यवाद ने प्रधानत: भाव पक्ष को अपनाया। छायावाद जीवन से दूर न होने के कारण ही शुक्लजी के इतने आक्रमणों पर भी अविचलित रहा। गिरा तो यथार्थवादी-मार्क्सवादी दर्शन के आघात से और तब जब स्वयं छायावादी कवि भी अव्यक्त से उतरकर व्यक्त समाज के निकट आने लगे थे। विरोध का एक कारण और था। शुक्लजी को विश्वास न था कि ये कवि सचमुच ही अव्यक्त से प्रेम करते हैं। परन्तु सच तो यह है कि छायावादी काव्य में भावों का उदात्तीकरण ही महान अव्यक्त सत्ता का रूप धारण कर लेता है। और यह तर्क कि अज्ञात के प्रति जिज्ञासा हो ही सकती है, लालसा नहीं हो सकती, व्यक्त और अव्यक्त दोनों पक्षों के लिए लागू हो सकता है। मनुष्य यदि अपने को प्रेम कर सकता है तो व्यक्त जगत और अव्यक्त जगत, दोनों को प्रेम कर सकता है। परन्तु आत्मा से मनुष्य का प्रेम, अनुराग या लालसा है, इसीलिए वहाँ व्यक्त-अव्यक्त का झगड़ा नहीं उठता। अव्यक्त की भाँति व्यक्त जगत से भी अनुराग होने के पूर्व जिज्ञासा ही होती है। काव्य में दोनों गृहीत हैं। छायावादी कवियों की कविता का आधार भले ही मानवीय प्रेम रहा हो, परन्तु उच्च भाव दशा में उस अशरीरी भावना ने अवैयक्तिकता की स्थूल सतह छोड़कर किसी उदात्त अव्यक्त सत्ता का अनुभव किया हो, तो क्या आश्चर्य! क्या उसे रस की लौकिक भूमि पर स्थित अलौकिक अनुभूति की सी शुक्ल व्याख्या प्राप्त नहीं हो सकती?

हाँ, शुक्लजी ने जो 'कलावाद' का विरोध किया, उसे भी देखना है। मेरा अनुभव है कि यह उच्चकोटि के छायावादी कवियों में कभी नहीं आया। रसवादी आचार्य को केवल अलंकारवाद का विरोध करना था और उन्होंने यूरोपीय 'कलावाद' के आगमन का संकटकालीन भोंपू बजाना आरम्भ कर दिया। मुझे ऐसा लगता है कि समीक्षा को छोड़कर हिन्दी के अन्य क्षेत्रों में उस समय यूरोपीय 'कलावाद' आया ही नहीं। आचार्य ने केवल आसमान में मुक्का मारा।

इस प्रकार काव्य समीक्षक होकर आचार्य ने जब अपने युग के काव्य को उचित दिशा न दी तो उपन्यास, नाटक, कहानी आदि अन्य अंगों के लिए उनसे आशा करना व्यर्थ था। नाटक के क्षेत्र में उन्होंने भारतीय रसवाद और पश्चिमी चरित्र-वैचित्र्य का जो समर्थन किया, वह प्रसादजी का क्रिया-कौशल देखकर, परन्तु समस्त नाटकों के प्रति उनका उपेक्षा भाव अन्य भावी प्रयोगों के लिए बाधक सिद्ध हुआ। आचार्य शुक्ल

ने न केवल हिन्दी समीक्षा को व्यवस्थित रूप दिया, दिशा भी दिखाई और भाषा भी दी।

[4]

आचार्य शुक्ल भारतीय रस-परम्परा के अन्तिम आचार्य थे। उन्हें संस्कृत आचार्यों की कड़ी में रखते समय हम भरत, आनन्दवर्द्धन, अभिनवगुप्त के साथ उनकी तुलना नहीं कर रहे हैं। हमारा अभिप्राय यही है कि वे स्वयं परम्परा वाहक और साथ ही नई रूढ़ियों के निर्माता थे। एक तो रीतिकालीन समीक्षा-पद्धति, जिसका सैद्धांतिक पक्ष समकालीन ह्रासोन्मुखी नायिका भेद की बोझिल रीति-अलंकार (अलंकार विशेष रूप से) के संस्कृत लक्ष्ण-ग्रंथों का अन्धानुकरण था और व्यावहारिक पक्ष केवल कुछ रिमार्कों और टीकाओं तक सीमित था। हिन्दी के रीतिकालीन आचार्यों ने रस-सिद्धान्त को छोड़ ही नहीं दिया, समकालीन संस्कृत साहित्य का विवेकपूर्ण अनुसरण भी नहीं किया। संस्कृत गद्य इतना प्रौढ़ था कि संस्कृत आचार्यों के लिए विचार-वितर्क का पूरा अवसर था, परन्तु हिन्दी समीक्षकों की पद्यबद्ध समीक्षा बेकाम रही। जब सिद्धान्त का यह हाल तो व्यवहार क्या करता! या तो 'सूर सूर तुलसी ससी' और 'और कवि गढ़िया नन्ददास जड़िया' जैसी वैयक्तिक सूक्तियाँ कही गईं या बिहारी सतसई की पद्यबद्ध टीकाएँ। मल्लिनाथ जैसी टीका भी हिन्दी में होती तो मानते कि समीक्षा में कुछ काम हुआ। आधुनिक युग में भारतेन्दु युग गद्य को पाकर भी ललित साहित्य में अधिक लगा रहा। छिटपुट 'वाहवाही' सुनाई पड़ जाती थी। इससे पूर्व 'चौरासी वैष्णवन की वार्ता', 'दो सौ बावन वैष्णवन की वार्ता', 'शिवसिंह सरोज' जैसे कुछ जीवन-वृत्तांत प्रधान ऐतिहासिक समीक्षा के ग्रंथ अवश्य आए, परन्तु उसके बौद्धिक व्यायाम की जगह केवल शारीरिक श्रम से काम लिया गया था। भारतेन्दु युग में ऐसा भी काम न हुआ। द्विवेदी-युग में कुछ तो 'कविता क्या है' जैसे विषयों पर विषमयादिबोधक निबन्ध लिखे गए, कुछ कवियों को छोटा-बड़ा सिद्ध करने में एड़ी-चोटी का पसीना एक किया गया, कुछ शास्त्रीय आलोचनाओं के नाम पर टीकाएँ लिखी गईं। मिश्रबन्धु विनोद जैसी साहित्य नाममाला प्रस्तुत की गई और बाबू श्यामसुन्दर दास ने शिक्षोपयोगी ग्रंथ प्रस्तुत किए, जो साहित्य के अंगों-उपांगों का विवरण भर दे सकते थे। द्विवेदी युग में समीक्षा प्राय: अंग्रेजी की समीक्षा पुस्तकों से प्रभावित थी।

शुक्लजी ने इन बिखरे प्रयत्नों को समेटने के साथ-साथ इनमें से प्रत्येक प्रयत्न को चरम अवस्था पर पहुँचाया। टीकाओं की चरम परिणति तुलसी, सूर, जायसी की व्याख्यात्मक समीक्षा में हुई। तुलनाएँ भी इतिहास में यत्र-यत्र विवेचनात्मक ढंग से आती गईं। शास्त्रीय लक्षण ग्रंथों के अनुसार लाक्षणिक और व्यंग्य-उक्तियों की बारीकी पहचानने की ओर विशेष ध्यान दिया गया। अलंकारों की सूक्ष्म परख द्वारा

उधर भी विद्वत्ता की झलक दिखाई गई। इस प्रकार शुक्लजी हिन्दी समीक्षा का सम्पूर्ण वैभव समेटकर खड़े हुए। यदि वे इतना ही करते तो भी कम न होता। परन्तु आगे बढ़कर धाक तो जमाई उन्होंने रस सिद्धान्त के निरूपण में वितर्काश्रयी समीक्षा-पद्धति के द्वारा। यह थी बाबू श्यामसुन्दर दास के प्रयत्नों की चरम परिणति। अब कवि-कर्म और कविता की कारयित्री प्रतिभा का मनोवैज्ञानिक विश्लेषण किया गया। शुक्लजी ने इस परम्परा को नवीन मनोवैज्ञानिक स्थापनाओं के आलोक में बहुत आगे बढ़ाया। पुराने भावों को नये जीवन से सम्पर्कित किया। भावों की इतनी विशद व्याख्या साहित्य में पहले नहीं हुई थी। उन्होंने स्थायी और संचारी भावों के क्षेत्र में कुछ नई भावनाओं की ओर संकेत किया। साथ ही विभाग के क्षेत्र को विस्तृत किया। पश्चिमी चरित्र वैचित्र्य को, जो दु:खान्त नाटकों के सिद्धान्त का अंग था, भारतीय रस-सिद्धान्त ने निम्न कोटि के रूप में ग्रहण कर लिया। कविता को केवल रस लेने की वस्तु न कहकर कर्मक्षेत्र की ओर प्रवृत्त करनेवाली प्रेरक शक्ति कहा। इससे निष्कर्ष रसानन्द में गति और सक्रियता आई। व्यावहारिक समीक्षा में भी शुक्लजी ने इस आदर्श को रखा। भरत तो नाटक के क्रिया-व्यापारों में ही रस खोजने का आदेश कर गए थे, परन्तु परवर्ती आचार्य एक-एक श्लोक में भाव-विभाग-अनुभाव तथा संचारी भाव खोज-खोजकर रस-निष्पत्ति करने लग गए थे। यह बीमारी यहाँ तक पहुँच चुकी थी कि अश्लील, असामाजिक तथा हानिकारक श्लोकों की व्यंग्य और चमत्कारिक उक्तियों में रस की स्थिति बतलाकर उत्तम काव्य के उदाहरणस्वरूप उपस्थित किया जाता था। शुक्लजी ने मृत और स्थावर रस-सिद्धान्त को जीवन-जगत की भूमि पर स्थापित किया और निर्णय दिया कि उत्तम काव्य के लिए सामाजिक उपयोगिता तथा सुरुचि पहली शर्त है, फिर उसमें रस के सभी अंग भले न हों, परन्तु यदि वह आह्लाद योग्य है, तो उत्तम रस काव्य के भीतर आ सकता है। उन्होंने सीमित तथा रूढ़ नायक-नायिका-पद्धति को व्यापक चरित्र वैचित्र्य की भूमि दी। शुक्लजी का यह आचार्यत्व युग निरपेक्ष रूप से देखने पर भी महान है। इसलिए छायावाद युग को उचित दिशा न देने पर भी वे हिन्दी के अद्वितीय समीक्षक हैं। उनकी चिन्तन-शक्ति इतनी गहरी थी कि किसी विषय का विश्लेषण करते हुए वे वैज्ञानिक की तरह छोटे-से-छोटा टुकड़ा करते चले जाते थे, यहाँ तक कि कुछ छूटने की सम्भावना नहीं रह पाती थी। उनकी पकड़ अद्भुत थी।

परन्तु युग के अनुकूल शुक्लजी की सीमाएँ थीं। भावों का विश्लेषण करते हुए उन्होंने गतिशील और द्वन्द्वात्मक सामाजिक पीठिका का ध्यान नहीं रखा। दूसरी ओर उन्होंने मैकडूगल आदि चेतन मन सम्बन्धी मनोवैज्ञानिकों का ही सहारा लिया, जबकि उपचेतन मन सम्बन्धी अनेक अनुसन्धान हो चुके थे। इसीलिए अनेक नये उपन्यासों तथा छायावादी गीतों के लिए उनके भावों का मानदंड अधूरा रह गया। इसके अतिरिक्त वे अपने युग की व्यापक सांस्कृतिक चेतना की स्पर्श करनेवाली

आलोचना न कर सके। उन्होंने 'हिन्दी साहित्य का इतिहास' तो लिखा, परन्तु वह संग्रह मात्र रहा। उसमें ऐतिहासिक सूत्र स्थित सामाजिक परिवर्तनों की लड़ी में साहित्य को देखने का प्रयत्न न हो सका। परन्तु आज भी इस काम को कौन कर सका? इसके लिए वैसे ही सन्तुलित और व्यवस्थित व्यक्तित्व की आवश्यकता है, जो भाव-योग की साधना के साथ ऐतिहासिक चेतना से युक्त हो और जिसमें कवि हृदय, आलोचक बुद्धि और दार्शनिक विश्लेषण का आनुपातिक समन्वय हो। इस युग की बिखरी हुई समीक्षा-पद्धतियों पर नवीन समीक्षा का मानदंड स्थिर करने के लिए उदात्त व्यक्तित्व अपेक्षित है।

[जनवाणी : जनवरी, 1950]

प्रयोगवाद

हिन्दी कविता के पाठकों में 'प्रयोगवाद' की चर्चा 'तार-सप्तक' कविता संग्रह (1943 ई.) से शुरू हुई। 'प्रतीक' पत्रिका (जुलाई, 1947-52) से उसे बल मिला और दूसरा 'सप्तक' कविता संग्रह (1951 ई.) से अन्तिम रूप में उसकी स्थापता हुई। इसका मतलब यह नहीं है कि इन सबमें जितनी कविताएँ छपीं, सभी को प्रयोगवाद की संज्ञा मिली। कविताएँ 'प्रतीक' में मैथिलीशरण गुप्त और बालकृष्ण शर्मा नवीन से लेकर अली सरदार जाफरी और सलाम मछलीशहरी तक की छपीं। और सप्तकों में भी रामविलास शर्मा तथा भवानीप्रसाद मिश्र की कविताओं को भी रखा गया। लेकिन मुख्य स्वर ये न थे। हिन्दी कविता के पाठकों ने इसे भाँपा। इसीलिए 'प्रयोगवाद' सम्बन्धी जो धारणा औसतन बनी, वह उक्त प्रकाशनों के अपवादों के आधार पर नहीं, बल्कि मुख्य स्वर के आधार पर।

'पटना' से प्रकाशित होनेवाले 'दृष्टिकोण' और 'पाटल' नामक पत्रों ने 'प्रयोगवाद' सम्बन्धी धारणा बनाने के लिए काफी सामग्री दी।

'प्रयोगवाद' नाम के चलन का श्रेय तार-सप्तक के सम्पादकीय तथा कुछ अन्य वक्तव्यों को है। उनमें 'प्रयोगवाद' शब्द का तो प्रयोग नहीं हुआ, लेकिन 'प्रयोग' और 'प्रयोगशीलता' को साफ शब्दों में अपनी विशेषता कहा गया। पाठकों ने कवियों के 'प्रयोग-प्रयोग' की टेक पकड़ ली और नये प्रयोग के नाम पर आने वाली सभी कविताओं को 'प्रयोगवाद' की संज्ञा दे दी।

'प्रयोग' शब्द यद्यपि नई अंग्रेजी कविता के 'एक्सपेरिमेंट' के वजन पर हिन्दी में आया था, फिर भी अंग्रेजी कविता में 'एक्सपेरिमेंटलिज्म' नामक कोई वाद नहीं चला और हिन्दी में 'प्रयोगवाद' चल पड़ा। अंग्रेजी के उस 'एक्सपेरिमेंट' की देखा-देखी उर्दू, बंगला आदि भारतीय साहित्यों में कविताएँ लिखी गईं, लेकिन उनमें 'प्रयोगवाद' के वजन का कोई शब्द नहीं चला। यह हिन्दी की अपनी विशेषता रही।

हिन्दी में 'प्रयोगवाद' शब्द चलने के साथ-साथ उससे जुड़ी हुई धारणा भी फैली। सबके दिमाग में यह धारणा एक-सी साफ तो न थी, लेकिन थी वह काफी मिलती-जुलती। जैसे सप्तकों में प्रकाशित होने पर भी रामविलास शर्मा और भवानीप्रसाद मिश्र की कविताओं को किसी ने 'प्रयोगवाद' नहीं कहा। इसके विपरीत

उनमें संकलित नेमिचन्द्र जैन और भारतभूषण अग्रवाल द्वारा अपने को कम्यूनिस्ट तथा गजानन मुक्तिबोध और शमशेर द्वारा अपने को मार्क्सवादी घोषित किए जाने पर भी लोग उन्हें 'प्रयोगवादी' कहने से बाज न आए।

ये बातें बताती हैं कि हिन्दी कविता के पाठकों में 'प्रयोगवाद' के बारे में एक निश्चित धारणा बन गई है। मोटे तौर से इस धारणा का रूप यह है :

1. प्रयोगवाद ह्रासशील भावना की कविता है।
2. यह प्रगतिवाद या प्रगतिशील भावना से अलग है।
3. इसमें कुछ कविताएँ प्रयोग के लिए प्रयोग हैं।
4. प्रयोगवाद की कुछ कविताएँ काव्य-शिल्प की दृष्टि से काफी अनगढ़ और दीक्षागम्य हैं।
5. प्रयोगवाद कविता के ही क्षेत्र में नहीं है बल्कि साहित्य के अन्य रूपों में भी किसी-न-किसी नाम-रूप से मौजूद है।

प्रयोगवाद सम्बन्धी इन लोक प्रचलित धारणाओं की आशंका प्रयोगशील कवियों को भी हुई। इन धारणाओं से बचने के लिए उन्होंने 'प्रयोगवाद' संज्ञा से बचना चाहा। उन्होंने सोचा कि इस नाम के हट जाने से वे धारणाएँ भी हट जाएँगी। इसलिए सबसे पहले उन्होंने 'प्रयोगवाद' नाम को गलत, नाकाफी और भ्रम फैलाने वाला कहना शुरू किया। दलील इस तरह दी गई।

उनके अनुसार नई कविता के लिए प्रयोगवाद नाम गलत है, क्योंकि 'प्रयोग सभी काल के कवियों ने किए हैं।' इसलिए उन्हें 'प्रयोगवादी कहना उतना ही सार्थक या निरर्थक है, जितना 'कवितावादी' कहना।'

दलील के इस चक्कर में काफी लोग आ गए। छायावाद के प्रवर्तक कवि पन्तजी ने भी स्वीकार किया कि प्रयोगशील कविता छायावाद युग से ही लिखी जाने लगी थी। लेकिन प्रयोगवादियों में भी विभीषण निकले और शमशेर ने इस तर्कजाल को तोड़ते हुए साफगोई के लिए प्रयोग और 'प्रयोग' दो शब्दों का प्रयोग किया जिनमें से एक सामान्य है, दूसरा विशेष।

इस तरह का तर्क नया नहीं है। हर युग का बुद्धिवादी अपनी बात को युग-युग के सामान्य शाश्वत सत्य के रूप में पेश करता है। दरअसल उसकी बौद्धिकता इसी सामान्यीकरण में है। लेकिन आज तक किसी ने कविता का ऐसा सामान्य-शाश्वत रूप नहीं देखा जो युग-विशिष्ट न हो। कविता तो सभी कवियों ने लिखी, लेकिन कविता-विशेष लिखी; इस विशेषता से ही कविता का एक सामान्य रूप बना। 'प्रयोगवाद' भी कविता-विशेष है, इसीलिए समाज ने केवल आज की विशेष कविता को यह नाम दिया है। कोरे काव्य-शिल्प में प्रयोग रीतिवादियों ने भी किया और शुरू-शुरू में कुछ छायावादियों ने भी, लेकिन उन्हें प्रयोगवादी किसी ने नहीं कहा।

'प्रयोगवाद' नाम हटाने के लिए दूसरी दलील यह दी गई कि इससे नई कविता को समझने और उसका मूल्य आँकने में बाधा पड़ती है। इसके लिए यह दिखाया गया कि अनेक प्रगतिवादी कवियों की रचनाएँ भी प्रयोगशीलता के अन्दर आती हैं। इस पर सुझाव दिया गया कि दोनों नाम हटाकर उभयनिष्ठ रचनाओं के लिए तीसरा पूर्वग्रह–रहित नाम 'नई कविता' दिया जाए। प्रगतिशील और प्रयोगशील कवियों में समानता दिखाने के लिए दोनों की कविताएँ तो साथ–साथ छापी ही गईं स्वयं प्रयोगवादी बिल्ला वाले कवियों को प्रगतिशील (?) ढंग की रचनाएँ भी दिखाई गईं। जैसे अज्ञेय ने अपनी यह रचना पेश की :

बह चुकी बहकी हवाएँ चैत की
कट गई पूले हमारे खेत की
कोठरी में लौ जलाकर दीप की
गिज रहा होगा महाजन सेंत की

इस दलील के भी चक्कर में कुछ सीधे लोग आ गए। पन्तजी को भी लगा कि प्रयोगवादी काव्य जहाँ अपनी शैली तथा रूपविधान में अतिवैयक्तिक है वहाँ अपनी भावना में जनवादी।

यहाँ भी सम्भावना को वस्तुस्थिति से गड्डमड्ड करने की कोशिश है। सम्भव है, जनशक्ति के बढ़ते हुए दबाव के कारण आगे चलकर ईमानदार प्रयोगवादी कवि प्रगतिशील हो जाएँ और अतिवादी राजनीतिक प्रगतिशील कवि जीवन की व्यापकता ग्रहण कर 'चलें' और फिर थोड़े–बहुत अन्तर के साथ ये दोनों धाराएँ एक साथ बहने लगें। लेकिन आज यह वस्तुस्थिति नहीं है।

प्रयोगवादी कवियों की ओर से विलयन के लिए आए हुए इस समझौते में और चाहे जो हो लेकिन उससे इतना तो पता चलता ही है कि कवि जनता की बढ़ती हुई शक्ति का दबाव महसूस कर रहे हैं। प्रगतिवाद आज चाहे जितना संकीर्ण और बदनाम हो, लेकिन किसी लेखक के लिए आज यह सम्भव नहीं है कि प्रगतिविरोधी कहलाकर समाज में खड़ा रह सके।

नतीजा यह निकला कि प्रगतिवाद और प्रयोगवाद नाम यों ही बेमानी नहीं हैं कि जब जी चाहा, बदल लिया। इन नामों के साथ जनता की धारणाओं का लम्बा सम्बन्ध है। सबकुछ होते हुए भी 'प्रगति' शब्द उतना बदनाम नहीं है, जितना 'प्रयोग'। यह तो प्रयोगवादियों के नाम बदलने की मिन्नतों से जाहिर है। यदि उन्हें अपनी जनवादी सम्भावना पर विश्वास है तो नाम बदलने के लिए एड़ी–चोटी का पसीना एक करने की कोई जरूरत नहीं। बार–बार नाम–रूप बदलने से ही आदमी नहीं बदल जाता।

'प्रयोगवाद' नाम की निरर्थकता के लिए यह भी कहा जाता है कि 'प्रयोग' का 'वाद' नहीं हो सकता, क्योंकि 'प्रयोग' अपने–आपमें इष्ट नहीं है।

यह तर्क आज का है, क्योंकि बढ़ते हुए सामाजिक दबाव में बड़े से बड़े प्रगेगवादी को भी यह हिम्मत नहीं है कि प्रयोग के लिए प्रयोग करने का दम भरे। वह जमाना और था जब निर्भीक भाव से गिरिजाकुमार माथुर ने घोषित किया था कि कविता में विषय से अधिक टेक नीक पर ध्यान दिया है। इतिहास में पहले भी ऐसा हुआ है। रीति को प्रधानता देने पर भी रीतिवादी कवि को कम-से-कम बहाने से ही सही, 'राधा कन्हाई सुमिरन' की आड़ लेनी पड़ती थी।

इसलिए जैसा कि स्वयं प्रयोगवादी प्रवक्ता का कहना है, कविता ही कवि का परम वक्तव्य है। यद्यपि यह भी एक वक्तव्य है फिर भी हम इसे स्वीकार करते हैं कि प्रयोगवादी कविता के मूल्यांकन में इस वक्तव्य को ध्यान में नहीं रखना चाहिए कि 'प्रयोग अपने-आपमें इष्ट नहीं है।' यदि प्रयोग के लिए प्रयोग वाली कविताएँ लिखी गई हैं तो उन्हें वैसा कहना पड़ेगा।

लेकिन यहाँ फिर एक दलील आती है। ऐसी कविताओं को प्रयोगवादी प्रवक्ता 'असफल प्रयोग' मानते हैं। लेकिन हकीकत यह है कि असफल प्रयोग का उदाहरण देने से वे हमेशा कतराते हैं। उनका जवाब होता है : 'प्रयोग की अति का उदाहरण नहीं दूँगा। नई कविता में कोई भी असफल कविता ले लीजिए, आप पाएँगे कि उसकी असफलता का मूल यही है कि कवि ने प्रयोग को इष्ट मान लिया।'

एक ओर तो 'असफल प्रयोग' का उदाहरण देने से इनकार और दूसरी ओर 'प्रगतिवादी कवि की अति' यानी असफल प्रगतिवादी का उदाहरण देने में एकदम कमरकस। क्या उस असफल प्रगतिवादी कविता को 'असफल प्रयोग' नहीं कह सकते थे ? लेकिन ईमानदारी का यहाँ तो यह हाल है कि सफल प्रगतिशील कविता को तो 'प्रयोगशील' कहना लेकिन असफल प्रगतिशील कविता को मजाक या अति-प्रगतिवादी! मीठा मीठा गप, कड़ुआ कड़ुआ थू। इसी ईमानदारी के बूते पर चले हैं प्रयोगवादी भगत 'नई कविता' की शामिल धारा बहाने।

मतलब यह कि यह सारा तर्कजाल केवल अस्तित्व-रक्षा के लिए है।

इसलिए 'प्रयोगवाद' नाम से ज्ञात कविताओं पर विचार करना, किसी अलीक और अनिश्चित काव्य के रुझान पर विचार करना नहीं है। हमारे हिन्दी साहित्य में इस तरह की एक रुझान जरूर है और समझदार कविता-पाठक उसकी असलियत जानते हैं।

[2]

तय है कि 'प्रयोगवाद' नाम जब से चला, उससे पहले उस तरह की कविता पैदा हो चुकी थी यानी 1943 ई. से पहले। लेकिन इतना पहले नहीं जितना पन्तजी समझते हैं : यानी 'प्रसादजी की साहित्यप्रलय की छाया' और 'वरुणा की कछार' के समय से अथवा निरालाजी के 'मुक्त छन्दों' के रचना-काल से। तिथिक्रम की दृष्टि से 1940 ई के आस-पास प्रयोगवाद का आरम्भ हुआ।

प्रयोगवाद, जैसा कि कुछ पंडितों का अनुमान है, कहीं बाहर से नहीं आया। बाहर से कोई प्रभाव तभी आता है जब उसे ग्रहण करने योग्य अपने यहाँ भी मानसिक पृष्ठभूमि हो। इसलिए 'प्रयोगवाद' अपने ही यहाँ की सामाजिक और साहित्यिक परिस्थिति से उत्पन्न हुआ। इसका सबसे बड़ा प्रमाण यह है कि पढ़े-लिखे लोगों में पाठकों का एक अच्छा-खासा समुदाय है जो उन कविताओं में दिलचस्पी लेता रहा है।

इसलिए 'प्रयोगवाद' को समझने के लिए उसे पैदा करनेवाली दिमागी जमीन की पड़ताल जरूरी है।

जमाना चालीस का था। यूरोप में दूसरी लड़ाई शुरू थी। अपने यहाँ आजादी की लड़ाई ठंडी-सी पड़ने लगी थी। उन्नीस सौ बीस के वीरों में थकान सी आ चली थी। आन्दोलन समझौते की वार्ताओं में रुचि लेने लगा था। हवा में एक तरह की निराशा थी। उन्नीस सौ बीस का जन-व्यापी गांधीवाद व्यक्तिगत सत्याग्रह आन्दोलन में ढल चला था। उसकी क्रान्तिकारी भावना धीरे-धीरे रामधुन में सिमटने लगी थी।

आर्थिक दशा तंगी पर थी। निम्न मध्यवर्ग सबसे अधिक दयनीय था। रोजमर्रा की छोटी-छोटी जरूरतें मन को चोट पहुँचाने लगी थीं। जो मन पहले बड़े-बड़े ऊँचे आदर्शों और सपनों के पंख पर उड़ा करता था, उस पर छोटी-छोटी भौतिक बातों का बोझ बढ़ चला था। घर बाजार में बिकने को जा पड़ा था। दुकान रसोई घर को ग्रसने लगी थी।

नैतिक दृष्टि से यह पतन का युग था। उन्नीस सौ बीस में जिस नारी को 'देवी, माँ, सहचरि, प्राण' कह कर ऊपर उठाया गया था, वही अब भोग्या प्रतीत होने लगी थी। भूखी औरत अपना शरीर बेचने को विवश थी। बड़े-बड़े शहरों में हर पाँच घर के बाद एक वेश्याघर बन गया। यौन-सम्बन्धों के नग्न चित्रण में लेखक को कोई शर्म न थी। 'घासलेटी' साहित्य बाढ़ पर था।

पराजय, भूख और अनैतिकता के इसी कीच में प्रयोगवाद की विद्रोही चेतना उत्पन्न हुई। इन सबसे उसे घोर असन्तोष था। इस मध्यवर्गी युवक का मन अत्यन्त संवेदनशील था। इसकी मानसिक शिराएँ बहुत ही नाजुक थीं। उसके लिए इन क्षुद्रताओं को बर्दाश्त करना मुश्किल था। उसमें पवित्रता की चाह थी; सचाई की तड़प थी; न्याय की माँग थी; शान्ति की कामना थी; आत्मविकास की महत्त्वाकांक्षा थी।

लेकिन उसके आस-पास का समाज बाजारू था; कुरुचि-मत्त था। उस समाज को ऐसे भावुक युवक की परवा क्यों होने लगी! उस पर इस उपेक्षा और अनमेल वातावरण की प्रतिक्रिया हुई। प्रतिक्रिया ही नहीं, प्रतिक्रियाएँ हुईं। कभी इन सबके प्रति मखौल, कभी क्रोध, कभी शाप, कभी दम्भ और अहं का विस्फोट, कभी शोकभरी आह, कभी मरण की भावना, कभी आत्म-भर्त्सना, कभी किसी दैवी

शक्ति के प्रति प्रणति, कभी अपनी प्रिया का क्षण भर ध्यान, कभी यौन-परिकल्पना; कभी घोर उच्छृंखला का आवेग, वगैरह-वगैरह।

अकेले निराला के कुकुरमुत्ता, नये पत्ते, अणिमा और अर्चना में ये सभी भाव किसी-न-किसी रूप में मिल जाएँगे। अज्ञेय के 'वंचना के दुर्ग' (इत्यलम) में भी इनमें से अधिकांश के दर्शन हो सकते हैं। कभी वह आततायी को अपने कुछ शौर्य की पुकार सुनाता है, कभी अपने अवतंसों के खड्गधार और न्यायकार वर्ग का मखौल उड़ाता है। कभी अपने को 'पदाक्रान्त रिरियाते' कुत्ते की तरह दयनीय समझता है, और फिर मीनार-शिखर का प्रार्थी मुल्ला, कभी वह अपने को छप्पर तले का अहंलीन शिशु भिक्षुक और कभी वत्सल तारक-युग्म, कभी वह निदग्ध के अदृश्य अंगारों से विदग्ध और श्वासरोधी वायुवृत्त भेदने वाले थके-मांदे पक्षी की तरह दिखाई पड़ता है।

इन सभी प्रतिक्रियाओं में एक तरह का पागलपन और झक्कीपन मिलता है। यह सारा आक्रोश उस हृदयहीन समाज को प्रभावित करने की जगह कवि के ऊपर ही आ पड़ा, उसकी ही छाती छिल उठी। उसकी सारी भन्नाहट और गुर्राहट मकड़ी के जाल में फँसी हुई मक्खी की तरह दयनीय थी। हाथ लगी केवल निहत्थी झल्लाहट। परिस्थिति के इन दासों का सारा विद्रोह उस दायरे के ही अन्दर था, जिसको तोड़ने की वे कोशिश कर रहे थे। उन्हें न तो अपने वर्ग में जगह थी और न उसके बाहर। वे त्रिशंकु थे। दलदल से बाहर निकलने के लिए जिस जमीन पर वे पाँवों का धक्का देते थे, वह भी उसी दलदल की थी। 'ज्यों-ज्यों सुरझि भज्यो चहत त्यों-त्यों उरझयो जात।' उन्हें कहीं ठोस जमीन न मिली।

कुहासे और ठंड से भरे हुए ऐसे ही अन्धकार में ये कवि प्रकाश के लिए टामकटोया मार रहे थे। 'अन्वेषण' की इनमें प्यास थी। उस अन्धकार में भटकते-भटकते जितने 'अन्वेषी' साथी मिल गए, वे एक हुए और इस तरह 'राह की खोज' शुरू हुई। इसी खोज को उन्होंने प्रयोग या प्रयोगशीलता कहा।

खोज किस राह की ? प्रयोग किस बात का ? उन्हें इसका पता नहीं। जिसकी खोज, वह अज्ञेय है; जिसके लिए प्रयोग, वह अनिश्चित है। फिर भी संसार को ऐसा कुछ नया दे सकने की अभिलाषा है जिससे उसमें नये जीवन का संचार हो सके। खोज किसी नये की, जो वस्तुस्थिति से भिन्न हो। यह 'कुछ नया' अनुभवगम्य तो शायद रहा हो पर बुद्धि की पकड़ से परे था। उसका रूप तो स्पष्ट न था, लेकिन उसके लिए सच्ची ईमानदार कवि-जन-सुलभ ललक जरूर थी। दिशा न थी लेकिन गति जरूर थी।

ऐसे ही कुछ स्पष्ट और बहुत कुछ अस्पष्ट मन में प्रयोगवाद पैदा हुआ। उपन्यास-कहानी में इसने यथातथ्यवाद (नेचुरलिज्म) का रूप लिया और कविता में प्रतीकवाद या प्रयोगवाद का! रुझान एक ही था!

इस भावना के लिए भाषा की भी खोज हुई। जैसी स्पष्ट–अस्पष्ट भावना, वैसी ही स्पष्ट–अस्पष्ट भाषा। भाषा अस्पष्ट तो छायावादी कवि की भी थी, लेकिन इतनी अस्पष्ट नहीं, क्योंकि उसके भीतर और बाहर कहीं भी इतना गहरा अन्धकार न था। इस कवि को पहली बार भाषा की दरिद्रता का भान हुआ। आखिर वह किससे कहे? कैसे कहे? उसका दर्द समझने वाला कोई न था। उसने नये–नये शब्द गढ़े, नये छन्द बनाए, जहाँ शब्द असमर्थ लगे वहाँ विरामचिन्हों से मदद ली। लेकिन उसने अपने को स्पष्ट करने के लिए जितनी कोशिश की, उतना ही अस्पष्ट होता गया। वह अफना कर रह गया। भाषा सँवारने में जब हाथ लगाया, वह बिगड़ गई, क्योंकि वह आतुर हाथ खुद काँप रहा था। संस्कृत के पुराने कवि के शब्दों में उसकी दशा कुछ इस तरह की थी :

मा गर्वमुद्वह कपोलतले चकास्ति कान्तः स्वहस्तलिखिता मम मञ्जरीति।
अन्यापि कापि सखि भाजनमीदृशानां वैरी न चेद्भवति वेपथुमन्तराय॥

[कान्त ने अपने हाथ से मेरे कपोल तले मंजरी चित्रित कर दी है, यह दिखलाकर तू गर्व मत कर। हे सखि, दूसरी कोई भी तुम्हारे ही समान सौभाग्यवती हो सकती थी यदि प्रिय के हाथ का वैरी कम्पन बाधक न बनता!]

लेकिन अफसोस कि प्रयोगशील कवि अपने हाथ के कम्पन को भी इतने स्पष्ट शब्दों में न अनुभव कर सकता था और न कह ही सकता था।

कभी–कभी तो ऐसा प्रतीत होता है कि वह झल्लाकर तय कर लेता था कि 'सँवारने में जो बिगड़े उससे बनाना क्या!' और उस बिगड़ते चित्र को घोंच–घाँच कर और भी बिगाड़ देता था, ताकि न वह खुद समझ पाए और न कोई दूसरा ही।

उनकी प्रतिमाएँ (प्रतीक) खंडित थीं—खंडित ही नहीं, धुँधली भी थीं; मुहावरे विशृंखल थे; छन्द का लय किसी दूर देश से आती हुई कुछ सुनी—कुछ–कुछ अनसुनी–सी स्वरलहरी–सा था। संस्कृत के बड़े–बड़े शब्द तो आते थे, लेकिन उनमें वह गरिमा और शालीनता न थी जो छायावादी कवियों की भाषा में थी; कभी–कभी तो पूरी शब्दावली एकदम ओछी–सी आ जाती थी। निराला के 'कुकुरमुत्ता' तथा वैसी ही दूसरी कविताओं के शब्दों में यह ओछापन देखा जा सकता है। लेकिन कवि करे क्या? यह ओछापन तो उसके समूचे परिवेश में था।

कैसे विश्व–प्रेम फिर
ध्यावे कोई?
कैसे आशीर्वच—
'मुदन्तु सर्वे प्रसीदन्तु सर्वे'
गावे कोई?
क्या करें, कहाँ जायँ?
मुँह से यही हाय!

निकले है मेरे
'धत्तेरे! नास जाय!'

लेकिन मानसिक सन्निपात की ऐसी दशा में सभी कवि न थे। ऐसी पीड़ा निराला, अज्ञेय, मुक्तिबोध और नेमिचन्द्र में काफी थी, शमशेर और रघुवीर सहाय में भी वह पीड़ा काफी तीखी है।

गिरिजाकुमार माथुर और प्रभाकर माचवे जैसे मनमौजी कवि भी थे, जिन्हें किसी ऐसी गहरी पीड़ा का एहसास न था। वे बाहर के लुभावने वातावरण में भी रम लेते थे। ऐसे कौतुकी कवियों के पास तरह-तरह के विस्मयकर प्रयोग करने के लिए काफी फुरसत थी। गिरिजाकुमार माथुर को संगीत से रुचि थी इसलिए वे ज्यादातर शब्दों की ध्वनि से चित्र बनाने में लगे रहे। उनके रसिक हृदय की अनुभूतियाँ एक हलकी-सी मिठास और गरमाई से आगे न बढ़ सकती थीं।

प्रभाकर माचवे की रुचि रेखाकारी तथा तरह-तरह की किताबें पढ़ने में थी। इसलिए उन्होंने अपनी कविता में रेखाओं और किताबी उद्धरणों—दोनों को खूब जगह दी।

इन कवियों के कौतुक को भी उस समाज की कौतुकी प्रतिक्रिया का परिणाम समझना चाहिए। यह सच है कि कविता स्थूल इन्द्रियों को यों ही झनझना देनेवाली उत्तेजना नहीं, गहरी अनुभूति जगाने वाली शक्ति है। लेकिन वह युवक क्या करे! ऐसे ही कवियों को पढ़कर पाठकों में प्रयोगवाद 'प्रयोग के लिए प्रयोग' के रूप में बदनाम हुआ। वैसे यह चौंकाने वाली मानसिक दशा थोड़ी-बहुत सभी कवियों में थी; निराला, अज्ञेय, शमशेर और रघुवीर सहाय भी इससे वंचित न थे।

बाद वाले प्रयोगशील कवियों में नरेश कुमार मेहता और धर्मवीर भारती में भी चमत्कार की यह प्रवृत्ति काफी मिली। नरेश मेहता हर लाइन में अनूठी उपमा देने की फिराक में रहते और भारती भी, लेकिन भारती 'फिराक' के ढंग पर कुछ रूमानी-रूमानी सी (जो कभी-कभी बेमानी तक हो जाती है) शब्द-योजना के चक्कर में ज्यादा रहते हैं और इनमें नरेश की तरह चमत्कार पैदा करने की कोशिश का पता नहीं चलता, यही इनकी सफलता है। वैसे इनमें कभी-कभी 'हाड़ हाड़ चिटक जाय मगर दर्द न हो' जैसे दर्द की घोषणा मिलती है लेकिन यह घोषणा ही दर्द की गहराई बताने के लिए काफी है। माथुर की सी रसिकता यहाँ भी है, दैहिकता शायद ज्यादे।

प्रयोगवाद के इस बहुरंगी रूप में सदा एकरूपता नहीं रही। पिछले बारह-तेरह वर्षों में इसने कई केंचुलें उतारीं। धीरे-धीरे पहले वाली कुहेलिका कुछ छँट गई। लड़ाई खत्म हुई। संसार की जनता की आशा सोवियत भूमि अग्निपरीक्षा से खरे सोने की तरह और भी निखरकर बाहर निकली। उसके साथ ही चीन में भी नई सुबह आई। यूरोप के और भी कई देश स्वतंत्र हुए। एशिया में नया जागरण आया। संघर्ष

को नई शक्ति मिली। भारत भूमि पर से अंग्रेजी पंजा छूटा। निराशा खत्म तो नहीं हुई लेकिन आशा जरूर बँधी। अँधेरे के मुसाफिरों को रोशनी तो नहीं मिली, लेकिन उसका आभास जरूर मिला। उनकी आँखों के सामने रास्ता खोजकर जानेवालों की परछाइयों की लम्बी कतार तो दिखाई पड़ी, लेकिन वे खुद उस कतार के साथ न हो सके, क्योंकि उन्होंने अपने चारों ओर अपने ही थूक से जाल बुन लिया था। घड़े से उन मछलियों को आजाद करके समुद्र में तो जरूर छोड़ दिया गया था, लेकिन वहाँ भी वे उसी घड़े की सीमा में चक्कर काटती रहीं।

इस परिवर्तन ने प्रयोगशील कवि के भाव और भाषा में थोड़ा हेर-फेर किया। बाहर-भीतर का धुँधलका कुछ कम हुआ। जाड्य-जकड़ कुछ ढीली पड़ी। शब्द-प्रतिमाएँ कुछ साफ हुईं। मुहावरों की विशृंखलता कम हुई। वाक्य छोटे हुए। शब्दों में सादगी आई। संगीत में गाँवों की गमक आई। अज्ञेय में 'वंचना के दुर्ग' से 'मिट्टी की ईहा' और फिर 'हरी घास पर क्षण भर' तथा उसके बाद 'बावरे अहेरी', 'पहली किरन', 'हवाई यात्रा' आदि कविताओं में क्रमिक ऋजुता और भाव-प्रसार का क्रम देखा जा सकता है।

पहले के अनेक प्रयोगवादी कवि प्रगतिवाद के खेमे में आ पड़े। मुक्तिबोध और गिरिजाकुमार माथुर का परिवर्तन स्पष्ट है।

अगर वहीं रहे अथवा वहाँ से भी पीछे हटे तो नेमिचन्द्र और भारतभूषण।

इस समय जो नये युवक आए, वे प्रयोगवाद की पिछली पुरानी परिपाटी पढ़कर एक बार फिर उधर खिंचे। लेकिन बदले हुए मौसम में पुरानी बातों का दुहराना उपहासास्पद हो उठा। पहले जो व्यथा करुण थी, अब दयनीय हो उठी। इसलिए परवर्ती प्रयोग में ज्यादातर 'मजमून छीनने' की ही वीरता दिखाई पड़ती है यानी पहले प्रयोगवादी की उक्ति लेकर उसमें थोड़ा-सा कुछ और मिलाते हुए आगे बढ़ जाने की कोशिश। कविता यानी एक 'शॉट'। एक 'शॉक'। लह गया तो तीर, नहीं तुक्का!

'दृष्टिकोण' गुट के नलिन, नरेश और केसरी में यह प्रयोग-कौतुक चरम सीमा पर है तथा प्रतीक-मंडल के दूसरे नवयुवकों में 'मजमून छीनने' जैसा आकर्षक प्रयोग।

कुल मिलाकर यही लगता है कि ये सभी प्रयोगवादी अपने ही वर्ग के ऊपर कोड़े हैं। प्रतिमाएँ ये बड़ी-बड़ी हैं, लेकिन उनके वर्ग ने उन्हें छोटे-छोटे प्रयोग में उलझाकर समाप्त कर दिया। ये अपनी ही असफलता के करुण गीत हैं। वे अपने ही दुश्मन साबित हुए। नियति की यह क्रूरता ही थी जो अपने पागलपन में ही वे अपने को सही समझते रहे। ईमानदार वे रहे, लेकिन मारे ईमानदारी के अपने ही प्रति अपनी बेईमानी को न भाँप सके—यानी अपने को उस जाल से छुड़ाने की ईमानदारी। एक प्रयोगवादी के ही शब्दों में 'उत्पीड़ित जीवन की व्यथा उन्होंने वहन की है, मगर फिर उसे माथे का अंग समझकर वहन ही करते रहे हैं।...वे अपने कष्ट का कारण नहीं ढूँढ़ते रहे, समाधान ढूँढ़ते रहे।'

उनकी इस दशा पर दया आती है, लेकिन जब निदान बताने पर भी वे अपनी व्यथा को ही गौरवशाली रूप देकर छोड़ने से इनकार करते हैं तो क्रोध भी आता है। जब वे निरुद्देश्य निरन्तर चलते रहने में ही सुख बदले हैं तो मानना पड़ता है कि वे 'गति के पागलपन से प्रेरित हैं!' नारद की तरह निरन्तर गतिशीलता अभिशाप मानी गई है, वरदान नहीं। जब राह दीख जाने पर भी कोई अविश्वासपूर्वक 'राह के अन्वेषण' का हठ करे तो इस 'अन्वेषण-अन्वेषण' की रट को बीमारी ही कहा जाएगा। 'खोज की विकलता में ही स्थैर्य' का सुख अनुभव करना स्वस्थ मन का लक्षण नहीं है। समय पर आ जाने के बाद भी तबला पीटते जानेवाले तबलची की तरह ही यह पागलपन है, जिसे निरुद्देश्य बजाते जाने में ही सुख है, चाहे थोड़ी देर बाद वह थाप बेसुर ताल की ही क्यों न पड़ने लग जाए!

जब यह युवक 'त्रिशंकु' था तब तो दयनीय था, लेकिन जब जानबूझकर उसने अपने को 'नदी का द्वीप' बना लिया तो धारा के धक्के का पात्र हो गया! यदि वह महत्त्वाकांक्षा की उड़ान में औंधे मुँह होकर अधर में लटक गया तो हमारी सहानुभूति का पात्र था। लेकिन जब अपने साथ नदी के कई 'द्वीपों' को बटोरकर धारा रोकने की कोशिश करने लगा और बार-बार अपनी अस्तित्व-रक्षा की दुहाई देने लगा तो अक्षम्य हो उठा! लहरदार साँप की तरह कितना मोहक, कितना निरीह और कितना वेध्य!

इस संघर्ष में आज 'प्रयोगवाद' कितना दयनीय है और कितना अशक्त! प्रयोगवाद त्रिशंकु! प्रयोगवाद नदी का द्वीप। प्रयोगवाद साँप।

महत्त्वाकांक्षी! अस्तित्ववादी! मोहक!

दयनीय! निरीह! वेध्य!

[18.3.53]

[काशीनाथ सिंह के व्यक्तिगत संग्रह से प्राप्त हस्तलिखित आलेख। प्रकाशन की जानकारी प्राप्त नहीं।]

नई कविता : उपलब्धियाँ

नई कविता को अब मान्यता मिल चुकी है। उपलब्धियाँ भी स्वीकार की जा रही हैं। लेकिन कौन-सी नई कविता उपलब्धि है और कौन प्रयोग मात्र, इस पर मतभेद है। किसी के लिए एक चमत्कारपूर्ण नया प्रयोग ही काव्यगत उपलब्धि है तो कोई सबसे अधिक परिपाटी विहित नई कविता को ही उपलब्धि के रूप में स्वीकार करता है।

अंग्रेजी में इलियट और पाउंड ने नई कविता का आन्दोलन चलाया और आन्दोलन की गर्मी में उन दिनों उन्हीं का बोलबाला था लेकिन आँधी थमने के बाद पाया गया कि बीसवीं सदी की श्रेष्ठ कविताएँ डब्ल्यू.बी.येट्स, एडविन म्योर और राबर्ट ग्रेब्ज ने लिखीं; यद्यपि ये कवि उस काव्य आन्दोलन से आपातत: बाहर और बहुत कुछ परम्परावादी समझे जाते रहे। इसलिए नई कविता की उपलब्धियों पर विचार करते समय इतिहास और परम्परा के व्यापक परिदृश्य को ध्यान में रखना आवश्यक है। इसके लिए तात्कालिक साहित्यिक और गैर-साहित्यिक प्रभावों से यथाशक्ति मुक्त होना पड़ेगा, क्योंकि मूल्यांकन के क्षेत्र में अभिरुचि का अधिनायकवाद कहीं अधिक घातक होता है और सामयिक अभिरुचि के आतंक से मुक्त हो पाना सब समय सबके लिए सम्भव भी नहीं होता।

उदाहरण के लिए, 'तारसप्तक' के आदिकवि होते हुए भी मुक्तिबोध इस अभिरुचि विशेष के शिकार हुए और नई कविता की चर्चा में प्राय: उपेक्षित रहे। शायद आज भी कुछ लोग इस मत पर दृढ़ हों, किन्तु इसके विपरीत कवियों की ऐसी नई पीढ़ी भी आ गई है जो मुक्तिबोध की कविताओं को नई कविता की उपलब्धियों में प्रथम स्थान देना चाहती है। यहाँ प्रश्न केवल निजी सम्पत्ति अथवा अभिरुचि का नहीं, बल्कि मूल्यांकन के वस्तुगत प्रतिमान का है। और आगे चलकर 'उपलब्धि' का प्रश्न 'सम्भावना' के रूप में परिवर्तित हो जाता है। इस प्रकार प्रश्न का रूप यह होता है कि नई कविता में 'रचनात्मक सम्भावना' के तत्त्व कौन से हैं? वे कौन-सी नई कविताएँ हैं, जिनसे आनेवाली नई पीढ़ी आत्मीयता अनुभव करती है और जिनकी परम्परा को आगे बढ़ाना अपना कर्तव्य समझती है?

यहाँ इस बात को स्पष्ट रूप से समझ लेना चाहिए कि उपलब्धि का जो अर्थ एक सामान्य पाठक के लिए है, वही अर्थ एक सर्जनशील कवि के लिए हमेशा नहीं

हुआ करता। यदि सामान्य पाठक नई कविता की उपलब्धियों का आकलन परम्परा की भूमि से करता है, तो रचनाकार भावी सर्जना के सन्दर्भ में।

वैसे, अभी तक नई कविता की उपलब्धियों का आकलन प्राय: ऐतिहासिक दृष्टि से ही किया है। नये कवियों की महत्त्व-प्रतिष्ठा प्राय: उसके लिए की गई है, जो उन्होंने लिखने से इनकार कर दिया; उसके लिए नहीं, जो उन्होंने वस्तुत: लिखा। निश्चय ही, इस निषेधात्मक आधार पर नई कविता की उपलब्धियों की स्थापना टिकाऊ नहीं हो सकती। उदाहरण के लिए, रोमांटिकता विरोध को नई कविता की एक उपलब्धि माना जाता है। व्यवहार में बहुत-सी नई कविताएँ लगातार इसलिए उद्धृत और प्रशंसित होती रहीं कि उनमें धक्केमार ढंग से रोमांटिकता के विरुद्ध विद्रोह व्यक्त किया गया है। ऐतिहासिक दृष्टि से इस विद्रोह का निश्चय ही महत्त्व है, किन्तु यह विद्रोह मात्र उपलब्धि नहीं है। अन्तत: यह देखा जाएगा कि उस विद्रोह में काव्य कितना है। इस दृष्टि से आज 'तारसप्तक' की अनेक 'ऐंटीरोमांटिक' कविताएँ केवल ऐतिहासिक महत्त्व की प्रतीत होती हैं। उन्हें कविता कहने के बजाय 'ऐतिहासिक दस्तावेज' कहना अधिक उपयुक्त होगा।

ऐसा नहीं है कि रोमांटिकता के विरुद्ध विद्रोहस्वरूप लिखी गई रचना कविता होती ही नहीं। अंग्रेजी में टी.एस. इलियट की 'लव सांग' और 'प्रुफ्राक' ऐतिहासिक दस्तावेज के साथ ही स्थायी महत्त्व की कविताएँ भी हैं। इसी प्रकार मुक्तिबोध की 'चाँद का मुँह टेढ़ा है' शीर्षक रचना एक सफल कविता है। प्रश्न एक निषेधात्मक प्रतिक्रिया को सर्जनशील काव्यात्मक रूप देने का है और निश्चय ही इस रचना-प्रक्रिया में कवि का समूचा व्यक्तित्व सक्रिय होता है—केवल सामयिक विद्रोही अंश नहीं।

इस दृष्टि से मुझे यह कहने में संकोच नहीं कि तमाम रोमांटिकता विरोध के बावजूद नई कविता की काव्यात्मक उपलब्धि के रूप में वही कविताएँ आज—और शायद आगे भी—स्मरणीय कही जाएँगी, जो कहीं-न-कहीं गहरे स्तर पर रोमांटिक परम्परा से भी जुड़ी हुई हैं। अन्य कविताओं की तुलना में नवीनता उनमें भले ही कुछ कम हो, किन्तु उपलब्धि वही है क्योंकि वहाँ काव्य है।

लेकिन सभी नये कवियों के साथ यही बात नहीं लागू होती। वे कवि, जिन्हें कभी-कभी 'यथार्थ संकल्प' का कवि कहा जाता है, अपनी यथार्थवादी कविताओं के लिए ही महत्त्वपूर्ण हैं और नई कविता की ओर से उनकी यह देन है। आगे चलकर मैं नहीं जानता कि नई कविता की इन रोमांटिक और यथार्थवादी कविताओं में से किसे अधिक महत्त्वपूर्ण समझा जाएगा—शायद यथार्थवादी कविताओं को ही विशेष महत्त्व प्राप्त हो; किन्तु इतना निश्चित है कि नई कविता की सामान्य उपलब्धि के अन्तर्गत इन दोनों प्रकार की कविताओं का स्थान है, वैसे वस्तु को तद्वत, तद्रूप ग्रहण करना, वास्तविकता का सीधा साक्षात्कार करना और उसे उसके सही

नाम से पुकारना कविता के लिए कहीं बड़ी उपलब्धि है और नई कविता में जहाँ इस नैतिक साहस का परिचय दिया गया है, उसे निश्चय ही बहुमान मिलेगा।

यह तथ्य है कि अधिकांश नई कविताएँ 'निजी काव्य' या 'पर्सनल पोएट्री' हैं; नगरों या महानगरों में निर्वैयक्तिक सम्बन्धों वाले परिवेश में भटकते हुए संवेदनशील व्यक्ति की तीखी प्रतिक्रियाएँ। स्पष्टत: ये कविताएँ नितांत वैयक्तिक हैं; वास्तविकता का चित्रण भी इनमें काफी तिर्यक और आत्मगत है; इनमें सामाजिक ऐक्य के भाव ढूँढ़ना दुराशा है। इनकी सामाजिकता इसी बात में है कि इनमें निर्वैयक्तिक परिवेश से जूझने का भाव है। वैयक्तिकता और निर्वैयक्तिकता के द्वन्द्व में यदि सामाजिकता को स्वीकार करें तो एक तरह से ये नितांत वैयक्तिक कविताएँ भी सामाजिक हैं। और कविता के क्षेत्र में यदि वैयक्तिक कविताओं का कुछ भी महत्त्व है—और मेरी समझ में निश्चय ही है—तो अनेक नई कविताएँ बराबर हमारे जीवन के अनेक क्षणों की संगिनी रहेंगी। इस दृष्टि से नई कविता, छायावादी कविताओं की तुलना में आज कहीं अधिक आत्मीय और 'पर्सनल' प्रतीत होती है। आज के जीवन की बहुत-सी गद्यात्मक प्रतीत होनेवाली स्थितियों के बीच किसी नई कविता की अनुगूँज सुनकर अहसास होता है कि हमारी कविता अब जीवन के 'गद्य' को भी समेटने में समर्थ हो गई है। इस प्रकार नई कविता ने हमारी काव्यभाषा को समृद्ध करने में महत्त्वपूर्ण योग दिया है।

कुल मिलाकर नई कविता ने समग्र रूप से हमें एक नया और परिपक्व काव्य-बोध दिया है, जिसके द्वारा हृदय और बुद्धि की पूर्ववर्ती विच्छिन्नता समाप्त हुई। एक समग्र 'भाव-बोध'—मुक्तिबोध के शब्दों में 'संवेदनात्मक ज्ञान' अथवा 'ज्ञानात्मक संवेदना'—की उपलब्धि हुई।

नई कविता का चस्का लगने के बाद छायावादी अथवा रीतिकालीन या भक्तियुगीन कविताओं को पुराने ढंग से आस्वादित करना असम्भव है—नई कविता ने पुरानी कविताओं को भी एक नया अर्थ दे दिया है और इस प्रकार उसने समूची काव्य परम्परा को एक नये परिप्रेक्ष्य में उद्‌भासित कर दिया है। मैं इस नवीन काव्य-बोध को नई कविता की सबसे नई उपलब्धि मानता हूँ।

[पुस्तक 'नई कविता' (विवेचन और संचयन), प्रकाशन विभाग, सूचना और प्रसारण मंत्रालय, भारत सरकार, भाद्र 1889, सितंबर, 1967 में 'उपलब्धियाँ और बिम्ब विधान' शीर्षक से प्रकाशित]

आलेख के दो स्पष्ट विभाजित अंश हैं। पहला अंश यहाँ दिया गया है। आलेख का अन्तिम अंश 'नई कविता में बिम्ब विधान' शीर्षक से 'ज्ञानोदय', सितम्बर, 1960 में प्रकाशित है, जो इसी पुस्तक में स्वतंत्र आलेख के रूप में संकलित है।

नई कविता में बिम्ब-विधान : कुछ विचार

शमशेर की एक कविता है : 'एक नीला : आइना बेठोस'। पूरी कविता याद नहीं है, आख़िर की कुछ पंक्तियाँ याद में रह गई हैं। पंक्तियाँ ये हैं :

चाँदनी में घुल गए हैं
बहुत से तारे बहुत कुछ
घुल गया हूँ मैं
बहुत कुछ अब।

रह गया सा एक सीधा बिम्ब
चल रहा है जो
शान्त इंगित सा
न जाने किधर।

कविता के बहुत सारे शब्द तो मन में कहीं घुल गए, धीरे-धीरे ओझल हो गए। रह गया है तो एक चित्र। चाँदनी के पारदर्शी प्रकाश में चलती हुई एक मानव आकृति : एक नीले आइने के अन्दर चलता हुआ एक बिम्ब। बस, इतना। कविता का वक्तव्य, कविता का अर्थ पता नहीं क्या है? उसके बारे में निश्चित कुछ भी नहीं है लेकिन यह बिम्ब निश्चित है। इसे मैं साफ देख सकता हूँ और देर तक देखता हूँ तो इससे कई भाव, कई विचार, शायद कई सन्दर्भ यानी जाने कितने अर्थ उभरते दिखाई पड़ते हैं।

इस तरह का अनुभव कई एक नई कविताओं के बारे में है। कविताएँ विस्मृति में चली गईं लेकिन मन के तट पर दो एक चित्र छोड़ गई हैं। जैसे 'तट पर रखकर शंख सीपियाँ चला गया हो ज्वार हमारा'। नई कविता से जिनका थोड़ा-सा भी परिचय होगा, वे मेरे इस अनुभव की ताईद करेंगे। विचारों से बहस हो सकती है, अनुभूतियाँ पकड़ में नहीं भी आती होंगी, लेकिन ये चित्र? इन पर कभी सोचा है आपने?

अनायास ही जो याद में रह गए, बहुत कुछ मिटा देनेवाला काल भी जिन्हें नहीं मिटा पाया, वे चित्र क्या हैं? उन चित्रों में ऐसा क्या है जो कालजयी है?

उपन्यास पढ़ते-पढ़ते भी कुछ इसी तरह का अनुभव होता है। कहानी भूल गई, लेकिन दो-एक चरित्र आज भी मन में बचे हैं। चरित्र ही क्यों? कहानी क्यों नहीं?

कविता में चित्र और उपन्यास में चरित्र ? क्या इन दोनों में कोई उभयनिष्ठ विशेषता है ? है, तो वह क्या है ? क्या है और क्यों है ? विचार नहीं टिके, भाव पकड़ में नहीं आए, लेकिन इनके साथ लिपटी हुई जो मूर्त, ठोस और जीवन्त वस्तु सामने आई, वह मन में स्थिर रह गई। जो इन्द्रियगम्य है, जो मूर्तिमान है; और जो वास्तव है, वही दीर्घायु है और शायद वही सत्य है—बाकी सब युक्ति-सत्य है, हेतुवाद है। भौतिकता ही बिम्ब की आयु है और विशिष्टता-शक्ति। शायद यही विशेषता है जो कविता को कोरे दर्शन अथवा विज्ञान से अलग करती है।

न्यूटन ने पेड़ से सेव का फल गिरते देखा और उसे पृथ्वी के गुरुत्वाकर्षण का सिद्धान्त सूझ गया। परन्तु विज्ञान में गुरुत्वाकर्षण का सिद्धान्त ग्रहण करने के लिए पेड़ और सेव अनावश्यक हैं। मानव स्मृति में वे पेड़ और सेव आज भी जीवित हैं और आज भी वे अन्य दिशाओं में मानव कल्पना को उद्दृप्त करते हैं। ये कविता की दिशाएँ हैं जहाँ सेव के फल का गिरना ही नहीं बल्कि स्वयं वह सेव भी प्रासंगिक है। और यदि यह वस्तु है तो मन में जाने कितनी कल्पनाएँ, कितनी भावनाएँ, विचारों की कितनी सम्भावनाएँ जगा सकती हैं। कविता के क्षेत्र में बुनियादी तत्त्व यही वस्तुगत रूप है। इस वस्तुगत जगत की कोई भी एक जीवन्त वस्तु या मूर्त अंश जिसे हम छू सकें, देख सकें, सूँघ सकें और हो सके तो उससे निकलती हुई ध्वनि सुन सकें—यही पहली आवश्यकता है। कवि का अपना वक्तव्य यादृच्छिक (arbitrary) है; गलत भी हो सकता है, किसी को नापसन्द भी आ सकता है। सम्भवत: कुछ इसी प्रकार की अनुभूति से प्रेरित होकर कवि आर्चीबाल्ड मैकलीश ने कहा था कि 'A poem should not mean; but be.' कविता को चाहिए कि वह अर्थ न दे, सिर्फ हो। शमशेर के शब्दों में 'बात बोलेगी, हम नहीं।' कविता की चर्चा में इस कथन पर अधिक से अधिक विचार होना चाहिए। इतना सीधा और सपाट यह नहीं है।

बड़ी बात है 'होना'। केवल कवि के दिमाग में 'होना' नहीं, बल्कि इनके, उनके, और सबके सामने होना। इसीलिए कविता में 'बिम्बविधान' के आग्रह का अर्थ है वास्तविकता की प्रतिष्ठा। जिस जमाने में हर कवि मूल्यों का मसीहा बनने के चक्कर में हो और कविता की शक्ल में हर बार एक फलसफा—एक वक्तव्य दे रहा हो—'बिम्बविधान' ही कविता को कविता के रूप में प्रतिष्ठित कर सकता है। वैलेस स्टीवेन्स ने झुँझलाकर कहा था :

Throw away the lights, the definitions.
And say of what you see in the dark.
That it is this or that it is that
But do not use the rotten names.

[फेंक दो ये प्रकाश और परिभाषाएँ और वह करो जो तुम अँधेरे में देखते हो कि वह यह है या वह है लेकिन सड़े नामों का प्रयोग मत करो।]

परन्तु शब्दों के आडम्बर, झूठे प्रकाश को हटाकर वस्तुजगत के गहरे अन्धकार में वस्तुओं को यथावत रूप में देखने के लिए दृष्टि चाहिए। वह जगत जिसमें भाषा नहीं है, जहाँ बोटेनिकल गार्डन की तरह पेड़ों और पौधों पर उनके नाम की तख्तियाँ नहीं लगी हैं, प्रवेश करने के लिए साहस की आवश्यकता है। चिरपरिचित संसार में इस प्रकार प्रवेश करना जैसे कवि पहली बार आ रहा है और हर चीज को अपनी आँख से देखकर अपनी ओर से एक नाम दे रहा हो। वस्तु को इस तरह देखने और नाम देने का दूसरा नाम बिम्ब है। प्लेटो ने जब कहा था कि 'We see through our eyes, not with them' तो उसने इसी कविदृष्टि की बात कही थी। आँखों से हम वस्तु को देखते हैं, लेकिन आँखों में से वस्तु-सत्त्व को। दृष्टि के भीतर दृष्टि, लेंस के नीचे लेंस। जब ऐसे बिन्दु पर स्थिर हो जाएँ कि स्थूल वस्तु का बहुत सारा अप्रासंगिक अंश अदृश्य हो जाए तो दृश्य वस्तु 'बिम्ब' हो जाती है। जैसे चाँदनी में सब कुछ घुल जाने के बाद मानव-आकृति का अवशिष्ट बिम्ब; पहलुओं के तराश के बाद दमकता हुआ हीरा।

इस प्रकार वस्तु जब 'बिम्ब' बनकर कविता में आती है तो विशेष होते हुए भी सामान्य के दिगन्तों को छू लेती है। दर्शन की भाषा में वह 'मूर्त सार्वभौम' या 'Concrete Universal' कहलाती है। इसीलिए बिम्बधर्मी कविताओं में अनेक अर्थों की सम्भावनाएँ झलकती हैं। बिम्ब कविता को शिलष्टार्थ-सम्भावना से सम्पृक्त करता है। यह दोष नहीं, गुण है। प्राचीन आचार्यों ने इसी को ध्वनि-काव्य कहा है। नई कविता में जहाँ उच्चकोटि की नानार्थ सम्भावना है, बिम्ब-विधान के ही कारण। निःसन्देह कुछ कवि स्पष्टता के लिए अपने बिम्बों के मुख को बलात् एक ही अर्थ की ओर मोड़ देते हैं—फलस्वरूप वे 'प्रतीक' बन जाते हैं। परन्तु बहुमुखी वस्तु पर यह विचार का बलात्कार है। इससे सम्प्रदाय की सृष्टि होती है। इस प्रकार बिम्बविधान इस जीवन जगत की प्रत्येक वस्तु में निहित नानार्थ सम्भावना के सत्य को स्वीकार करता है और स्वीकार करने के साथ ही सबके सामने प्रकाशित भी करता है।

इसके अतिरिक्त 'बिम्ब' प्रत्यक्ष वस्तु की एक नवीन वस्तु रचना भी है। कविता यदि रचना है तो बिम्बधर्मी कवि ही सच्चा रचयिता है। बिम्ब-प्रधान कविताएँ पढ़ते समय यदि हम एक दूसरे सौन्दर्य-लोक में पहुँच जाते हैं तो इसका यही अर्थ है कि कवि हमें एक नये रचना-लोक में पहुँचा देता है। विचार-प्रधान कविताएँ केवल 'आलोचना' हैं तो बिम्ब-प्रधान कविताएँ रचना भी हैं। यही उनकी शक्ति है। एजरा पाउंड ने जब कहा था कि बड़े-बड़े ग्रंथ गढ़ने की अपेक्षा जीवन भर में एक बिम्ब का निर्माण कर पाना भी बेहतर है तो बिम्ब के रचनात्मक गुण के ही कारण।

हमारे बिम्बधर्मी नये कवि केदारनाथ सिंह ने अपनी बिम्ब-रचना के द्वारा नई कविता में इस सम्भावना का सम्यक् आभास दिया है। एक ओर यदि उनके हाथ में आज :

'इस खामोश मिटते शब्द की
सारी उबलती अर्थवत्ता'

का ज्वलंत बिम्ब है तो दूसरी ओर हर 'नवागन्तुक' में दिखने वाले 'अनागत' का भी चित्र है और कुल मिलाकर :

हर शब्द
किसी नये ग्रहलोक में
एक जन्मान्तर है।

[ज्ञानोदय : सितंबर, 1980 में पहली बार प्रकाशित। पुस्तक 'नई कविता' (विवेचन और संचयन), प्रकाशन विभाग, सूचना और प्रसारण मंत्रालय, भारत सरकार, प्रथम संस्करण सितंबर, 1967 में आलेख 'उपलब्धियाँ और बिम्ब विधान' के उत्तरार्ध अंश के रूप में पुनः प्रकाशित। दोनों प्रकाशनों में लगभग समानता पर सूक्ष्म भिन्नता। यहाँ दोनों प्रारूपों को समेट लिया गया है।]

नई कविता और क्षण

'क्षण' नये कवियों के लिए 'फेटिश' हो गया है। वैसे, हर युग के अपने कुछ खास शब्द होते हैं, बल्कि हो जाते हैं, जो उस युग के लिए कुंजी का (ताले का भी) काम करते हैं। आज के लिए वह शब्द है क्षण। नई कविता में 'क्षण' पर इतना आग्रह है कि हर उम्मीदवार 'क्षण की मर्यादा को थामने' की कोशिश कर रहा है और माखनलाल चतुर्वेदी जैसे वयोवृद्ध कवि की कविता में 'क्षणिक का स्थिर सज' देखकर नये कवि उन्हें अपनी पाँत में बिठा लेने के लिए उत्सुक हैं (निकष : 3-4)। आलोचकों ने आरम्भ में कहना शुरू किया कि नई कविता 'मूड' की कविता है और इसमें 'जीवन के छोटे से छोटे अनुभव' को चित्रित किया जा रहा है, परन्तु उन्हें गुमान भी न था कि आगे चलकर नये कवि 'क्षण' के प्रति इतने सजग हो जाएँगे। कहने को तो छायावादी महादेवी वर्मा ने भी एक समय कहा था कि आज का कवि अपनी हर साँस को लिख डालना चाहता है, लेकिन उन्हें नहीं पता था कि आगे वह 'साँस' टूटकर इतनी छोटी हो जाएगी। यही तो मुश्किल है। 'क्षण' की जमीन इतनी अस्थिर है कि जो एक बार इस पर खड़ा हुआ, वह उसकी तर्कसंगत परिणति से बच नहीं सकता।

1949 ई. में सम्भवतः पहली बार अज्ञेय ने 'हरी घास पर क्षण भर' का प्रस्ताव किया था, ठीक टी.एस. इलियट की तरह जिसने 'क्वार्टेट्स' में 'द मोमेन्ट इन द रोज गार्डेन' का फलसफा दिया है। परन्तु उस समय तक 'क्षण भर हम न रहें रह कर भी' अर्थात् 'क्षण भर लय' होने तक ही स्थिति थी। साल-दो साल बाद ही 'नदी के द्वीप' में अनुभूति के इस क्षण ने तर्क-पथ पर आगे बढ़ते हुए दार्शनिक जामा पहनना शुरू कर दिया और रेखा के मुँह से सुनाई पड़ने लगा कि 'मेरे लिए काल का प्रवाह भी प्रवाह नहीं है, केवल क्षण और क्षण और क्षण का योग फल है—मानवता की तरह कालप्रवाह भी मेरे निकट युक्ति-सत्य है, वास्तविकता क्षण ही की है। क्षण सनातन है।' पाँच साल बाद 'नदी के द्वीप' का यह क्षणवादी दर्शन 'नई कविता : एक सम्भाव्य भूमिका' का आग्रह बन गया :

> आज के विविक्त अद्वितीय इस क्षण को
> पूरा हम जी लें, पी लें, आत्मसात् कर लें—
> उसकी विविक्त अद्वितीयता।

इस 'क्षण' की व्याख्या करते हुए कहा गया है कि यह एक क्षण 'होने का—अस्तित्व का' क्षण है। यही नहीं, बल्कि 'होने के सत्य का, सत्य के साक्षात्' का क्षण है। इसको 'सृजन का क्षण' भी कहा जाता है, यही 'दर्द का क्षण' भी है। पश्चिमी यूरोप यात्रा के दौरान लिखे गए 'जर्नल' के कुछ सूत्रों (निकष : 3-4) में भी अज्ञेय कहते हैं कि मैं या तो इस क्षण में अमर हूँ या कभी नहीं हूँ।

'क्षण' की यह 'फेटिश' अज्ञेय तक ही सीमित नहीं है। विजयदेव नारायण साही की 'नितान्त सामयिकता का नैतिक दायित्व' भी अन्ततः 'क्षण' का ही दायित्व है। धर्मवीर भारती के 'अन्धायुग' के प्रभु भी सृजन और रस के 'क्षण' में ही जीवित होने का सन्देश देते हैं। 'चक्रव्यूह' के कुँवर नारायण का इतिहासबोध भी 'क्षण' को ही सपने से जीवित रखने का प्रयास है। प्रयाग के साहित्यकार सम्मेलन की कविता गोष्ठी में रघुवीर सहाय ने भी 'प्रयोग' तथा 'अन्वेषण' को 'कलात्मक अनुभूति का क्षण' घोषित किया। इन थोड़े से सांकेतिक उदाहरणों से स्पष्ट हो सकता है कि नये कवियों में किस हद तक 'क्षण' की 'फेटिश' है। अब यदि इस शोरगुल से रोब खाकर कुछ अबोध कवि अपनी कविताओं में गाहे-बे-गाहे 'क्षण' शब्द को जड़ देते हैं तो नई कविता के पुराने कवि चौंकते क्यों हैं? यदि उन्हीं के शब्दों में उनसे कहा जाए कि 'मेरे आह्वान से अगर प्रेत जागते हैं तो मेरे सगो, मेरे भाइयो! तुम चौंकते क्यों हो? मुझे दोष क्यों देते हो? वे तुम्हारे ही तो प्रेत हैं।'

इन आग्रहों से स्पष्ट है कि नये कवियों का यह 'क्षण' सामान्य अनुभूति का क्षण नहीं है। मूल स्रोतों का पता लगाने से मालूम होता है कि जिस डी. एच. लारेंस का प्रभाव स्वयं अज्ञेय भी स्वीकार करते हैं, उसे 'क्षण' की 'फेटिश' थी। अपनी 'न्यू पोएम्स' के अमेरिकन संस्करण (1920) की भूमिका (जो आगे चलकर 1936 में उसके 'फोएनिक्स' संग्रह में पुनर्मुद्रित हुई) में लारेंस ने अत्यन्त आग्रह के साथ 'क्षण की ऐन्द्रिय पूर्णता' का नारा दिया था। सेक्स-रहस्यवाद से पीड़ित लारेंस के लिए जो क्षण की तीव्र ऐन्द्रिय अनुभूति है, वही अज्ञेय की जबान पर 'इस क्षण को पूरा हम जी लें।' तात्पर्य यह कि आज का कवि लारेंस की तरह ही हर क्षण को पूरा का पूरा निचोड़ लेना चाहता है या यों कहें कि हर क्षण में अपने को पूरा का पूरा निचोड़ डालना चाहता है। तय है कि इस तरह अधिक दिन जी सकना असम्भव है। आकस्मिक नहीं है कि अल्पवय में ही लारेंस ने अपनी पूरी आयु को निचोड़कर समाप्त कर दिया। क्या हिन्दी के नये कवि भी अपने अस्तित्व और सृजन के क्षण को इसी अर्थ में स्वीकार करने के लिए तैयार हैं?

वस्तुतः लारेंस के इस क्षण-दर्शन की परम्परा काफी लम्बी है। लारेंस के पाठक जानते हैं कि वह बर्गसाँ से बहुत प्रभावित था—उस बर्गसाँ से जिसने 'सृजनात्मक विकास' तथा 'समय और स्वतंत्र इच्छाशक्ति' आदि ग्रंथों में 'सृजन', 'क्षण' तथा क्षणों के बीच के 'अवकाश' की विस्तृत चर्चा की है और जिसके दर्शन से प्रेरित

होकर अमेरिकन विलियम जेम्स ने मनोविज्ञान में 'चेतना प्रवाह' का सिद्धान्त चलाया जो आगे चलकर जेम्स ज्वायस, वर्जिनिया वुल्फ आदि के उपन्यासों में क्षणों के धारावाहिक चित्रों के रूप में प्रकट हुआ। अज्ञेय ने 'क्षण' के साथ जिस 'अस्तित्व' शब्द को सम्बद्ध किया है, उसके सम्बन्ध में भी केवल इतना संकेत कर देना काफी होगा कि बर्गसाँ के दर्शन का एक भाग अस्तित्ववादी दर्शन से सम्बद्ध माना जाता है। सार्त्र जिस अस्तित्व की वकालत करता है, वह भी वस्तुत: व्यक्ति के एक क्षण का ही अस्तित्व है। इन विविध सम्बन्ध-सूत्रों के उल्लेख का प्रयोजन इतना ही है कि नई कविता के पाठकों के सामने इस क्षणवादी मनोवृत्ति के मूल कारणों तथा सम्भावित परिणामों को समझने में सुविधा हो। प्रसंगात् यहाँ इतना ही संकेत दिया जाता है कि पिछले दस वर्षों में हमारे यहाँ इस क्षणवादी मनोवृत्ति का प्रसार बहुत बढ़ गया है—यहाँ तक कि नये कवियों के क्षेत्र से बाहर के उपन्यासकार भी इससे ग्रस्त हैं, जैसे—रेणु के 'मैला आँचल' और 'परती : परिकथा' उपन्यास भी कुल मिलाकर क्षण चित्रों के प्रवाह ही हैं। नई कविता और नये उपन्यासों में प्राय: एक ही समय क्षणवादी मनोवृत्ति का प्रसार आकस्मिक नहीं है। अनुमान लगाया जा सकता है कि छायाजीवी मध्यवर्ग की युद्धोत्तर नई पीढ़ी में यह प्रवृत्ति धीरे-धीरे प्रबल हो रही है और सामयिक यूरोपीय साहित्य उस प्रवृत्ति को चारा चुगा रही है।

आर्थिक सुरक्षा के अभाव में हमारी नई पीढ़ी जिस जर्जर मन:स्थिति से गुजर रही है, उसे शीतयुद्ध का संकट और भी जर्जर बना रहा है। जिस पीढ़ी को अपने भविष्य का निश्चय न हो, जिसका वर्तमान इतना अरक्षित हो और अतीत की महान परम्परा भी जिसे सँभालने में असमर्थ हो, स्वाभाविक है कि उसके लिए प्रत्यक्ष क्षण ही सबसे बड़ा सत्य प्रतीत हो। अनिश्चय के युग में क्षण ही एकमात्र निश्चित मालूम होता है, लिहाजा धनी-निर्धन सभी प्राप्त क्षण का अधिक से अधिक उपभोग कर लेने को आतुर दिखाई पड़ते हैं। ऐसे युग में अपने हर क्षण के लिए आत्म सजग हो उठना स्वाभाविक है। किन्तु इसके साथ ही यह भी निश्चित है कि यह आत्म सजगता व्यक्ति के लिए बहुत महँगी पड़ती है। किसी क्षण को पूरी तीव्रता से अनुभव करने में मस्तिष्क-तन्तुओं पर बेहद तनाव पड़ता है—यहाँ तक कि उन तन्तुओं के टूट जाने की आशंका रहती है। क्षण की तीव्र अनुभूति का सीधा रास्ता विक्षिप्तता की ओर जाता है। शमशेर ने एक जगह स्वीकार किया है कि प्रयोगवाद 'नर्वस ब्रेकडाउन' की कविता है। इस प्रकार 'क्षण' की कविता का चरम रूप कवि और पाठक दोनों के लिए असह्य है। रेणु के उपन्यासों के बारे में अनेक प्रबुद्ध पाठकों ने राय जाहिर की है कि उन्हें अधिक देर तक पढ़ना असम्भव है। नये कवि भी क्षण की इस अनुभूति को दर्द की पराकाष्ठा कहते हैं।

परन्तु एक क्षण को पूरी तीव्रता के साथ अनुभव करने में एक और भी खतरा है। तीव्रता की अतिशयता धीरे-धीरे अनुभूत वस्तु को धुँधलाने लगती है जिसे

जेम्स ज्वाइस ने 'एपिफैनी' नाम दिया है। क्रमशः धुँधली होते-होते वह वस्तु मन में एक विराट अमूर्त या शून्य के रूप में शेष रह जाती है। अनुभूति की उस स्थिति में वह क्षण एकदम रहस्यात्मक सत्ता का रूप धारण कर लेता है। इस प्रकार 'क्षण' की कविता कभी-कभी एक नये ढंग के रहस्यवाद में परिणत हो जाती है। अज्ञेय जब 'शब्दातीत' कुछ अर्थों की चर्चा करते हुए अपने से बड़े किसी ऐसे दर्द की बात करते हैं, 'जो कहा नहीं गया' तो सहसा रहस्यवादियों के अनिर्वचनीय तत्त्व का आभास हो जाता है। यही नहीं, उस क्षण को जब वे अजर-अमर अक्षर आदि विशेषणों से विभूषित करने लगते हैं तो एक बार फिर अद्वैतवादियों के ब्रह्म की याद ताजा हो जाती है।

इस प्रकार क्षणवाद के तीन प्रभाव निश्चित हैं—भोगवाद, दुःखवाद और रहस्यवाद। अज्ञेय की कविता में क्षणवाद के ये तीनों रूप मिलते हैं। अन्य कवियों में से किसी में दो रूप मिलते हैं तो किसी में एक। इतिहास में अन्यत्र भी क्षणवाद की ये तीनों परिस्थितियाँ दिखाई पड़ती हैं। बुद्ध के क्षणवाद ने बज्रयानी सिद्धों में भोगवाद तथा रहस्यवाद को जन्म दिया था। आधुनिक अस्तित्ववादियों के साहित्य में सेक्स, निराशा और रहस्य तीनों ही मिलते हैं।

परन्तु क्षणवाद का प्रभाव कविता के रूप-विन्यास पर भी पड़ा है। नई कविता में जो बिम्बों और प्रतीकों की बहुलता की बात की जाती है, वह भी अन्ततः क्षणवाद की ही रूपगत परिणति है। बिम्बवाद के प्रवर्तकों में से एक 'एजरा पाउंड' ने क्षण के ऊपर ही बिम्ब के सिद्धान्त को आधारित माना है : 'बिम्ब वह है जो काल की एक तात्कालिकता (इन्स्टैन्ट) में बौद्धिक और भावात्मक संसृष्टि को उपस्थित करता है।' (ए फिउ डोन्ट्स बाई ऐन इमैजिस्ट, 1913) अनुभूति के क्षण इसी अर्थ में 'सृजन' के क्षण हैं कि उनमें विभिन्न बिम्बों का सृजन होता है। यदि क्षण विविक्त हैं तो प्रत्येक बिम्ब भी विविक्त होगा और सम्पूर्ण कविता बिम्बवादी होगी। यदि बिम्ब प्रवहमान धारा के अन्तर्गत होंगे तो वहाँ 'फ्री असोसिएशन' की कविता होगी, और यदि बिम्ब-विशेष में कोई पर-संकेत-जनित अस्पष्टता होगी तो उससे प्रतीकवादी कविता बनेगी।

क्षणवाद कविता की लय को किस तरह प्रभावित करता है, इसके लिए डी.एच. लारेंस का ही उपर्युक्त निबन्ध देखने योग्य है। लारेंस ने लिखा है कि नितान्त सामयिकता की कविता का सच्चा रूप वाल्ट व्हिटमैन में मिलता है, जिसका न कोई आरम्भ है, न अन्त है और न कोई स्थिर आधार ही है—वह सतत प्रवहमान है, क्योंकि व्हिटमैन के सामने केवल वर्तमान था—हर क्षण गतिशील वर्तमान। निःसन्देह वाल्ट व्हिटमैन ने आगे और पीछे की ओर भी दृष्टि डाली लेकिन जो नहीं है, उसके लिए आह नहीं भरी। उसके धारावाहिक छन्दों की लय का यही रहस्य है। लारेंस का यह कथन स्वयं उसकी कविता की लय के बारे में भी सही है। अज्ञेय की आरम्भिक

कविताओं में जो प्रलम्बित वाक्य विन्यास मिलते हैं, जिसे प्रभाकर माचवे ने लारेंस की परम्परा और प्रभाव में माना है, इसी मनोवृत्ति के परिणाम हैं। परन्तु आगे चलकर जिस प्रकार उनकी नदी में अनेक द्वीप पड़ गए, उनके लय प्रवाह में भी अलग-अलग द्वीप बनने लगे। मुक्तछन्द बहुल नई कविता की विविध लयों का विवेचन करके वर्तमान क्षणवादी मनोवृत्ति के सूक्ष्म प्रभावों का पता लगाया जा सकता है।

यहाँ क्षणवाद के विविध साहित्यिक रूपों के विवेचन के लिए समय नहीं है। यदि सूक्ष्म विश्लेषण किया जाए तो लघुमानव, लघुपरिवेश, सार्थकता, सृजन आदि अनेक मान्यताओं से इसके सम्बन्ध-सूत्रों का पता चल सकता है। नई कविता के सन्दर्भ में 'क्षण' सम्बन्धी इस विवेचन का प्रयोजन यह है कि इस बुनियादी इकाई के आधार पर नई कविता को समझने और समीक्षा करने की कोशिश की जाए। मेरा विश्वास है कि इस आधार पर नई कविता की सीमाओं और सम्भावनाओं का पता अधिक अच्छी तरह लग सकता है।

['कवि', संपादक : विष्णुचन्द्र शर्मा, जनवरी-मार्च, 1958]

1950 की हिन्दी कविता

दिनकर और गुप्तजी की चिर-परिवर्तनशीलता में इतना ही अन्तर है कि गुप्तजी धारा की तरह रहे और दिनकर लहर की तरह। इसीलिए एक को चिर गतिशील कहा जाएगा और दूसरे को अवसरवादी। फिर भी दिनकर इस वर्ष जनशक्ति की ओर से बोल रहे हैं। अब उनमें प्राचीन भाषण शैली नहीं रही। सीधी अभिव्यक्ति का अभ्यास छूट गया जो उनका गुण था। इधर वे अन्योक्ति पद्धति से तथा कभी-कभी तुतले प्रतीक प्रयास से व्यंगबाण चला रहे हैं। बीच-बीच में 'ओसित' खोजी दिनकरजी कभी-कभी रहस्यवादी लकीरें भी पहेली बुझाने के लिए छोड़ देते हैं। गरज कि दिनकरजी बहुमुखी साधनावाले हैं। 'पंचतिक्त' और 'व्याल विजय' में अन्योक्ति पद्धति के अच्छे उदाहरण हैं। वे वर्तमान स्वतंत्रता के विषय में 'अनिल स्कंध पर चढ़े हुए प्रच्छन्न ज्वाल' तथा 'हुत-प्राण वीर की ज्वलंत इच्छा अशेष' से कहते हैं :

> यह नहीं तुम्हारे स्वप्नों से उत्पन्न देश
> यह नहीं तुम्हारी अभिलाषाओं की मंजिल

वे देख रहे हैं कि :

> काया प्रकल्प के बीच मृत्ति में ऊँघ रहे

अत: उन्हें विश्वास है कि :

> यह सुर-निर्मित चाँदनी छिप जाएगी
> जब बलि की खेती पर पड़ी पपड़ियों को उछाल
> नर के जब सूरज और चाँद उग आएँगे।

सूरज के आने पर चाँदनी का छिपना तो संगत है लेकिन चाँद के उगने पर वह क्यों छिपेगा? फिर भी वह बंदिश तो है ही!

पुराने लोगों में रामकुमार वर्मा तथा भगवतीचरण वर्मा ने भी इस वर्ष दो-एक कविताएँ लिखी हैं परन्तु जहाँ रामकुमारजी 'प्राणहीन अतीत पर अपनी जीत हारते हुए एक कलिका के लिए शत कंटकों के बीज बोने में लगे हैं, वहाँ भगवतीचरणजी 'प्यार प्रदान' से दूर हटकर चिल्ला रहे हैं कि 'वर्माजी ने मारी लात!' उनका व्यंग्यकार आज भी मध्य वर्ग की दुर्दशा के प्रति सजग है।

पुरानों की चर्चा के बाद शेष नवीन कवियों को आसानी से प्रयोगवादी, प्रगतिवादी तथा स्वच्छंदतावादी (रोमैंटिक)—तीन धाराओं में अलग कर सकते हैं। अंग्रेजी के 'न्यू सिगनेचर्स' की तरह हिन्दी में जिन सात नये कवियों ने 'तारसप्तक' निकाला था, उनमें आज सभी प्रयोगवादी नहीं रहे। उस दल के नेता 'अज्ञेय' आज भी अपने पद पर विराजमान हैं परन्तु रामविलास शर्मा उसमें नहीं रहे। कुछ नये विद्यार्थी भी उस दल में आ जुड़े हैं। सच तो यह है कि हिन्दी में प्रयोगवादी और प्रगतिवादी राज्यों की सीमाएँ इतनी बदलती रहती हैं कि कहना मुश्किल है कि कौन प्रयोगवादी नहीं है! अधिकांश प्रगतिवादी भी प्रयोग-लालची हो रहे हैं। हाँ, इस वर्ष कम्यूनिस्ट कवियों ने प्रगतिवाद की सीमा स्पष्ट कर दी है जिसमें रामविलास, केदार, नागार्जुन स्थायी हैं और शेष कवि कभी इधर आते हैं, कभी उधर जाते हैं, जैसे सुमन। 'प्रतीक मंडल' के संचालक 'अज्ञेय' में अब अंग्रेजी का प्रभाव पचे रूप में प्रकट होने लगा है। भाषा भी जनबोलियों से शब्द माँगकर मजेदार हो चली है। पहेली बुझौवल की आदत छूट गई। सद्यःप्रकाशित काव्य 'हरी घास पर क्षण भर' उनकी नई शक्ति और अभिव्यक्ति का प्रशस्त संकेत चिह्न है :

कुहरा झीना और महीन
झर झर पड़े अकास नीम
उजली लालिम मालती
गन्ध के डोरे डालती
मन में दुबकी है हुलास ज्यों परछाईं हो चोर की
तेरी बाट अगोरते ये आँखें हुईं चकोर की
आँखें हुईं चकोर की!

चित्रांकन चाहे प्रकृति का हो चाहे मन की किसी अनिर्वचनीय भावना का, अज्ञेय उसमें माहिर हैं। एक ओर जहाँ वे 'ओस की तिप्-तिप्' और 'पहाड़ी काक की हाक्-हाक्' जैसी नवीन ध्वनियों का निर्माण करते हैं, वहाँ दूसरी ओर मन का तूफान केवल इतने से शब्दों में रख देते हैं :

क्या जरूरी है दिखाना
तुम्हें वह जो दर्द
मेरे पास है!

'अकेली न जैयो राधे जमुना तीर' शीर्षक कविता में अज्ञेय ने नाटकोपयुक्त संवाद तथा रंगमंच सुलभ परिपार्श्व के द्वारा सजीवता ला दी है। गरज कि अज्ञेय के नवीन प्रयोग अब प्रेषणीय हो चले हैं।

प्रयोगवादियों में दूसरे ख्यात कवि हैं गिरिजाकुमार माथुर! माथुर की सफलता का आधार है रोमानी, रंगीनी और लाक्षणिक वक्रता। जहाँ वे किसानों-मजदूरों के विषय में अनभ्यासी कलम चलाते हैं, वहाँ फिसल जाते हैं परन्तु रंगों की छटा

दिखाने का अवसर आते ही चमक उठते हैं। 'प्रतीक' में प्रकाशित 'हेमंती रात' और 'नवजीवन' होलिकांक में छपी 'फागुन की रात' में उनका यही स्वर मुखर हुआ है। लघु-लघु पदों द्वारा ध्वनि प्रतीकों के आधार पर मुक्त छन्द में भी माथुर जो नाद वातावरण रच देते हैं, वह अन्यत्र दुर्लभ है। इसीलिए ये प्रगतिवादियों के काम के नहीं रहे।

ध्वनि चित्रवादी शमशेर बहादुर सिंह में अंग्रेजियत सबसे अधिक है। ये वाक्य नहीं लिखते, शब्द लिखते हैं और शब्द भी जैसे ग्राफ के बिन्दु। इन्हें मिलाकर आकृति बनाना पाठकों के ऊपर है। मुक्तिबोध की चीजें इधर प्रकाश में कम आईं। 'प्रतीक' के क्षितिज पर उनके 'बुद्धि के नक्षत्र' उगे थे जिनके आलोक में 'पथ की रेखा' भी खिंची थी। पथ की रेखा तो लाल क्रान्ति का प्रतीक थी परन्तु 'बुद्ध के नक्षत्र', 'क्रासवर्डियन' ढंग के थे। दुरूह तथा संश्लिष्ट प्रतीक-योजना के कारण मुक्तिबोध की पंक्तियाँ काफी बौद्धिक श्रम माँगती हैं। 'बरगदों की प्यास' को वे 'व्यंग आकृति में बँधी मूलों में उभरी' देखते हैं। वैदिक देव प्रतीकों की उद्धरणी करनेवाले नरेश कुमार मेहता 'मेघ—मैं' जैसी कविताओं के साथ अब इसी प्रयोगवादी रजिस्टर पर नाम लिखा रहे हैं। साढ़े पाँच सौ इंच वार्षिक वर्षा वाले चेरापूँजी से भी प्यासे ही लौटने वाले कवि सुमन को भी यहीं देख लेना ठीक होगा। व्यास शैली के अभ्यासी कवि सुमन ने भी इधर हाथ समेटकर प्रतीक-योजना में हाथ लगा दिया है। गाड़ी छूट जाने पर स्टेशन पर बैठे-बैठे वे 'आग्रह' कर रहे हैं—'स्वयं के प्रति कुछ-कुछ तने से' हैं तथा 'गगन मगन अथक कपोतों की गुमकती भीड़' भी देख रहे हैं। अन्त में कहते हैं :

ढूँढ़ तरु के कोटरों में
वृद्ध गृद्ध कराहते निरुपाय
दग्ध दावा की दहक में उग रहे अंकुर
सुनहले
कुलबुलाते नीड़ वन प्रच्छाय
आज इस संक्रमण बेला में मिले तुम
हाय, जी भर कर न पाया बात
तट विचारा किस तरह सुथरा रहे
जब लहर व्याकुल कर रही आघात पर
आघात!

यह है 'एशिया की आग' देखने वाली आँखों के पीछे वाले मन की आग!

'मेधावी' रांगेय राघव प्राय: गद्य को कई पंक्तियों में तोड़कर इस तरह लिख देते हैं कि वह पद्य मालूम होने लगता है। मूलत: ये विचारप्रधान कवि हैं। प्रभाकर माचवे को भी यही समझना चाहिए।

प्रगतिवादियों के दो व्यंगबाण केदार और नागार्जुन हैं जिनके पीछे प्रत्यंचा की तरह रामविलास शर्मा रह-रहकर टकारते रहते हैं। 'केदार के बोल' सरकार के ऊपर खूब सधे हैं :

> कहता है केदार सुनो जो नेता हैं सरनाम
> लोगों के कहने से कब वे होते हैं बदनाम!

इसी प्रकार नागार्जुन ने भी 'राम-राज्य' के विषय में जो आल्हा लिखा है, उसकी कुछ पंक्तियाँ प्रायः इधर-उधर सुनाई पड़ जाती हैं :

1. पीते हैं नेता निश्चिन्त हो घोल-बोल पहले का जस।
2. संगीनों से पूजा होती गांधी के फोटो की।
3. बाघिन बनकर गुर्राती है कांग्रेस की बुढ़िया गाय।

ये प्रायः काव्योचित शिष्टाचार की सीमा फाँदकर नेताओं का स्पष्ट नामोल्लेख करते हुए गालियाँ दे रहे हैं। 'कला' को तो ये बुर्जुआवृत्त कहते ही हैं। इसलिए इसे उनकी कविताओं में कौन ढूँढ़े!

अब हैं रोमानी कवियों की बिखरी क्यारियाँ! बच्चन और अंचल आज भी वही कह रहे हैं जो दस वर्ष पहले कहते थे परन्तु नरेन्द्र शर्मा मार्क्सवाद से लौटकर अब न जाने किस आदर्श दर्शन के आधार पर जीवन-मरण के रहस्यों की चर्चा करते हैं। स्पष्ट ही यह चर्चा पन्तजी के 'अरविंद दर्शन' से काफी दूर है। सचमुच प्रगतिवादी समीक्षाओं ने 'प्रवासी के गीत' और 'पलाशवन' वाले रोमानी नरेन्द्र को छीन तो लिया परन्तु चूसकर अन्त में सिट्ठी की तरह फेंक दिया, बुद्धि-विलासी नरेन्द्र को जिनकी बातें समझ में नहीं आतीं। भाषा की वह सफाई और ताजगी भी जाती रही। जन-जन की भाषा लिखने के बाद नरेन्द्र अब मन-मन भर की भाषा लिख रहे हैं। मांसल सौन्दर्य की ऐन्द्रिय लालसा वाले कलाकार और हिन्दी के डी.एच. लारेंस अंचल आज भी रूप के बाजार में उसी प्रकार रमे रहे हैं। आचार्य जानकी बल्लभ शास्त्री भी इसी क्यारी के हैं परन्तु 'निराला' जी के शिष्य होने के कारण वे प्रायः मुँह भरे शब्दों के प्रयोग द्वारा अपने आचार्यत्व का प्रदर्शन करते रहते हैं। उनकी अप्रकाशित 'हंसकिंकिणी', जिसके प्रकाशित होने से पूर्व ही अनेक स्वर प्रकाशित हो चुके हैं, ऐसी ही झंकार से भरी पड़ी है। वे आज भी 'निःस्व निःश्वसन घन', 'पंक-पंक की रंक पंजा', 'पुंज-पुंज गुंजन', 'परि पाण्डुर मदन ग्लपित वामा' तथा 'विद्रूप सख हीरक नख' ही निरख रहे हैं। फिर भी कभी-कभी छायावादी ढंग में उनके 'निरयन नयन' में 'सूनेपन के सादे बादल' छा जाते हैं तथा 'सूनेपन के तनुतन' पर 'छवि की आत्मा उतर' आती है। बिहारी कवियों में हंस कुमार तिवारी के कुछ प्रकृति चित्रण तथा मधुर गीत नई रोमानी धारा के प्रतीक हैं। इधर और भी कुछ कवि ग्रामीण प्रकृति के रूप-रंगों को सादी रेखाओं में सरल बोली के साथ उभारने लगे हैं जो पन्तजी की बौद्धिक सहानुभूति से भिन्न हैं। बिहार के आरसी आज भी अनवरत रूप से काफी लिख रहे हैं और काफी लिखी हुई चीजें जैसी होती हैं, वैसी उनकी भी हैं।

मध्य प्रदेश के गीतकार भवानीप्रसाद मिश्र में जितना स्वर-वैभिन्न्य है उतना भाव वैभिन्न्य नहीं। ये लोग छायावाद के परिशिष्ट हैं। गया के गुलाब ने भी इधर दो-तीन कविता पुस्तकें दनादन निकाली हैं जिन पर प्रसाद पदावली की छाप पर्याप्त है। सानेट की तरह उन्होंने भी इधर काफी 'स्वानुभूतियाँ' गांधीजी पर लिखी हैं जिनमें उपमाओं का जमघट देखने योग्य है।

रोमानी कवियों की एक धारा ऐसी भी है जिसके अग्रणी हैं काशी के श्री शंभूनाथ सिंह। प्रेम की सामान्य अनुभूतियों को मार्मिक भाषा में उभारकर व्यक्त करने में इधर जितनी सफलता इन्हें मिली उतनी कम लोगों को मिली होगी। यों तो इन्होंने इस वर्ष 'गूदर' और 'अपने गाँव' के विषय में व्यंग-वर्णन की लम्बी कविताएँ भी लिखीं परन्तु इनका मुख्य स्वभाव रोमानी ही मानना चाहिए। शंभूनाथजी प्राय: 'प्यास' के कवि हैं। लिखते हैं :

बंदिनी अब तक जवानी हो न पाई।
प्यास प्राणों की पुरानी हो न पाई।

बच्चन की तरह इनके जीवन में भी विवाह ने मनकेरम पार्ट अदा किया है जिससे तड़पती वाणी की जगह अब तृप्त डकार सुनाई पड़ती है। इनके साथ उभरती हुई नई पीढ़ी के अनेक कवि हैं जिनमें विलक्षण उपमा खोजी 'क्षेम', ऐन्द्रियता लोभी हरि मोहन, नैराश्य व्यंजक गिरिधर गोपाल, नागर दृष्टि से ग्राम प्रकृति को देखने वाले विजयदेवनारायण साही, इन्द्रधनुषी सपनों वाले रामदरश मिश्र और जबांदानी के कवि रमानाथ अवस्थी मुख्य हैं।

नवयुवक कवियों में धर्मवीर भारती का नाम भाव और भाषा की दृष्टि से अलग होना चाहिए। यों तो ये 'छाँहवादी' से लगते हैं जिनके कंठों से कभी-कभी माखनलालजी भी बोल उठते हैं परन्तु 'नवजीवन होलिकांक' में छपी 'फागुन की शाम' शीर्षक कविता के आधार पर भारती के स्वतंत्र व्यक्तित्व को स्वीकार करना पड़ता है। स्वर, शब्दावली और उपस्थिति करने का ढंग सब कुछ इस कविता में नया है—भारती बहुत कुछ प्रयोगवादी हैं :

घाट के रस्ते, उस बँसबट में,
इक पीली सी चिड़िया,
उसका कुछ अच्छा-सा नाम है
मुझे पुकारे, ताना मारे,
भर आईं आँखड़ियाँ,
उन्मन ये फागुन की शाम है।

यहाँ पोखरे की टूटी सीढ़ी पर बने तुलसा के बीच बैठी हुई तोतापंखी किरनों में बाँसों की हिलती फुनगी को देखती हुई एक युवती अपने शैशव प्रेम की सुधि कर रही है। अन्त में कहती है : 'यह ऋतु इतनी बदनाम है।' निश्चय ही यह वर्ष की उत्तम

कविताओं में से है यद्यपि इस पर रवि बाबू के एक गीत का प्रभाव स्पष्टतया परिलक्षित होता है।

'महामानव' के कवि ठाकुर (प्रसाद सिंह) ने भी इधर कुछ फुटकल गीत लिखे हैं। 'संघ की आग' उनके जनपक्षी स्वभाव का अच्छा उदाहरण है! यों मुक्त गीतों में ठाकुर के हाथ उतने नहीं मँजे हैं जितने आख्यानक काव्य में। प्रयोग की रेखाओं से चित्र-बम तैयार करने वाले 'शिव' भी नहीं भूले जा सकते।

सम्भव है, यहाँ कुछ कवि छूट गए हों परन्तु यदि सभी हिन्दी कवियों का केवल नाम परिगणन ही किया जाए तो एक लेख हो जाएगा। इतने परिचय से स्पष्ट हो जाएगा कि हिन्दी कविता की सरल स्रोतस्विनी आज भी उसी प्रकार प्रवाहित हो रही है। यह तो संक्रान्तिकाल में ग्रीष्म का प्रभाव है जो इस रेत के बीच भी वह कई धाराओं में बँटकर बह रही है। इस वर्ष की हिन्दी कविता में संघर्ष, शान्ति और सुख—सभी प्रकार के स्वर सुनाई पड़ते हैं। कुछ मित्र-मंडलियों में एकत्र होते हुए भी सभी कवियों का स्वर स्वतंत्र और वैयक्तिक विशेषताओं से युक्त है। यदि इस लेख में कवयित्रियों का अभाव कुछ लोगों को खटके तो वे महादेवीजी की कविताओं को फिर से पढ़ जाएँ। यों तो इस वर्ष सर्वत्र ही 'किरण' चमकती रही और 'शान्ति' छाई रही परन्तु कवयित्री और कविता में अन्तर कर सकना कठिन है। क्या छायावाद की कनिष्ठा महादेवीजी अनामिका को सार्थवती कर देंगी?

[समाज : मई, 1950]

1952 की हिन्दी कविता

राष्ट्रभाषा हिन्दी की वार्षिक काव्य-प्रगति का लेखा-जोखा उपस्थित करना बहुत बड़े उत्तरदायित्व का काम है, क्योंकि इस गतिविधि पर हिन्दी लेखक और हिन्दी जनता ही नहीं, सम्पूर्ण भारतीय जनता की आँख है। इधर कठिनाई यह है कि इस वर्ष की समस्त काव्य राशि से परिचित होने के साधन पर्याप्त नहीं हैं। भाषा और शिक्षा के प्रसार के साथ नित्य नई प्रतिभाएँ उभर रही हैं और ये नई तथा पुरानी प्रतिभाएँ इस वृहद भूखंड के एक छोर से दूसरे छोर तक फैली हुई हैं। रोज न जाने कितनी कविताएँ लिखी जाती रही हैं, लेकिन काव्य प्रकाशन के बाजार की मन्दी देखते हुए कहना कठिन है कि प्रकाशित कविताएँ लिखित कविताओं का कौन-सा भाग है। प्रकाशित सामग्री में भी अधिकांश पत्र-पत्रिकाओं में ही बिखरा है—कविता पुस्तकें तो अपवाद हैं। इस बिखरी हुई सामग्री का पता रखना और पता लगाकर पढ़ना, फिर पढ़कर उन सबका सामूहिक प्रभाव निश्चित करना दुःसाध्य है। इन कठिनाइयों के बावजूद यह सब करना है, इसलिए नहीं कि जनता वर्षान्त में उनका हिसाब माँग रही है, और न इसीलिए कि राष्ट्रभाषा पद की सार्थकता सिद्ध करने के लिए हर साल हिन्दी साहित्य की गतिविधि का विवरण देना जरूरी है, बल्कि इसलिए कि नये वर्ष में नया कदम उठाने के लिए विगत वर्ष की रचनाओं का विश्लेषण तथा सम्पूर्ण हिन्दी काव्य परम्परा के क्रम-विकास में इसकी गतिविधि का पर्यालोचन हर हालत में उपादेय हो सकता है, अस्तु...

सरसरी तौर से देखने पर इस वर्ष की कविता में अनेक प्रकार के पानी मिलेंगे। यह विविधता सजातीय सी नहीं, बल्कि अनेक पुरानी और नई काव्य प्रवृत्तियों का मेलजोल है, जिसमें अनुभूति तथा अभिव्यक्ति के मौलिक स्तर-भेद स्पष्ट दिखाई पड़ते हैं। यदि एक ओर किताबी ब्रजभाषा में लिखित स्तोत्र तथा नायिका भेद की रचनाएँ यत्किंचित दिखाई पड़ीं तो दूसरी ओर छायावाद के पूर्ववर्ती इतिवृत्तात्मक आख्यानों की भी उद्धरणी मिलती है। परिस्थितियों के अनुरूप निरन्तर अपने को ढालने वाले बाबू मैथिलीशरण गुप्त के 'जयभारत' प्रबन्ध काव्य के दर्शन का श्रेय इसी वर्ष को है। इस वर्ष दिनकर ने भी अपने 'रश्मिरथी' को धरती पर उतारा है। छायावाद तथा उसके पार्श्वच्छवि रूमानी गीतों की कड़ी को कैसे रह-रह कर जोड़ने

की कोशिश हो रही है। निराला और पन्त तो थोड़े-बहुत हेर-फेर के साथ अपने पूर्व कृत सफलताओं को माँज रहे हैं, किन्तु बालकृष्ण शर्मा 'नवीन', माखनलाल चतुर्वेदी, उदयशंकर भट्ट, रामकुमार वर्मा, अंचल, सुधीन्द्र, विधावती कोकिल, आदि रहस्य और तृष्णा में उसी प्रकार डूबे हुए हैं। इन रचनाओं में सिद्धहस्त कवियों का कौशल तो है, किन्तु इनका सारा स्वर निर्जीव और दूरवर्ती सा लगता है गोया ये दिन के दीपक हों और अपनी अवधि के बाद भी उसी प्रकार बने रहने के लिए प्रयत्न-शील हों!

जब आवश्यकता के बाद भी अपने अतीत को दुहराने वाले रससिद्ध महा-कवियों का यह हाल है तो उन नवोदित कवियों की उस अनुगूँज के बारे में क्या कहा जाए, जो इनकी बीच पच्चीस वर्ष पुरानी वाणी से प्रभावित होकर काव्य-रचना सीख रहे हैं। नई धारा की 'फूल और कलियाँ' स्तम्भ तथा कुछ और पत्रिकाओं में इस प्रकार की काफी रचनाएँ दिखाई पड़ती हैं। इनका अभी अपना व्यक्तित्व नहीं उभर सका है। इसलिए इनके होनहार भविष्य के प्रति आशा प्रकट करने के सिवा और कुछ नहीं कहा जा सकता।

पुरानी पीढ़ी के कवियों में से जिन्होंने इस वर्ष अपने को युग की आवश्यकता में ढालने और बदलने का प्रयत्न किया है, उनमें नरेन्द्र और विशेषत: बच्चन का उल्लेख महत्त्वपूर्ण है। जनवादी स्वरों के उन्नायक नरेन्द्र जो इधर रहस्यवाद में अवकाश ले रहे थे, इस वर्ष फिर जीवन-जगत की ठोस अनुभूतियों से रसानन्दित हो चले हैं, परन्तु नरेन्द्र का यह शुभ परिवर्तन उतना विस्मयकर नहीं है, जितना 'प्रणय पत्रिका' के विधायक कवि बच्चन की सहसा मुक्त छन्दों में फूट पड़ने की चेष्टा। सम्भव है, गीतकार बच्चन को विलायत का मुक्तछन्दों वाला वातावरण, गीतों से मुक्त कर रहा हो। इधर उनके दो मुक्तछन्द देखने में आए हैं...एक तो मित्रों के प्रति और दूसरा 'बुद्ध और नाचघर'। बँधे ताल-गति वाले पाँवों का इस मुक्तमार्ग पर लड़खड़ाना स्वाभाविक है। लेकिन चुनौतियाँ हैं तो असर कर ही जाती हैं।

लेकिन इन गौण शाखाओं के बीच जो प्रतिनिधि काव्यधारा सबसे अधिक ध्यान आकृष्ट करती है, वह है जो छायायुग के अन्तर्विरोधों से उत्पन्न समाजोन्मुख यथार्थ की भावना को लेकर आज से सोलह वर्ष पहले अग्रसर हुई थी और कतिपय अन्तर्विरोधों के साथ सामाजिक चेतना के विभिन्न स्तरों को यथासम्भव समन्वित तथा स्पष्ट करती हुई युगधर्म का नेतृत्व कर रही है। इस समय विचारणीय वस्तु यही है कि समाज की नित्य गतिशील वास्तविकता और इस प्रतिनिधि काव्यधारा में क्या सम्बन्ध है, वह इस वास्तविकता को कितनी निष्क्रियता अथवा सक्रियता से प्रतिबिम्बित करती है?

कहना न होगा कि इस काव्यधारा में सबसे ऊँचा स्वर उन कवियों तथा कविताओं का है, जिसके सामने व्यापक जन-समाज का बराबर ध्यान है। निस्सन्देह

इस प्रकार की कविताएँ संख्या में कम हैं, लेकिन सचाई का सच्चा आइना वही हैं। इन कविताओं के भी कई पहलू हैं। कहीं ये देशव्यापी चुनाव, भारत-चीन मैत्री, शान्ति आन्दोलन, जमींदारी उन्मूलन, भूदान यज्ञ आदि सामयिक घटनाओं पर तेज रोशनी डालती हैं तो कहीं मातृभूमि की मधुर स्मृति, प्रवास की व्यथा, दाम्पत्य प्रणय की पवित्र सुधि, प्रकृति की तन्मय रेखाकारी आदि पर नरम तूली चलाती है। इनमें यथार्थ की निरंग चित्रहीनता है तो रूमानी दुनिया की रंगीनी भी है। अतीत का मादक ध्यान है तो भावी का स्वप्न-दर्शन भी है। केदार, नागार्जुन, शंकर शैलेन्द्र, भवानीप्रसाद मिश्र, सुमन, मुकुल, त्रिलोचन तथा वंशीधर शुक्ल, रामकेर, नन्दन आदि बोली के कवियों ने इस वर्ष अनेक ऐसी श्रेष्ठ कविताएँ दी हैं। प्राय: इन कविताओं की सादगी तथा सीधी चोट इनके मूल्यांकन में बाधक रही है, लेकिन कोटि-कोटि जनता ने इन्हें अपनाकर अपने स्नेह से पुरस्कृत किया है। इनके कुछ नमूने लीजिए।

सिन्ध में प्रवासी कवि नागार्जुन की 'सिन्दूर तिलकित भाल' कविता की यह टुकड़ी देखिए :

घोर निर्जन में परिस्थिति ने दिया है डाल
याद आता तुम्हारा सिन्दूर तिलकित भाल।
याद आते स्वजन
जिनकी स्नेह से भीगी अमृतमय आँख
स्मृति विहंगम की कभी थकने न देगी पांख
याद आता मुझे अपना वह तरउनी ग्राम
यहाँ भी सच है न मैं असहाय
यहाँ भी हैं व्यष्टि और समुदाय
किन्तु जीवन भर रहूँ फिर भी प्रवासी ही कहेंगे हाय।
मरूँगा तो चिता पर दो फूल देंगे डाल
समय चलता जाएगा निर्वाध्य अपनी चाल।

भावना यहाँ समस्त अलंकार विधान को पीछे छोड़ती हुई अपने सहज आवेग में ही काव्य हो उठी है। यही लेखनी प्राइमरी स्कूल के मास्टर का चित्र आँकते समय दो-तीन बारीक रेखाओं में ही जीवन की सारी वास्तविकता साकार कर देती है :

घुन खाए शहतीरों पर की बारह खड़ी विधाता बाँचे
कटी भीत है, छत चूती है, आले पर विस्तुइया नाचे
बरसाकर बेबस बच्चों पर मिनट मिनट में पाँच तमाचे
दुखरन मास्टर गढ़ता जाता इसी तरह आदम के साँचे

यही सादगी कवि केदार के स्वर से लोहे की कड़ाही के साथ व्यक्त होती है—यह है जुझारू जीवन :

मैंने उसको
जब जब देखा
लोहा देखा
लोहा जैसा
तपते देखा
गलते देखा
ढलते देखा
मैंने उसको
गोली जैसे
चलते देखा।

ऐसा नहीं है कि जनवादी कविताएँ प्रतीकों का प्रयोग नहीं करतीं। करती हैं लेकिन ये प्रतीक प्रतीकवादियों की तरह ऐकान्तिक और उलझनपूर्ण नहीं होते। 'तूफान' के ये बोलते प्रतीक देखने योग्य हैं :

मैं घोड़ों की दौड़ वनों के सिर पर तड़ तड़ दौड़ा
पेड़ बड़े से बड़ा चिरोंटे सा चिल्लाया चौंका
पत्तों के पर फड़ फड़ फड़के, उलटे उखड़े टूटे
मीन अँधेरे की डाली पर,
साँड़ पठारी छूटे।

चिरोंटे सा पेड़ का चिल्लाना—तूफान के प्रभाव का सजीव चित्र है। ये जनवादी कवि केवल उग्र और भयंकर के ही चित्रकार नहीं, बल्कि कोमल भावनाओं के मीठे गीतकार भी हैं। लोकगीतों की सी आवृत्ति की टेक्निक में यह गीत कितनी गहरी चोट करता है :

माँझी न बजाओ वंशी मेरा मन डोलता
मेरा मन डोलता है जैसे जल डोलता
जल का जहाज जैसे पल पल डोलता

माँझी न बजाओ वंशी मेरा प्रन टूटता
मेरा प्रन टूटता है, जैसे तृन टूटता
तृन का निवास जैसे बन बन टूटता

माँझी न बजाओ वंशी मेरा तन झूमता
मेरा तन झूमता है तेरा तन झूमता
तेरा तन मेरा तन एक बन झूमता

लयदारी की नवीनता तो अलग चीज है। सारा गीत, भावना के क्रमिक विकास तथा सुन्दर परिणति में गीत रचना का ऊँचा मानदंड रखता है। यहाँ अन्य परिपाटी विहित

गीतों की तरह तीनों पदों में एक ही बात फेटी नहीं गई है, सीमित तुक और तन-मन तथा जल-तृण के उपमेय उपमानों से इतनी मार्मिक अनुभूति करा देना बहुत बड़े लाघव का प्रतीक है।

समवेत गानों में तो जनवादी कवियों ने उत्साहवर्धक गीतों की नई परम्परा ही कायम कर दी है। शंकर शैलेन्द्र का 'भारत-चीन मिलन' गीत तथा नरेश का 'नये आलोक के जनदेवता का पंथ मंगल हो' अविस्मरणीय है।

इस प्रकार इन कविताओं ने काव्य विषय का विस्तार तथा काव्य भाषा का अधिक से अधिक जनतंत्रीकरण करके हिन्दी काव्य परम्परा को इस प्रकार आगे ही नहीं बढ़ाया, बल्कि समृद्ध भी किया है।

किन्तु इस युग की व्यापक वास्तविकता का एक महत्त्वपूर्ण अंग मध्यवर्गीय जीवन भी है और इस वर्ष मध्यवर्गीय मन के अन्तर्विरोधों को मार्मिकता के साथ चित्रित करने वाली अनेक कविताएँ सामने आई हैं। शिष्ट समीक्षकों तथा पाठकों के बीच इस मान की कविताएँ अपेक्षाकृत अधिक पसन्द की गई हैं। इस दायरे के कवियों में कुछ तो ऐसे हैं जो सचेत रूप से आत्म-समीक्षा करते रहते हैं और अधिकांश अनजाने ही अपने नैराश्यव्यंजक यथार्थ तथा रूमानी सपनों के माध्यम से अपनी असंगति प्रकट करते चलते हैं। पहले प्रकार की रचनाओं में हैं भारत भूषण की ये पंक्तियाँ :

> शप्त जग की तप्त धरती पर झुलसते पैर
> छटपटाते सब अलग, सब समझते हैं गैर
> सूखती समवेदना पोखर सरीखी बन्द
> प्यार के जल से यहाँ पर पनपता है बैर।

परन्तु दूसरी प्रकार की कविताएँ अधिक मार्मिक हो सकी हैं। जैसे शम्भूनाथ सिंह का यह गीत :

> मैं वह पतझर जिसके ऊपर से
> धूल भरी आँधियाँ गुजर गई
> दिन का खँडहर जिसके माथे पर
> अँधियारी साँझ की ठहर गई
> जीवन का साथ छुटा जा रहा
> पुरवैया धीरे बहो।

इस प्रकार की कविताएँ अपने प्यार की रगों पर 'ठंडा लोहा' अनुभव करने वाले संवेदनशील गायक 'भारती', शमशेर की हिन्दी गजलों तथा अश्क की रचनाओं में खिलती हैं।

इसी परम्परा में प्रकृति-मुग्ध तथा प्रणय-लुब्ध युवक कवियों के वे सभी गीत आते हैं जो सहज ही मन को रंजित कर जाते हैं। बहुत दिनों के बाद इस वर्ष शरत

चौमासे पर चन्द्रप्रकाश सिंह के सीधे-सादे प्रकृति-चित्र दिखाई पड़े। निरालाजी के प्रार्थनापरक परिपाटी विहित गीतों में भी इस तरह का एक ताजा गीत झलक गया जो 'पावस चौमासे' पर है।

टेक देखिए :

यह गाढ़तन, आषाढ़ आया
दाह दमक लगी, जग्गी री रैन चैन नहीं
कि बैरन नयन नीर नदी बही।

इस दायरे के उदीयमान कवियों में गिरधर, रमानाथ अवस्थी, केदारनाथ सिंह, शीतलासहाय श्रीवास्तव, रामदरश मिश्र, मार्कंडेय आदि ने इस वर्ष प्रतिभा के जौहर दिखाए हैं। ठाकुर प्रसाद सिंह ने संथाली गीतों का जो अनुवाद प्रस्तुत किया है, उनकी सफलता ने प्राय: उन्हें कवि की मौलिक कृति का गौरव दे दिया है। एक नमूना लें :

तुलसी की झरती है मंजरी
निखर रहे पात रे।
पियवा की बजती है बंसरी रे।
सिहर रहे गात रे।

इन कवियों ने अपनी थोड़ी-सी प्रणयानुभूति को नाना प्रकार के काव्य-रूपों में ढाला है और इस प्रकार ग्राहकों के सीमित दायरे में रुचि का सुखद स्रोत बहाया है।

इस वर्ष की कविता की इन उपलब्धियों के साथ-साथ उन कमजोरियों से भी परिचित होना आवश्यक है, जो रह-रहकर इस स्वस्थ धारा को मरुगामी नहरों की ओर मोड़ देना चाहती है। ये कमजोरियाँ जनवादी तथा मध्यवर्गीय दोनों प्रकार की वास्तविकताओं के चितेरों का भटकाव प्रकट करती हैं। जनवादी कविता का विकृत रूप प्राय: कोरी नारेबाजी में दिखाई पड़ता है जहाँ व्यर्थ की सस्ती उत्तेजना के सिवा और कुछ नहीं रहता। इनका विषय ही नहीं, रूपतत्त्व भी नि:स्व होता है। इस कमजोरी का मुख्य कारण यही है कि उन्हें वास्तविकता की मार्मिक स्वानुभूति नहीं होती, इसीलिए वे चित्रों की भाषा में सोच और लिख नहीं पाते।

मध्यवर्गीय अन्तर्द्वन्द्व वाले कवियों की विकृत परिणति रूपवाद और विशृंखल रूपविधान—इन दो प्रकार की चेष्टाओं में प्रकट होती है। रूपवादी के पास कहने को कुछ नहीं, क्योंकि वह वास्तविकता के प्रति जागरूक नहीं है। इस वर्ष निकली हुई ऐसी अनेक रूपवादी कविताएँ देखी जा सकती हैं, जिनमें से कुछ केवल लय विशेष के लिए लिखी गई हैं तो कुछ केवल दो-तीन सुन्दर शब्दों के लिए और कुछ केवल एकाध प्रतीक-व्यंजना के लिए। इन रूपवादियों से भी होशियार वे शिल्पहीन कलाकार हैं, जो अपनी विशृंखलता को सामाजिक अव्यवस्था का तर्क पहना देते हैं। लेकिन समझने की बात है कि कविता समाज का निष्क्रिय प्रतिबिम्ब नहीं है।

पागलपन का काव्य-रूप अलम्बद्ध प्रलापों की यथातथ अनुकृति नहीं है और न यौनवर्जना की काव्यात्मक अभिव्यक्ति बिखरे मौन प्रतीक हैं। इस प्रकार की असम्बद्ध बातों को किस प्रकार व्यवस्थित काव्य-रूप द्वारा सफलता से प्रेषणीय बनाया जा सकता है, यह धर्मवीर भारती की 'बातचीत का एक टुकड़ा' कविता से सिद्ध है। बिहार के नकेनवादी कवियों ने इस तरह की रूपतत्त्वहीनता का टाल लगा रखा है।

अन्त में इस वर्ष की सम्पूर्ण कविता का सिंहावलोकन करते हुए सर्वप्रथम उभरकर यही तथ्य सामने आता है कि गहरी अनुभूति और व्यापक वास्तविकता की वाणी देनेवाली समृद्ध कविताओं के रचयिता वही कवि हैं जो अपनी मध्यवर्गीय असंगति तथा निरन्तर गतिशील जनशक्ति का अनुभव अचेत या सचेत रूप से कर रहे हैं और धीरे-धीरे मध्यवर्गीय कवियों का बहुत बड़ा समूह अपनी शृंखलाएँ तोड़ने के लिए जनता के स्वरों में साथ दे रहा है। जो कवि सतर्क रूप से इस सामयिकता से कतराते हैं, वे आत्मनिर्मित भूल-भुलैया में चक्कर काट रहे हैं और क्रमशः रूखी-सूखी बौद्धिक सूक्तियाँ लिखते-लिखते या तो कविता लिखना बन्द कर रहे हैं या गद्य के माध्यमों में अपनी कविता की अतृप्ति निकाल रहे हैं। इन सभी अवरोधों को तोड़ती हुई युग की गंगा इस वर्ष के भारतीय जनसमूह को सिक्त करती हुई आगामी वर्ष में प्रवेश करती है।

[काशीनाथ सिंह के व्यक्तिगत संग्रह से प्राप्त टंकित-लिखित आलेख। सम्भवतः 'आज' में प्रकाशित। प्रकाशन की तथ्यात्मक सूचना अनुपलब्ध]

उत्तरी भारत की संत-परम्परा

लगभग पौने आठ सौ पृष्ठों की इस पुस्तक में चतुर्वेदीजी ने आठ सौ वर्षों—12वीं से 20वीं शताब्दी—के संतों और सम्प्रदायों का खाता उपस्थित करके मध्ययुगीन हिन्दी साहित्य के अध्येताओं के लिए बड़ा उपकार किया है, साथ ही उनका भार भी हल्का कर दिया है। हिन्दी क्या अंग्रेजी में भी अब तक अकेली कोई ऐसी पुस्तक न थी जिसमें एकत्र ही नाथों-निरंजनियों, कबीर पंथ, नानक पंथ, दादू पंथ, बावरी पंथ, सतनामी, दरियादासी, चरणदासी, रामसनेही आदि सम्प्रदायों का परिचय प्राप्त होता। अलग-अलग इन मत-मतान्तरों पर पुस्तकें निकल चुकी हैं, परन्तु उनसे सामग्री जुटाकर एक जगह सजाना पर्याप्त श्रमसाध्य है और चतुर्वेदीजी जैसे वयोवृद्ध विद्वान ने यही कार्य किया है। उन्होंने तटस्थ भाव से सम्पूर्ण सामग्री जुटा दी है; न तो उसकी समीक्षा की ओर ध्यान दिया है और न विश्लेषण में हाथ लगाया है। इससे और कोई कमी भले ही आ गई हो परन्तु इस पूर्वग्रहहीनता के कारण किसी संत, पंथ या सम्प्रदाय के सिद्धान्त विकृत होने से बच गए हैं। सम्भव है, चतुर्वेदीजी इस सामग्री के समीक्षात्मक अध्ययन का कार्य भविष्य में उपस्थित करें क्योंकि उनकी योजना के अनुसार यह ग्रंथ तो एक बहुत बड़े ग्रंथ का प्रथम खंड मात्र है। इसके अगले दो भागों में वह 'संत साहित्य' और 'संत मत' पर विचार करने वाले हैं।

जहाँ तक 'संत-परम्परा' में सम्मिलित किए जानेवाले संतों के चुनाव का प्रश्न है, उन्होंने प्रधानतः 'कबीर' से प्रत्यक्ष या अप्रत्यक्ष ढंग से प्रभावित होनेवाले लोगों को ही लिया है। इसके अतिरिक्त कुछ ऐसे लोगों को भी स्थान देना पड़ गया है जो इतर सम्प्रदायों से सम्बद्ध थे; परन्तु इस प्रकार के केवल उन्हीं संतों को लिया गया है जो 'संत-परम्परा में गिने जाते आए हैं।' कौन संत है और कौन असंत, यह विचारणीय प्रश्न है। इधर हिन्दी-समीक्षा में निरगुनिए साधकों को संत तथा सगुणोपासकों को भक्त कहने की रूढ़ि बन रही है। इस दृष्टि से सूर, तुलसी, मीरा आदि को संत-परम्परा से अलग कर दिया जाता है। परन्तु अधिक गहराई में उतरने पर इस प्रकार का विभाजन निराधार और मिथ्या प्रतीत होता है। सूर, तुलसी, मीरा

के समय संत और भक्त का यह अन्तर न था। व्यापक सांस्कृतिक दृष्टि से देखने पर सभी संत-परम्परा के अन्तर्गत आएँगे। इस दृष्टि से सामग्री-चयन करने पर चतुर्वेदीजी की यह पुस्तक और भी समृद्ध तथा पूर्ण हो जाती।

चतुर्वेदीजी ने अपने विषय को मध्ययुग तक ही सीमित रखा होता तो वह अधिक वैज्ञानिक होता। आधुनिक युग में आते ही उनके चुनाव का आधार टूटता दिखाई पड़ता है। यदि महात्मा गांधी को संतों में शुमार करना ठीक है तो रामकृष्ण परमहंस, स्वामी विवेकानन्द, राजा राममोहन राय, केशवचन्द्र सेन, स्वामी दयानन्द तथा रवीन्द्रनाथ ठाकुर को क्यों छोड़ दिया जाए? रविबाबू गांधीजी की अपेक्षा कहीं अधिक कबीर से प्रभावित थे। गांधीजी तो तुलसी और नरसी मेहता जैसे सगुण भक्तों से अधिक प्रेरणा लेते थे। गांधीजी को संत-परम्परा में ग्रहण करने के लिए चतुर्वेदीजी ने वक्तव्य दिया है : 'किन्तु जिस परिस्थिति ने इस परम्परा को सर्वप्रथम जन्म दिया था, उसके प्राय: उसी रूप में वर्तमान रहने के कारण अन्त में महात्मा गांधी के नेतृत्व में एक नई लहर एक बार फिर जाग्रत हो उठती है।'

ऐतिहासिक दृष्टि का धुँधलापन ही इस प्रकार की बातें कहला सकता है। 19वीं शताब्दी का सांस्कृतिक पुनर्जागरण 15वीं शताब्दी के भक्ति-आन्दोलन से तत्त्वत: भिन्न था। एक के मूल में सामन्ती व्यवस्था की मध्यवर्गीय चेतना थी और दूसरे की उन्नायक शक्ति पूँजीवादी युग का उभरता हुआ मध्यवर्ग था। शाश्वतवादी पंडित समाज के इस परिवर्तनशील रूप को नहीं भाँप पाते। इसी ऐतिहासिक चेतना के अभाव में चतुर्वेदीजी ने संत-परम्परा का विकास दिखलाने में भी भ्रान्ति उत्पन्न कर दी है। उन्होंने दिखलाया है कि कबीर साहब ने जिस परम्परा का प्रवर्तन किया वह क्रमश: विकसित होती गई। गुरु नानक के समय में पंथ-निर्माण का सूत्रपात हुआ और यह प्रवृत्ति समन्वय के आधार पर क्रमश: विकास करती गई; वर्तमान युग में आकर अवसर के अनुरूप उसने औद्योगिक कार्यों में भी हाथ लगाया। चतुर्वेदीजी ने इसे संत-परम्परा का स्वाभाविक विकास माना है। पर मध्ययुगीन ह्रास (डिकेडेन्स) का प्रभाव संत-परम्परा पर भी पड़ा, यह दिखाने का प्रयत्न उन्होंने नहीं किया। वस्तुत: ऐतिहासिक दृष्टि से ईसा की 16वीं शताब्दी तक ही संतों का उत्थान-युग था। इसके बाद वह तत्कालीन सामाजिक ह्रास के कारण कुछ स्वार्थी महंतों और सम्प्रदाय-निर्माताओं के चक्कर में पड़ गई। परवर्ती परम्परा सांस्कृतिक विकास का मुख्य अंग न थी। संत-परम्परा का इतिहास मठों के आधार पर नहीं बल्कि समाज की अपेक्षा में उसकी मूल चेतना पर लिखा जाना चाहिए। सम्प्रदायों और मठों का इतिहास लिखने के लिए कोई रोक नहीं परन्तु उसमें यह उल्लेख अवश्य कर देना चाहिए कि यह ह्रास-युग की गौण धारा है और उसने परवर्ती साहित्य तथा सांस्कृतिक जीवन को बहुत कम प्रभावित किया है, साथ ही सामाजिक विकास में बाधक रही है।

इसके सिवा 'संत-परम्परा' के मूल में सामाजिक चेतना को प्रधान न मानकर, एक व्यक्ति 'कबीर' को इतनी प्रधानता देना भी चिन्त्य प्रतीत होता है।

पुस्तक की उपयोगिता 'सहायक साहित्य-सूची' तथा 'शब्दानुक्रमणी' से और भी बढ़ गई है।

[आलोचना : अंक-एक, अक्टूबर, 1951]

छायावादी कवियों की आलोचनात्मक उपलब्धि

प्रसाद, पन्त, निराला, महादेवी

छायावादी कवियों के आलोचनात्मक विचारों का विवरण और उद्धरण बहुत-से लोगों ने दिया है, लेकिन हिन्दी समीक्षा में उनके ऐतिहासिक महत्त्व और मौलिक देन के आकलन की कोशिश बहुत कम हुई है। यहाँ संक्षेप में इन्हीं बातों की ओर संकेत किया जा रहा है।

ऐतिहासिक दृष्टि से प्रसाद, निराला और पन्त ने आचार्य शुक्ल के साथ ही हिन्दी-समीक्षा को प्रौढ़ बनाने में योग दिया है। बीसवीं सदी के तीसरे दशक में हिन्दी समीक्षा प्रौढ़तर प्रयोग की ओर अग्रसर हुई। इसी समय आचार्य शुक्ल ने तुलसी, जायसी और सूर पर अपनी आरम्भिक स्थापनाएँ प्रस्तुत कीं। पन्तजी के 'पल्लव' की ऐतिहासिक भूमिका आई, निरालाजी ने 'पन्तजी और पल्लव' शीर्षक विस्तृत निबन्ध लिखा और प्रसादजी द्वारा 'काव्य और कला' का सूक्ष्म विवेचन हुआ। इन आलोचनाओं का वास्तविक महत्त्व समझने के लिए द्विवेदी-युग की समीक्षा-पीठिका को ध्यान में रखना आवश्यक है। भाषा-व्याकरण सम्बन्धी गुण-दोष वाले काव्य-विवेचन, तारतमिक आलोचना, निर्णयात्मक रुचि, लेखकों और पुस्तक का सतही परिचय आदि की पृष्ठभूमि पर आचार्य शुक्ल तथा छायावादी कवियों के आलोचनात्मक निबन्ध एक नये विचार-लोक का दर्शन कराते हैं। यहीं से हिन्दी समीक्षा संस्कृत काव्यशास्त्र तथा हिन्दी के रीतिवादी रूढ़ मानदंडों से ऊपर उठती है। समीक्षा के नये मान बनते हैं; 'भावों की व्यवच्छेदात्मक व्याख्या' की ओर ध्यान जाता है; सुसंस्कृत सौन्दर्य-दृष्टि का आभास मिलता है; शिल्प-सौन्दर्य की सूक्ष्म परख आरम्भ होती है। संक्षेप में पहली बार हिन्दी समीक्षा में 'सूक्ष्म अन्वीक्षण बुद्धि' और 'मर्मग्राहिणी प्रज्ञा' के दर्शन हुए। छायावादी कवियों के प्रयत्न शुक्लजी की समीक्षा के पूरक बने।

उस युग में 'पल्लव' के प्रवेश ने ब्रजभाषा-काव्य के मूल्यांकन का सन्तुलित मान उपस्थित किया। जिस समय देव और बिहारी की चर्चा बाढ़ पर थी, पन्तजी ने आगे बढ़कर रीति काव्य की सीमाओं पर प्रहार करने का साहस किया। 'तीन फुट

के नख-शिख के संसार' में सीमित कवि-पुंगवों के भाव और भाषा-सम्बन्धी 'शुक्ल प्रयोग' का उद्घाटन कर पन्तजी ने ऐतिहासिक कार्य किया। किन्तु खड़ी बोली के मुकाबले ब्रज-भाषा का विरोध करते हुए भी उन्होंने भक्तिकाव्य की महिमा को स्पष्ट रूप से स्वीकार किया। उन्हीं के शब्दों में 'उस ब्रज की उर्वशी के दाहिने हाथ में अमृत का पात्र और बायें में विष से परिपूर्ण कटोरा है।' उस पुनरुत्थानवादी युग में भी पन्तजी ने केवल विकासशील परम्परा को चुना और उनकी विश्लेषणात्मक बुद्धि ने घोषणा की कि 'उस युग की वाणी में जो कुछ सुन्दर, सत्य तथा शाश्वत है, उसका जीर्णोद्धार कर, उस पर प्रकाश डाल, तथा उसे हिन्दी-प्रेमियों के लिए सुलभ तथा सुगम बना, हमें उसका घर-घर प्रचार करना चाहिए।' 'पल्लव' के 'प्रवेश' ने नूतन काव्य भाषा का शंख फूँका—'हमें भाषा नहीं, राष्ट्रभाषा की आवश्यकता है; पुस्तकों की नहीं, मनुष्यों की भाषा; जिसमें हम हँसते-रोते, खेलते-कूदते, लड़ते, गले मिलते, साँस लेते और रहते हैं, जो हमारे देश की मानसिक दशा का मुख दिखलाने के लिए आदर्श हो सके...।' उत्तरार्द्ध में उस 'प्रवेश' ने उस भाषा के संगीत, छन्द, प्रयोग तथा भेदोपभेद-द्योतक शब्दों पर विचार किया जिसका स्थायी महत्त्व है।

'पल्लव' की आलोचना करते हुए निरालाजी जहाँ अभिनिवेश-मुक्त हो सके हैं, उनकी मर्मग्राहिणी प्रज्ञा ने काव्य की सूक्ष्म से सूक्ष्म विशेषताओं को पकड़ा है और यह निस्सन्देह कहा जा सकता है कि छायावादी कविता के लिए वैसा विदग्ध आलोचक उस युग में और कोई न मिल सका था। वह आलोचना उस समय के मूल्यांकन में अत्यन्त परिष्कृत रुचि का मान स्थापित करती है। इसी प्रकार 'परिमल' की भूमिका मुक्त छन्द का घोषणापत्र बनकर गूँज उठी। मुक्त छन्द का थोड़ा-सा संकेत उनके 'पल्लव' वाले निबन्ध में भी आया है। 'मुक्त छन्द तो वह है जो छन्द की भूमि में रहकर मुक्त है।...मुक्त छन्द का समर्थक उसका प्रवाह ही है।' यह निर्भ्रान्त वाक्य निरालाजी ने उसी युग में लिखा था।

प्रसादजी के 'काव्य और कला' निबन्ध की महत्ता समझने के लिए बाबू श्यामसुन्दर दास के 'साहित्यालोचन' वाले 'ललितकला' प्रकरण और शुक्लजी के कला-विरोधी विचारों को ध्यान में रखना ज़रूरी है। हिन्दी में मूर्त्त और अमूर्त्त के आधार पर ललित कलाओं के तारतमिक भेद का उस समय चलन था। प्रसादजी पहले आदमी थे जिन्होंने इस भ्रम का निराकरण करते हुए स्पष्ट शब्दों में कहा कि 'अन्य सूक्ष्मताओं और विशेषताओं का निदर्शन न करके केवल मूर्त्त और अमूर्त्त के भेद से साहित्य-कला की महत्ता स्थापित नहीं की जा सकती।' क्योंकि यह भेद भौतिक है और रूप दोनों में ही होता है। उनके अनुसार 'अमूर्त्त सौन्दर्यबोध कहने का कोई अर्थ ही नहीं, क्योंकि सौन्दर्यबोध बिना रूप के हो ही नहीं सकता।'

उस निबन्ध से प्रसादजी ने जो दूसरा महत्त्वपूर्ण कार्य किया, वह है भारतीयता के नाम पर फैलाए जानेवाले भ्रम का निराकरण। उन दिनों छायावादी काव्य की अनेक विशेषताओं को अभारतीय कहकर समाज, साहित्य से बहरियाने की हवा थी। प्रसादजी ने बताया कि भारतीयता कोई 'एक' चीज़ नहीं है, उसमें अनेक 'रुचि-भेद' मिलते हैं। इसलिए जिन चीज़ों को एक व्यक्ति अभारतीय कहने का प्रमाण जुटा सकता है, उन्हें ही भारतीय सिद्ध करने के लिए अनेक प्रमाण स्वयं भारतीय वाङ्मय से दिखाये जा सकते हैं, जैसे—अचेतन में चेतनता का आरोप तथा दुःखान्त और तथ्यवादी साहित्य-रचना।

प्रसादजी ने तीसरा भ्रमोच्छेद 'कलावाद' के सम्बन्ध में किया। शुक्लजी को छायावाद में 'कलावाद' की गन्ध मिल रही थी। उसके कारण का पता लगाते हुए उन्हें सूझा कि यह सब पश्चिम की नकल पर काव्य को 'कला' के अन्तर्गत मानने के कारण ही हो रहा है। इसलिए उन्होंने चट भारतीयता का सहारा लिया और दिखाया कि हमारे यहाँ तो काव्य को चौंसठ कलाओं में कभी लिया ही नहीं गया। प्रसादजी ने इस 'हमारे यहाँ' की सीमा का उद्घाटन करते हुए शैवागम की कला-परम्परा को सामने रखा। लेकिन इसका प्रयोजन काव्य को 'कला' के अन्दर जगह दिलाना नहीं, बल्कि शुक्लजी की सीमित भारतीयता को व्यापक बनाना था; साथ ही शुक्ल द्वारा अनाद्रित 'कला' को उपविद्या में स्थान देना भी उद्देश्य था। लेकिन यह सब तो साधन मात्र था। साध्य तो यही था कि 'कला की आत्मानुभूति के साथ विशिष्ट भिन्न सत्ता नहीं।' इसी सिलसिले में कहा हुआ प्रसादजी का वह कथन आर्ष वाक्य की गरिमा को छूता है : ''व्यंजना वस्तुतः अनुभूतिमयी प्रतिभा का स्वयं परिणाम है।' इस वाक्य की व्याख्या करते हुए आगे उन्होंने कहा कि 'सुन्दर अनुभूति का विकास सौन्दर्यपूर्ण होगा ही। कवि की अनुभूति को उसके परिणाम में हम अभिव्यक्त देखते हैं। उस अनुभूति और अभिव्यक्ति के अन्तरालवर्ती सम्बन्ध को जोड़ने के लिए हम चाहें तो कला का नाम ले सकते हैं।' 'अलंकार, वक्रोक्ति और रीति और कथानक इत्यादि में कला की सत्ता' मानते हुए भी उन्होंने अपना मत प्रकट किया कि ''यह सब समय-समय की मान्यता और धारणाएँ हैं।'

इतना होते हुए भी प्रसादजी ने 'कलावाद' का समर्थन नहीं किया। उन्होंने स्वयं यह प्रश्न उठाया कि काव्य में शुद्ध आत्मानुभूति की प्रधानता है या कौशलमय आकारों या प्रयोगों की? इस प्रश्न के उत्तर में उन्होंने उस समय जो स्थापना की, वह आज के प्रयोगवादियों के लिए भी चुनौती है : 'रूप के आवरण में जो वस्तु सन्निहित है वही तो प्रधान होगी।' प्रसादजी ने इस सत्य को ठोस उदाहरण द्वारा स्पष्ट करने के लिए तुलसी और सूर के वात्सल्य-वर्णन की तुलना की और इस क्षेत्र में सूर की श्रेष्ठता का विश्लेषण करते हुए उन्होंने कहा कि शब्द-विन्यास पटुता तथा कला में किसी प्रकार सूर से कम न होते हुए तुलसी राम के वात्सल्य की वैसी

अभिव्यक्ति इसलिए नहीं कर सके कि उनमें इस विषय की आत्मानुभूति की प्रधानता न थी।

कुल मिलाकर प्रसादजी का 'काव्य और कला' निबन्ध उस समय के गिने-चुने युग-निर्माता निबन्धों में से है।

क्रमशः प्रसाद, निराला और पन्त के हाथों और भी समीक्षाएँ सामने आईं और चौथे दशक में अधियाते-अधियाते अपने तुले हुए गुरु-गम्भीर निबन्धों के साथ महादेवीजी भी समीक्षा के मैदान में आ निकलीं। छायावादी समीक्षा समृद्ध हुई। उसका अपना स्थान हो गया।

'हंस' में अक्टूबर, '36 से अप्रैल, '37 तक थोड़े बहुत अन्तर के साथ लगातार प्रसादजी के रस, नाटकों में रस का प्रयोग, नाटकों का आरम्भ, रंगमंच, आरम्भिक पाठ्य काव्य तथा यथार्थवाद और छायावाद निबन्ध प्रकाशित हुए। 'नाटकों का आरम्भ' शोध-पूर्ण' निबन्ध है जिसमें प्रसादजी ने सप्रमाण दिखाया है कि भारत में नाटक का आरम्भ कठपुतलियों से नहीं हुआ। उनका अनुमान था कि कठपुतलियों का प्रचार सम्भवतः पाठ्य-काव्य के लिए हुआ होगा। आधुनिक गीति नाट्यों के लिए उन्होंने प्राचीन काल में 'राग-काव्यों' की परम्परा खोज निकाली। 'रंगमंच' निबन्ध के द्वारा प्रसादजी ने 'रंगमंच' सम्बन्धी प्राचीन पारिभाषिक शब्दों का सही-सही अर्थों में जीर्णोद्धार किया। उन्होंने जीवनिका, कांड-पट, तिरस्करिणी, प्रतिसीरा, ऊपटी आदि पदों के मूल अर्थों पर गम्भीर विचार किया। इसके अतिरिक्त उन्होंने नये नाटकों के अनुकूल नये रंगमंच की स्थापना के लिए शास्त्रीय संबल दिया। प्रसादजी के ये नाटक-सम्बन्धी विचार इस क्षेत्र में अत्यन्त महत्त्वपूर्ण तथा अकेले हैं।

हिन्दी समीक्षा को उसकी दूसरी महत्त्वपूर्ण देन है रस-सिद्धान्त का विशदीकरण। शुक्लजी ने 'साधारणीकरण तथा व्यक्ति वैचित्र्यवाद' निबन्ध में योरोपीय नाटकों के शील-वैचित्र्य को भारतीय रस-सिद्धान्त में सम्मिलित करने के लिए साधारणीकरण के अतिरिक्त एक निम्न कोटि की रसानुभूति की योजना की। प्रसादजी ने इस कल्पना का खंडन करते हुए कहा कि नाटक में अत्याचारी का अत्याचार निम्नकोटि की रसानुभूति उत्पन्न नहीं करता क्योंकि वह तो बीच का व्यापार है, अन्तिम नहीं और रस में फलयोग अर्थात् अन्तिम सन्धि मुख्य होती है। प्रसादजी ने योरोपीय चरित्र-वैचित्र्य के सिद्धान्त को अपनाने के लिए निम्नकोटि की रसानुभूति की कल्पना नहीं की; बल्कि उसे रस के साधन-स्वरूप ग्रहण करने का प्रस्ताव किया जो शुक्लजी से कहीं अधिक वैज्ञानिक है। प्रसादजी के इस सिद्धान्त की पुष्टि उनके 'स्कंदगुप्त' नाटक से भली भाँति होती है।

प्रसादजी की तीसरी देन है छायावाद को यथार्थवाद के परिपार्श्व में रखकर देखना। अंग्रेजी समीक्षा में बहुत दिनों तक 'रोमैंटिसिज़्म' को 'क्लासीसिज़्म' के

विपरीत समझते हुए विचार होता रहा, परन्तु पीछे विज्ञ समीक्षकों ने इस भूल का परिहार किया और 'रोमैंटिसिज़्म' को 'रियलिज़्म' के विपरीत मानकर देखने की चर्चा चलाई। हिन्दी में 'छायावाद' के साथ यह दुर्घटना तो नहीं हुई, लेकिन इसे भी रीति काव्य और द्विवेदीयुगीन इतिवृत्तात्मकता की विपरीतता का दंड भोगना पड़ा। 'स्थूल के विरुद्ध सूक्ष्म का विद्रोह' कहने की हवा-सी चल पड़ी। प्रसादजी पहले आदमी हैं जिन्होंने 'छायावाद' को ठीक-ठीक समझने के लिए उसके विपरीत 'यथार्थवाद' को खड़ा किया और उन्होंने इन्हीं दोनों को युग की प्रधान प्रवृत्ति माना।

प्रसादजी ने जब श्री हरिश्चन्द्र को यथार्थवाद का प्रवर्त्तक कहा तो एक बहुत बड़े सत्य को पहली बार मान्यता मिली जिसे आगे चलकर प्रगतिशील आलोचक डॉ. रामविलास ही भाँप सके, अन्यथा उस समय तक और कोई समीक्षक भारतेंदु की इस विशेषता को न पहचान सका था। इतना ही नहीं, प्रसादजी ने यह भी लक्षित किया कि श्री हरिश्चन्द्र का आरम्भ किया हुआ यथार्थवाद आगे भी पल्लवित होता रहा। उन्होंने यथार्थवाद को जो परिभाषा दी, वह अपने आधारभूत रूप में आज भी सही है : 'महत्ता के काल्पनिक चित्रण से अतिरिक्त व्यक्तिगत जीवन के दुःख और अभावों का वास्तविक उल्लेख।...उस व्यापक दुःख संवलित मानवता को स्पर्श करनेवाला साहित्य यथार्थवादी बन जाता है।'

उन्होंने जहाँ इस यथार्थवाद की महिमा स्वीकार की, वहाँ मनोविश्लेषणवादी लेखकों की भर्त्सना भी की और उनके लिए यथार्थवाद से भिन्न 'तथ्यवाद' शब्द का प्रयोग किया। अंग्रेज़ी के 'नेचुरलिज़्म' के लिए हिन्दी में आजकल चलनेवाले 'प्रकृत-वाद' शब्द से प्रसादजी का चलाया हुआ 'तथ्यवाद' शब्द कहीं अधिक उपयुक्त है।

जहाँ तक 'छायावाद' की व्याख्या का सम्बन्ध है, उसके विषय में यह तो निस्सन्देह कहा जा सकता है कि प्रसादजी ने उसे अतीत परम्परा से जोड़कर बहुत बड़ा काम किया। हाँ, उस खींचतान में कहीं-कहीं किंचित् अतिरेक भी हो गया है। 'अनुभूतिमय आत्मस्पर्श' को उन्होंने जो छायावाद की कुंजी बताई, वह भी बड़ी महत्त्वपूर्ण वस्तु है। यह भी वस्तुतः 'आत्मा की संकल्पानात्मक अनुभूति' से ही जुड़ी है। प्रसादजी ने छायावाद के सम्बन्ध में फैले हुए एक बहुत बड़े भ्रम का खंडन किया। वह यह कि आचार्य शुक्ल जैसे पंडित भी प्रकृति-चित्रण मात्र को छायावादी काव्य का पर्याय समझने लगे थे। उन्होंने स्पष्ट शब्दों में कहा कि 'यद्यपि प्रकृति का आलंबन, स्वानुभूति का प्रकृति से तादात्म्य नवीन काव्य-धारा में होने लगा है, किन्तु प्रकृति से सम्बन्ध रखनेवाली कविता को ही छायावाद नहीं कहा जा सकता।'

इन सबके पीछे प्रसादजी का एक जीवन-दर्शन है और यह उनकी समीक्षा की बहुत बड़ी विशेषता है। वे उन लोगों में नहीं थे जिनका मानदंड व्यक्ति और रचना के अनुसार बार-बार बदलता रहता है। जीवन-दर्शन की दृढ़ता ने उनके समस्त

विचारों में एकसूत्रता दे दी थी। शुक्लजी के अतिरिक्त उस युग के किसी समीक्षक में यह एकसूत्रता नहीं मिलती।

निरालाजी के आलोचनात्मक विचारों की विशिष्ट देन काव्य-भाषा तथा शिल्प-रचना के क्षेत्र में है। उन्होंने प्रसादजी की तरह जमकर किसी विषय पर दूर तक विचार नहीं किया और मूल्यांकनों में भी प्राय: वे 'रुचि के राजा' रहे, इसीलिए उनके यहाँ इधर-उधर केवल चमकते हुए सूत्र ही मिलते हैं। 'प्रबन्ध-पद्म' में संकलित 'साहित्य और भाषा' निबन्ध में निरालाजी ने बड़े ही सुन्दर ढंग से राष्ट्रभाषा, काव्य-भाषा तथा जन-भाषा का पारस्परिक सम्बन्ध दिखलाया है। उन्होंने उसमें बड़े पते की बात कही है कि 'गैर लोगों को अपने में मिलाने का तरीका भाषा को आसान करना नहीं, न मधुर करना, उसमें व्यापक भाव भरना और उसी के अनुसार चलना है।' छायावादी कवियों पर प्राय: अस्पष्टता तथा सूक्ष्मता का आरोप लगाया जाता है परन्तु निरालाजी के शब्दों में मूर्तिमत्ता का आग्रह देखिए। उसी पुस्तक के 'काव्य में रूप और अरूप' निबन्ध का आरम्भ ही इस प्रकार होता है : 'प्राय: सभी कलाओं के लिए मूर्ति आवश्यक है। अप्रतिहत मूर्ति—प्रेम ही कला की जन्मदात्री है, जो भावनापूर्ण सर्वांग सुन्दर मूर्ति खींचने में जितना दत्त-चित्त है, वह उतना बड़ा कलाकार है।' इस उद्धरण को प्रसिद्ध रूसी विचारक वेलेंस्की के उस कथन के साथ रखकर देखना चाहिए जहां 'मूर्तियों में सोचने' को कला तथा 'चित्रमयी भाषा' को कविता कहा गया है। उसी निबन्ध में निरालाजी ने काव्य में 'विराट भावनाओं तथा 'विराट चित्रों' की ओर कवियों का ध्यान आकृष्ट किया है।

'प्रबन्ध-प्रतिमा' का 'मेरे गीत और कला' निबन्ध हिन्दी के नाद--संगीत का सूक्ष्म-विवेचन करने में अग्रणी है। अनेक उदाहरणों से निरालाजी ने दिखलाया है कि हिन्दी का व्यंजन-संगीत संस्कृत से मूलत: भिन्न है। इस तथ्य को उन्होंने 'श' 'ण' 'व' बनाम 'स' 'म' 'ब' प्रतीक-व्यंजनों से प्रमाणित किया है। उसी में निरालाजी ने कला-सौन्दर्य की कुंजी बतलाते हुए महत्त्वपूर्ण सूत्र दिया है कि 'कला केवल वर्ण, शब्द, छन्द, अनुप्रास, रस, अलंकार या ध्वनि की सुन्दरता नहीं, किन्तु इन सभी से सम्बद्ध सौन्दर्य की पूर्ण सीमा है। आगे अपने गीतों की विशेषता बतलाते हुए उन्होंने गीतों की अखंडता तथा एकसूत्रता पर बल देकर गीतों के क्षेत्र में एक नया कदम उठाया। नि:सन्देह 'गीतों की कला इनके सम्पूर्ण रूप में है, खंड में नहीं। यह ऐसी रचना नहीं कि सूक्ति-रूप का एक अंश उद्धृत किया जा सके।' इसी प्रकार 'कला के विरह में जोशी बन्धु' निबन्ध लिखकर निरालाजी ने समूचे प्राचीन साहित्य की आध्यात्मिक व्याख्या करनेवाले असीम-अनन्तवादी लोगों की अच्छी खबर ली है।

निरालाजी के आलोचनात्मक प्रयत्न प्रसाद और पन्तजी से इस मामले में भिन्न हैं कि उन्होंने साहित्य-विधायक सामाजिक समस्याओं की ओर विशेष ध्यान दिया।

इसलिए इनकी आलोचनाओं में अक्सर अखबारनवीसी तथा ऐकान्तिकता (पोलेमिक्स) का स्वाद मिलता है।

पन्तजी ने आलोचनाएँ बहुत कम लिखी हैं। उनका प्रधान समीक्षा-कार्य 'पल्लव' 'आधुनिक कवि' माला सं. 2 और 'उत्तरा' की भूमिकाएँ हैं। इधर उन्होंने रेडियो से कई वार्ताएँ भी प्रसारित की हैं, जिनमें 'प्रयोगशील कविता' सम्बन्धी परिसंवाद की भूमिका तथा 'यदि मैं कामायनी लिखता' विशेष महत्त्वपूर्ण हैं।

'पल्लव' की भूमिका के ये कतिपय सूत्र हिन्दी समीक्षा के अमूल्य रत्न हैं :

'कविता के लिए चित्र-भाषा की आवश्यकता पड़ती है।'

'भाव और भाषा का सामंजस्य, उनका स्वरैक्य ही चित्र-राग है।'

'हिन्दी का संगीत केवल मांत्रिक छन्दों ही में अपने स्वाभाविक विकास तथा स्वास्थ्य की सम्पूर्णता प्राप्त कर सकता है।'

'कवित्त को हम संलापोचित छन्द कह सकते हैं।'

'काव्य-संगीत के मूल तन्तु स्वर हैं, न कि व्यंजन।'

'ध्वनि-चित्रण को छोड़कर अन्यत्र व्यंजन-संगीत भावना की अभिव्यक्ति को प्रस्फुटित करने में प्राय: गौण रूप से सहायता मात्र करता है।'

'वाणी का राग तुक की पुनरावृत्ति से स्पष्ट तथा परिपुष्ट होकर लय-युक्त हो जाता है।'

इनके अतिरिक्त भिन्न-भिन्न भावों के अनुकूल छन्द-निर्देश करने में पन्तजी ने अद्‌भुत संगीत-मर्मज्ञता का परिचय दिया है। हिन्दी-पिंगल के क्षेत्र में उनकी वह सर्वथा मौलिक देन है।

'आधुनिक कवि' संग्रह का 'पर्यालोचन' एक छायावादी कवि के प्रगतिशील काव्यधारा में ढलने वाली मनोदशा का सही चित्र है। उसमें आत्म-समीक्षा के साथ-साथ छायावाद के ह्रास के कारणों का भी वैज्ञानिक विवेचन मिलता है। 'इसलिए एक ओर वह निगूढ़, रहस्यात्मक, भाव-प्रधान और वैयक्तिक हो गया, दूसरी ओर केवल टेकनीक और आवरण मात्र रह गया।' परवर्त्ती छायावाद के लिए इससे अधिक उपयुक्त आलोचना और क्या हो सकती थी! उस निबन्ध में प्रगतिशील विचारधारा सम्बन्धी स्थापनाएँ प्राय: कवि की अध्यात्मवादी मान्यताओं से आक्रान्त होने के कारण उस युग के प्रगतिशील चिन्तन की सीमाएँ ही अधिक बतलाती हैं। 'उत्तरा' की भूमिका भी इसी प्रकार के अभिनेवश से ग्रस्त है। प्राय: दार्शनिक गुत्थियों में अवैज्ञानिक तथा कुछ उलझे हुए होने पर भी पन्तजी ने काव्य-समीक्षा में बड़ी ही स्पष्ट और निर्भ्रान्त स्थापनाएँ की हैं।

प्रयोगशील कविता वाले परिसंवाद में पन्तजी ने हिन्दी के 'क्लासिकल' तथा 'छायावादी' काव्य पर अत्यन्त सन्तुलित विचार दिया है। उनके अनुसार 'क्लासिकल' अथवा प्राचीन काव्य में हमें शाश्वत तथा उदात्त के प्रति गम्भीर आकर्षण, चिरन्तन

मान्यताओं के प्रति अटल विश्वास तथा सार्वलौकिकता के प्रति एक असंदिग्ध आग्रह मिलता है। 'उसमें एक ओर चरित्र की महत्ता और दूसरी ओर वस्तु-जगत का स्थायित्व दृष्टिगोचर होता है।' इसके विपरीत 'छायावाद में शाश्वत तथा उदात्त का स्थान रहस्य ने ले लिया, वस्तुजगत् का स्थान भाव-जगत् और सार्वलौकिकता का स्थान वैयक्तिकता ने ग्रहण कर लिया। उसने वास्तविकता की उपेक्षा कर स्वप्न तथा आशा की सृष्टि की और कल्पना का पट चुना। प्राचीन काव्य में भाव और वस्तु-जगत् में एक सन्तुलन तथा तादात्म्य मिलता है; 'छायावाद ने वस्तु-जगत् को अपनी भावना की तूली से रँग दिया है।' इसी तरह उन्होंने प्रयोगशील कविता की अस्थिर वास्तविकता तथा रूपवादिता को भी पहचानने की चेष्टा की है।

पन्तजी की समीक्षाओं में निरालाजी के विपरीत शुद्ध समीक्षक की सी विश्लेषण-क्षमता तथा सन्तुलन मिलता है। इस मामले में उनकी भाषा सभी छायावादी कवियों की आलोचनाओं से अधिक समीक्षोचित तथा कम काव्यात्मक है।

'विवेचनात्मक गद्य' में महादेवीजी के जितने निबन्ध संगृहीत हैं उनका अधिकांश किसी-न-किसी कविता पुस्तक की भूमिका है। कुछ निबन्धों में दार्शनिक उड़ान अधिक है, किन्तु प्राय: महादेवीजी की चिन्तन-गुरुता गहरी अनुभूति का परिणाम प्रतीत होती है। इनकी समीक्षा सभी छायावादियों से अधिक काव्यात्मक है; इसीलिए वह उतनी पैनी नहीं है जितनी चित्रात्मक और उदाहरणोपेत। छायावाद की स्वच्छंद भावना की पूर्व परम्परा दिखाने का जो कार्य प्रसादजी ने आरम्भ किया था, उसे महादेवीजी ने वैदिक और पालि-प्राकृत काव्य के उदाहरण से और भी समृद्ध कर दिया। छायावाद सम्बन्धी सभी आलोचनाओं का उत्तर महादेवीजी को देना पड़ा। इसलिए उन्होंने बड़े विस्तार से छायावाद में प्रकृति, नारी-भावना, कल्पना, दुःखवाद, स्वानुभूतिमयी अभिव्यक्ति, राष्ट्रीयता आदि का सोदाहरण विवेचन किया। कहना न होगा कि छायावाद सम्बन्धी भ्रमों का उच्छेद करने में महादेवीजी ने सभी छायावादी कवियों से अधिक काम किया।

इसी तरह 'गीतिकाव्य' शीर्षक उनका निबन्ध इस विषय पर अपने ढंग का पहला महत्त्वपूर्ण निबन्ध है। उनके द्वारा दी हुई गीत की यह परिभाषा थोड़ी-सी परिभाषा-गत सीमाओं के बावजूद आर्षवाक्य बन गई है—'साधारणत: गीत व्यक्तिगत सीमा में तीव्र सुख-दु:खात्मक अनुभूति का वह शब्द-रूप है, जो अपनी ध्वन्यात्मकता में गेय हो सके।'

'यथार्थ और आदर्श' निबन्ध में सम्पूर्ण भारतीय काव्य-परम्परा में इन दोनों प्रवृत्तियों का निरूपण करते हुए महादेवीजी ने यह निष्कर्ष निकाला है कि 'जिन युगों में हमारी यथार्थ-दृष्टि को स्वप्न-सृष्टि से आकार मिला है और स्वप्न-दृष्टि को यथार्थ-सृष्टि से सजीवता, उन्हीं युगों में हमारा सृजनात्मक विकास सम्भव हो सका है।' यह विशेषता आर्षकाव्यों में ही मिलती है। महादेवीजी ने इस सूत्र के द्वारा

वर्तमान युग के एकांगी यथार्थवादियों के लिए बहुत बड़ी चेतावनी दी है। वे कवि के आदर्श का स्रोत बतलाते हुए आगे कहती हैं : 'जीवन के प्रति स्वयं आस्थावान होने के कारण कवि का विश्वास भी एक आदर्श बनकर उपस्थित होता है।' इस आदर्श की सीमा तथा असीमता बतलाते हुए उन्होंने बड़ी महत्त्वपूर्ण बात कही है कि 'अपने युग-सीमित आदर्श को स्वीकार करके भी कवि उसे विस्तृत विविधता के साथ व्यक्त करते आ रहे हैं।'

'सामयिक समस्या' निबन्ध प्रगतिशील आन्दोलन द्वारा उत्पन्न साहित्यिक समस्याओं का उद्‌घाटन करता है। प्रसंगात् मनोविश्लेषणवादियों की भी आलोचना की गई है। इस निबन्ध में आरम्भिक प्रगतिवादी साहित्यकारों की उग्र बुद्धि को रास्ते पर लाने के लिए अनेक महत्त्वपूर्ण सूत्र दिये गए हैं। जैसे परम्परा पर यह विचार : 'विविध युगों की कला और काव्य का जो उत्कृष्ट रूप हमें मिलता है, उससे हमारा विरोध नहीं हो सकता और न होना चाहिए। विरोध हमारा उस व्यवस्था से रहेगा जिसने इन मूल्यों को कुछ व्यक्तियों तक सीमित रखा।'

सनातन, चिरन्तन, शाश्वत जैसे शब्दों का उपहास करने वालों के लिए इन शब्दों की यह व्याख्या—'सनातन से अस्तित्व मात्र का बोध होता है, चिरन्तन उसके बहुत पीछे से चले आने को सूचित करता है और शाश्वत में हमें जीवन की मूल चेतना की क्रमबद्धता का संकेत मिलता है।'

अन्त में उन्होंने मध्यवर्गीय कलाकार की सामाजिक स्थिति का सहानुभूतिपूर्ण विश्लेषण करते हुए व्यापक मानवतावादी साहित्य-रचना की आवश्यकता पर बल दिया है। महादेवीजी के इन निबन्धों में प्रसंगात् अनेक महत्त्वपूर्ण सूत्र झलक मारते चलते हैं। उनका संग्रह अपने-आपमें बहुत बड़ा काम है।

छायावादी कवियों की इन समीक्षाओं का महत्त्व इस बात में है कि ये उनके साहित्य-सृजन के अनुभवों से उत्पन्न हुई हैं। इसीलिए ऐसी समीक्षाएँ अधिक सृजनात्मक प्रभाव लिये हुए होती हैं। इनका महत्त्व किसी विषय अथवा समस्या सम्बन्धी विवेचना की पूर्णता, व्यवस्था अथवा सांगोपांगता में नहीं बल्कि मौलिक संकेतों में है। इन समीक्षाओं ने अपने युग के साहित्य-सृजन का ही मार्ग नहीं प्रशस्त किया, बल्कि अनेक आलोचकों को भी जन्म दिया। पं. नन्ददुलारे वाजपेयी, शान्तिप्रिय द्विवेदी, डॉ. नगेन्द्र आदि समीक्षक छायावादी कवियों की समीक्षा की ही उपज हैं। इन्हीं कवियों से प्रभावित होकर हिन्दी में ऐसी भी समीक्षाएँ आईं जिन्हें 'प्रभाववादी' कहा गया और आचार्य शुक्ल ने अपने इतिहास में इनकी खूब खबर भी ली। लेकिन यह उसकी एक शाखा मात्र है। वस्तुत: छायावाद की मूल स्वच्छन्द भावना जगत् के प्रति एक व्यापक दृष्टिकोण था, जो केवल कविता में ही नहीं, बल्कि उस युग के उपन्यास, कहानी, नाटक, आलोचना आदि सभी साहित्य-रूपों में अभिव्यक्त हुआ। इसलिए छायावादी समीक्षा छायावादी सांस्कृतिक चेतना का ही एक अंग है और

छायावादी कविता से अंगागि भाव से जुड़ी हुई है। यह विशेष दृष्टिकोण पीछे छूट सकता है, लेकिन इससे प्रसृत समीक्षा ने निस्सन्देह हिन्दी–समीक्षा के मान निर्मित करने में महत्त्वपूर्ण योग दिया है, साथ ही उसने पाठकों की आलोचनात्मक रुचि को परिष्कृत किया है।

['हिन्दी के आलोचक', संपादक : शचीरानी गुर्टू, 1955, आत्माराम एंड संस, कश्मीरी गेट, दिल्ली में संकलित]

दूसरा सप्तक

'दूसरा सप्तक' सात कवियों का एक कविता-संग्रह है जिसमें सम्पादक की भूमिका के अतिरिक्त कवियों का आत्म-परिचय तथा कविता-सम्बन्धी वक्तव्य भी है। समूचा संग्रह एक विचारधारा अथवा काव्य-धारा का नमूना माना जाए इसका संकेत न तो संकलित कवियों में से किसी के वक्तव्य में मिलता है और न सम्पादक की भूमिका में। परन्तु 'दूसरा सप्तक' नाम तथा 'तारसप्तक' के सम्पादक अज्ञेयजी द्वारा इसका भी सम्पादन भ्रम पैदा कर सकता है—विशेषत: उनको जो कविताओं के अनुशीलन की अपेक्षा योजना के पूर्वग्रह से ही निष्कर्ष निकालने के आदी हैं। यह इसलिए कहना पड़ता है कि 'तारसप्तक' में संकलित कवियों के साथ भी यही व्यवहार हुआ। प्राय: अज्ञेयजी के काव्य सम्बन्धी विचार शेष अन्य कवियों के ऊपर भी आरोपित हुए। 'तारसप्तक', 'दूसरा सप्तक' नाम से एक 'सप्तक माला' अथवा 'सप्तक परम्परा' का आभास मिलता है और ऐसा प्रतीत होता है कि 'दूसरा सप्तक' के कवि 'तारसप्तक' की विचारधारा तथा योजना की पुष्टि में प्रयुक्त हुए हैं। अस्तु, हमारे सामने विचारणीय प्रश्न दो हैं :

1. संकलित कवियों की कविताओं तथा वक्तव्यों का तुलनात्मक रूप से अध्ययन;
2. सम्पादक की भूमिका तथा संकलन के उद्देश्य के साथ संकलित कवियों की तुलना।

भवानीप्रसाद मिश्र (1913 ई.—1958 ई.) क्रम की दृष्टि से सबसे पहले आते हैं। अपने द्वारा अपनी कविताओं के बारे में बहुत कम कहते हुए भी उन्होंने कविताओं की सहज भावभूमि पर अनायास-सी प्रतीत होती व्यंजना के द्वारा अपना व्यक्तित्व मूर्तिमान कर दिया है। यह व्यक्तित्व है—मस्ती। वे 'बहुत मामूली रोजमर्रा के सुख-दुख', 'यथासम्भव बोलचाल के करीब की भाषा' में कहना चाहते हैं और इसके बाद भी 'बड़ा दिखने' का आदर्श सामने रखते हैं। न तो लम्बा-चौड़ा दर्शन का वाद बघारने का दम्भ है और न 'उसका सोच जिसे टेकनीक कहते हैं।' 'टेकनीक में सहज लक्ष्य ही मेरे बन जाएँ, ऐसी कोशिश है।' बड़ी से बड़ी बात सहज ढंग से कह जाना भवानीप्रसादजी का काम है। कविताओं में 'केला के पात पात में पात' की सी

अन्विति ऐसी है कि बीच से एक या दो पंक्ति उद्धृत कर चमत्कार नहीं दिखाया जा सकता, जैसे वह 'कमल के फूल' हो या 'गीतफरोश'।

सीधी-सादी रेखाओं में प्रकृति का यथार्थ चित्रण और वह भी किसी रूमानी प्रकृति का नहीं बल्कि 'सतपुड़ा के घने जंगलों' का, यही उनका स्वभाव है। 'मंगल वर्षा' गँवई हृदय की सहज आकांक्षा से लिपटा हुआ लोकगीत का खड़ी हिन्दी में रूपान्तर-सा है।

जहाँ— अन्ध प्राण ही बही, उड़े पंछी अनमोले री
फिसली सी पगडंडी, खिसली आँख लजीली री
इन्द्रधनुष रंग रँगी, आज मैं सहज रँगीली री
ऊँचे-ऊँचे पैंग हिंडोला सरग-नसेनी री!
और सखी सुन मोर! विजन वन दीखे घर-सा री।

'विजन वन का घर सा दीखना' गँवई सहृदयता की झलक है। गीत के ढाँचे में नाटकीय ढंग से कहानी कह जाना भवानीप्रसादजी का ही कौशल है। 'सन्नाटा' स्वयं बोलता है :

लो पहले अपना नाम बता दूँ तुमको
फिर चुपके चुपके धाम बता दूँ तुमको
फिर चौंक नहीं पड़ना यदि धीमे-धीमे
मैं अपना कोई काम बता दूँ तुमको।

बेचारे सन्नाटे पर 'जनश्रुतियों का पहरा है' और वह समझ नहीं पाता कि लोग उससे डरते क्यों हैं, क्योंकि :

बस एक बात है, वह केवल है ऐसी
कुछ लोग यहाँ थे, अब वे यहाँ नहीं हैं।

भवानीप्रसादजी सूक्तियाँ भी कहते हैं तो ईमानदारी से सरस हो उठती हैं :

तापित को स्निग्ध करे
प्यासे को चैन दे,
सूखे हुए अधरों को
फिर से जो बैन दे
ऐसा सभी पानी है!

'सभी' शब्द में सारी मार्मिकता सजीव हो उठी है। रूढ़ि और बन्धन-मुक्त होने में टूटने का सुख है ही, 'इस दिशा से उस दिशा तक छूटने का सुख' तो गजब का है!

और ऐसी ही बहती भाषा में 'गीतफरोश' का तीखा व्यंग प्रस्फुटित होता है। लहजे में पलों की स्वाभाविकता के साथ वणिक सभ्यता पर कठोर प्रहार किया गया है जो 'आत्म-व्यंग' के माध्यम से मार्मिक हो उठा है। 'जी' 'जी' की झड़ी के बीच कवि कहता है :

जी हाँ हुजूर, मैं गीत बेचता हूँ!
इनमें से भाए नहीं, नये लिख दूँ?
जो नये चाहिए नहीं, गए लिख दूँ?
इन दिनों कि दुहरा है कवि-धन्धा
हैं दोनों चीजें व्यस्त—कलम, कन्धा।
कुछ घंटे लिखने के, कुछ फेरी के...

गांधीवादी आदर्शवाद ने उन्हें भाव-भाषा में सादगी के साथ युग-सत्य के यथार्थ अंकन की दृष्टि भी दी है। ऐसी मस्ती को इसीलिए व्याकरण के नियमों की भी परवाह कम है।

शकुन्त माथुर (1922 ई.) यदि इस संग्रह में न आतीं तो हिन्दी साहित्य में कवि की पत्नी (श्री गिरिजाकुमार माथुर की) के रूप में ही परिचित रहतीं।

सम्पादक की यह नई खोज संग्रह में वैयक्तिक वैशिष्ट्य का योग न देते हुए भी कवि यश:प्रार्थिनी एक मध्यवर्गीय विवाहिता नारी की तमाम आकांक्षाओं और मजबूरियों को साकार कर देती है। उन्हीं के शब्दों में, पति की कविताओं के सामने उनकी कविता शर्मिन्दा हो जाती है। और शर्म की यह कुंठा उनकी सभी कविताओं में व्याप्त है। कहीं-कहीं तो 'केसर रंग रँगें' की छाप भी आ गई है। पति की तरह उनमें भी ड्राइंगरूम की रंगीनी, प्रणय के रास-रंग के साथ जीवन की दूभरता की झाँईं मिलती है। युग-सत्य को दूर से देखने की दृष्टि, साहस तथा आकांक्षा है। पति की 'छाँहों' से मुक्त होने पर यह अधिक विकसित हो सकेगी। नारी-सुलभ अबोध माधुर्य से इनकी कविताएँ कहीं-कहीं सिक्त हो उठी हैं :

आज मुझे लगता संसार खुशी में डूबा
क्यों?
जान बूझकर नहीं जानती।

अथवा

कठोर सत्य : भारी है जीवन
झूठे बोझों से
जो नहीं छूते हैं
जरा भी जीवन।

हरिनारायण व्यास (1923 ई.-2013 ई.) 'एकान्त पसंद' और 'देहाती व्यक्तित्व' के कारण सामाजिक जीवन से घबराने वाले होकर भी कविताओं में ग्रंथिरहित और कुंठाहीन दिखते हैं। वक्तव्य प्राय: स्वतंत्र निबन्ध-सा लगता है जिसमें व्यक्तिवाद तथा व्यक्ति समाज-सम्बन्ध की लम्बी चर्चा के बीच लगे हाथों छायावाद, शेखर तथा 'तारसप्तक' पर भी राय दी गई है। चिन्तन अध्ययनपगा तथा सुलझा प्रतीत होता है। बात बेलौस सफाई से कही गई है। 'तारसप्तक' के सैद्धांतिक व्यक्तव्यों में से कुछ से होड़ लेता है।

'तारसप्तक' से अपनी भिन्नता बतलाते हुए वे कहते हैं : 'सामाजिक स्थिति और उसके बुद्धिवाद ने उसको अन्त:संघर्ष दिया तो मुझे उस बुद्धिवादिता से बाह्य संघर्ष के लिए प्रेरणा मिली। साथ ही प्रगतिशील शक्तियों से सामंजस्य के लिए भी उन्मुख हुआ।' उनका 'सामाजिक व्यक्तित्व' जो अनुभूतियों की नई मूर्तियाँ पैदा करता है। वे देखते हैं कि :

रुग्ण जन-जन
हर चरण पर भीति से बिजली सरीखा काँपता
तोड़ने आतुर हुआ यह क्षुद्र बन्धन
आज कर पीले नयन में ज्योति का धुँधला सपन।
जल रहीं प्राचीनताएँ बाँध छाती पर मरण का एक क्षण।

निश्चय ही जनता की आँखों में जो ज्योति का सपना है, वह कुछ धुँधला है अन्यथा वह इस कदर काँपता नहीं। परन्तु शीघ्र ही जनविजय के विश्वासी कवि को 'मुक्ति का आभास' मिलता है :

और भिनसारा पुलक कर बाँटता है प्यास!
और टूटे कर बढ़ाकर झेलते खँडहर
अजानी आस

हरि व्यास ने नेहरूजी पर एक कविता संग्रह में दी है जिसमें जोरदार पंक्ति एक ही है :

आज तेरा देश तेरे हाथ की तलवार है
तू उसे जग शान्ति हित कर में उठा।

'शरणार्थियों' पर बहुतों ने कविताएँ लिखी हैं, साँपों के प्रतीक से अज्ञेयजी ने भी गुँजलकें बनाई हैं, परन्तु हरि व्यास की कविता जैसी शक्ति कम स्थानों में देखने में आई।

उनके शरणार्थी की 'आँख के परदे लदे हैं रुंड-मुंडों के भयानक चित्र से' फिर भी तम्बुओं में पड़े हुए वे 'गिन रहे हैं कल्पना के फूल की पंखुरी।' उनके चारों तरफ 'गिर रही हमदर्दियों की फुलझड़ी!' लेकिन वे माँगते हैं :

ओ दया के दूत हमको दो फकत दो-चार गेंती और कुदाली

क्योंकि :

हम हमेशा बंदियों के वस्त्र सी यह शरण की
'याचना सज्जा' पहन
जीते नहीं रह पाएँगे।

शरणार्थी को स्वाभिमान तथा पौरुष का दृप्त स्वर हरिव्यास ही प्रदान कर सकते हैं।

जहाँ 'तारसप्तक' के कवि के लिए 'निसर्ग' एक आत्म-भर्त्सना का स्थान बना, हरि व्यास के लिए 'प्रेरणा-भूमि'।

बौछार ज्योति की बरस गई
झर गई बेल से किरन जुही।

जो लोग प्यार की मीठी अभिव्यक्ति में युग के सामाजिक सत्य को बाधक समझते हैं, हरि व्यास की 'एक मित्र से' कविता देखें। जो मित्र 'इस सृष्टि की उद्भावना के निज अधूरे ज्वाल में लिपटे मिलन की माँग करते दो दिशाओं में लटकते चित्र हैं', वे 'आलोक की उज्ज्वल लकीरों के सहारे चलकर साथ होते हैं' किन्तु जब देखते हैं कि :

मूक शिशुओं के अधर की प्राणदा पय-धार
नभ का चाँद बनकर हो गई दूर

तो वे 'जन समुंदर के किनारे समय की बालुओं पर अपने युगल पदचिह्न बनाने के लिए' चल पड़ते हैं और अन्त में कोटिजन की सिंधु लहरों में अपनापन मिला देते हैं।

हरि व्यास में बिना लाग-लपेट के सीधी बात कहने का अपना ढंग है जो कभी मुक्तिबोध के प्रलम्बित विशेषण-बहुल वाक्य-विन्यास का रंग लेकर बिगड़ उठता है और प्रायः चुस्ती में निखर उठता है। मुक्त छंदों में भाव-भेद से अभी लयभेद नहीं आ पाया है अतः एकरसता मिलती है और कभी-कभी औपम्य भी दूरारूढ़ हो जाता है।

शमशेर बहादुर सिंह (1911 ई.—1993 ई.) ने अपना काव्यानुभव सबसे अधिक विस्तार से बताया है और यह स्वाभाविक भी है क्योंकि उन्होंने शैली, शिल्प-क्रियाकल्प तथा कलात्मक साज-सँवार में बहुत अधिक काम किया है। शमशेर का वक्तव्य इसी माने में महत्त्वपूर्ण है कि उसमें आत्मनिर्माण की बनी रेखाएँ परदा हटाकर ज्यों की त्यों दिखा दी गई हैं; उसमें पांडित्य प्रदर्शन की जगह आत्म-निरीक्षण अधिक है। उनकी कोशिश यह रही है कि 'हर चीज की, हर भावना की, जो अपनी एक भाषा होती है जिसमें वह कलाकार से बातें करती है, उसको सीखूँ।' इस दिशा में 'ज्यादातर अंग्रेजी की मौजूदा कविता, खास तौर से टेकनीक में' विशेष सहायता मिली है शायद इसीलिए शमशेर में विलायतीपन अधिक दिखाई पड़ता है। 'उर्दू की गजलियत और उलझे हुए भावों को लिये हुए सपनों की सी चित्रकारी और कुछ चलती हुई लयों और इधर आकर बातचीत के लहजों और उसके उतार-चढ़ाव को भी' उन्होंने 'कविता के रूप में छंद का आधार' बनाना चाहा है। जैसे :

1. उर्दू गजलियत : हकीकत को लाये तखय्युल के बाहर
मेरी मुश्किलों का जो हल कोई लाये।

2. सपनों की चित्रकारी : वसन्त पंचमी की शाम (1948)
डूब जाती है, कहीं
जीवन में, वह
सरल शक्ति...

(म्यान सूनी है
आज) ... क्यों
मृत्यु बन आई है
आसक्ति, आज।

3. चलती हुई लय : वाम वाम वाम दिशा
समय साम्यवादी।

4. बातचीत का लहजा : बात बोलेगी
हम नहीं।

'अपने चारों तरफ की जिन्दगी में दिलचस्पी लेना' शमशेर का स्वभाव रहा है और सभी चीजों के भीतर निहित लय, छंद, संगीत को पकड़कर कविता में उतारना उनकी कला रही है। इसीलिए वे काव्य में गद्य का संगीत भी उतार सके हैं। लेकिन उनकी अधिकांश कविताएँ सोचने-से स्वर में स्वप्न-चित्र उपस्थित करती हैं। आरम्भ में उनका रुझान 'ज्यादातर क्या, बिलकुल अपनी ही अकेली दुनिया के अन्दर खिंचते चले जाने की तरफ रहा' फलतः वह आत्मकेन्द्रता चरम सीमा पर कुछ कविताओं में व्यक्त हुई है। ऐसी ही कविताओं में सूक्ष्मता, अस्पष्टता अथच दुरूहता अधिक है। संगीत की बारीकी भावों को दबा देती है। टूटा हुआ वाक्य-विन्यास अर्थ-सूत्र को विच्छिन्न कर देता है। फिर भी शमशेर 'ठेठ हिन्दी के नये, तगड़े और खासे मँजते हुए स्वर के' आकांक्षी हैं। वे 'अबाध फैले जीवन की पूरी शक्तियों और सौन्दर्य' को मुक्त रूप से दरसाने के लिए सामाजिक अंधी प्रतिक्रिया से लड़ने को प्रस्तुत हैं। सम्भव है, यह सक्रियता इस कलाकार के रुद्ध कंठ को शक्ति प्रदान करे! विविध ललित कलाओं तथा अनेक भाषाओं के संगीत का यह पारखी कलाकार जिस दिन अपने काव्य को विशाल वस्तु-सत्य दे सका, 'मायकोव्स्की' की सी सिद्धि दिखा सकेगा। अभी तो वह प्रयोगों से जूझ रहा है। उसके लिए :

घिर गया है समय का रथ!
सामने ऊपर, उठाये हाथ सा
पथ बढ़ गया।

नरेश कुमार मेहता (1922 ई.—2000 ई.) ने अपने विशृंखल वक्तव्य के बीच अपने काव्य-पथ के दो चरण-चिह्नों के दो सूत्र दिये हैं :

1. आदिकाल के काव्य से भावों की विराटता ग्रहण करके सुन्दर कल्पना-प्रधान साहित्य रचना;

2. जीवन के शस्त्र से सभी चीजों का वर्णन।

पहला सूत्र साफ है और उनके वैदिक गीतों के लिए लागू होता है, जैसे :

अश्व की वल्गा लो अब थाम
दिख रहा मानसरोवर कूल

गौर कंधों पर ग्रन्थि डाल
पूछते हंसों के ये बाल
स्वर्ग से दिखती है यह झील
हिमालय लगता होगा पाल
तुम्हें वे यक्ष पत्नियाँ देख, करेंगी गीत सुना अनुकूल।

परन्तु दूसरा सूत्र कुछ साफ नहीं है। यों उसके लिए उन्होंने 'समय देवता' का उदाहरण दिया है। 'जीवन के शस्त्र' से शायद उनका अभिप्राय नवीन यथार्थ सामाजिक-सत्य से है। नरेशजी के विकास के तीन चरण दिखते हैं : पहला वह, जो छायावाद के परिशिष्ट में निर्मित हुआ और जहाँ उनमें विराट रूप, सुदूर-रम्यता, कल्पना-मोह तथा चित्रमोह आदि रूमानियत का गाढ़ा रंग मिलता है। दूसरा वह जब वही रूमानियत निकट की यथार्थ-वस्तुओं पर सुदूर के मोहक रूपकों और प्रतीकों का आरोप करती है जैसा कि गिरिजाकुमार माथुर में मिलता है; जैसे :

सामने के शीत नभ में
आयरन ब्रिज की कमानी, बाँह मस्जिद की बिछी है।
उड़ता रहे चिड़ियों सरीखा वह तुम्हारा श्वेत आँचल।

इस सोपान में वैचित्र्य-विधान की प्रवृत्ति प्राय: हर पंक्ति ऐसा कहना चाहती थी कि लोग चौंक उठे। जैसे :

बाँसुरी की कब्र पर चुप का कफन मैं।
उन दिशा की दासियों के संग-मरमर के करों में
जय वस्त्र है मेरा थमा।

तीसरे सोपान पर आकर उन्होंने इन चित्रों और प्रतीकों को एक विराट विषय-वस्तु के महीन धागे में पिरोने का प्रयत्न किया। यथार्थ-सौन्दर्य की ओर इस सोपान पर भी कवि का ध्यान नहीं है परन्तु सामाजिक सत्य की ओप-उजास से उन काल्पनिक स्वप्नों में भी कुछ जान आ गई है। 'समय देवता' ऐसी ही कविता है जिसमें चार सौ पंक्तियाँ चुनी हुई गँठी हैं। कोशिश यह है कि कोई एक चमत्कार से खाली न जाए। 'समय देवता' को सम्बोधन करते हुए कवि संसार के विभिन्न देशों की विशेषता प्रतीकों के द्वारा बतलाता है और अन्त में बदलते हुए युग से कहता है :

समय देवता! आज विदा लो।
किन्तु तुम्हारे रेशम के इस चमक वस्त्र में मिट्टी का विश्वास बाँधकर
भेज रहा हूँ।
मेरी धरती पुष्पवती है,
और मनुज की पेशानी के चरागाह पर दौड़ रही हैं
तूफानों की नई हवाएँ।

खंडों में अति सुन्दर परन्तु प्रभावान्विति की कमी के कारण अखंड रूप में यह कलाकृति असल प्रतीत होती है। कवि ने 'कैनवस' तो बहुत बड़ा लिया है और उस पर अलग-अलग चित्र-चयन में भी पर्याप्त श्रम किया है परन्तु लगता है कि इसी कार्य में वह इतना तल्लीन हो उठा कि अभीष्ट बात भूल बैठा। सरदार जाफरी की 'एशिया जाग उठा' इस तरह का सफल उदाहरण है।

रघुवीर सहाय (1929 ई.—1990 ई.) ने संग्रह के सभी कवियों से वयक्रम में छोटे होते हुए भी जो कला-कौशल दिखाया है, वह सराहनीय है। जैसा कि उन्होंने स्वीकार किया है, 'बच्चन की वेदना से उनका कंठ फूटा तथा माथुर के सफल-असफल रंगों से अपने सामर्थ्य का बोध हुआ', आगे चलकर 'अज्ञेय और शमशेर की बौद्धिक आत्मानुभूति और बोधगम्य दुरूहता ने प्रभाव डाला।' ये विरोधाभाव विरोधाभास से कुछ अधिक अर्थ नहीं रखते। बौद्धिकता इनके लिए असमय वार्धक्य-सी प्रतीत होती है, साथ ही भारी भी पड़ रही है। अनुभूतियों की कचाई के कारण इस बौद्धिकता में बेबसी कम, शौक अधिक है। जैसा इन्होंने खुद महसूस किया है, 'कहीं-कहीं भाषा की फिजूलखर्ची करनी पड़ी है।' सचमुच इनमें शब्द-संयम की कमी है। व्यर्थ ही मोहक लगने वाले विशेषणों की लम्बी कतार लगा देते हैं जिनसे अर्थ नहीं सधता, जैसे :

गरम गुलाबी गरमाहट सा हलका जाड़ा।
स्निग्ध गेहुएँ गालों पर कानों तक चढ़ती लाली जैसा फैल रहा।

प्राकृतिक रेखा-चित्रांकन में रघुवीर सहाय अधिक सफल हैं, जैसे 'पहला पानी' में :

दुपहर जल से गरुई होकर कुछ झुक आई
दो गोरे गोरे बलगर बैलों की गोईं
हो गई ठुमुक कर खड़ी पकरिया के नीचे

लेकिन मानसिक पेचीदगी में पड़कर रूप-रस का यह कवि केवल सुनहरी चौंकानेवाली सूक्ति का संचय कर रहा है, जैसे 'जल्दी-जल्दी चप्पल के हकलाने के से शब्द'।

'होती जाती है जुन्हाई एक कोरा कागज'
'धीरे-धीरे झुकता जाता है शरमाये नयनों सा दिन।'

धर्मवीर भारती (1926 ई.—1997 ई.) ने अन्य पुरुष के लहजे में ऐसा अहंवादी वक्तव्य दिया है, गोया कविता करके वे उस पर कृपा करते हैं! इधर-उधर की लफ्फाजी के बीच भारती ने अपनी कविता का यह सूत्र दिया है : 'सरलतम भाषा में रंग-बिरंगी चित्रात्मकता से समन्वित साहसपूर्ण उन्मुक्त रूपोपासना और उद्‌दाम यौवन के सर्वथा मांसल गीत।'

निश्चय ही भारती ने चलती हुई भाषा लिखी है और उसमें रंग-बिरंगे चित्र भी हैं। परन्तु विचारणीय है साहसपूर्ण उन्मुक्त रूपोपासना तथा उद्‌दाम यौवन के सर्वथा मांसल गीत।

शायद पहले के उदाहरण में आए :

इन फीरोजी होंठों पर बरबाद
मेरी जिन्दगी!

और दूसरे में—

अगर मैंने किसी के होंठ के पाटल कभी चूमे।

हिन्दी में बच्चन तथा अंचल ने कभी 'मांसलता' तथा 'रूपोपासना' के नाम पर इस तरह की कविताएँ लिखी थीं और अंग्रेजी में डी.एच. लारेंस ने भी ऐसा ही किया है। परन्तु भारती में वह चीज कुछ इस तरह आई है कि आवारागीरी की सीमा छू लेती है। काश, यह आवारागीरी भी वास्तविक होती! लेकिन सच तो यह है कि वह अन्तर्मुखी व्यक्तित्व पर आरोपित है। जो हो, इसे स्वस्थ और मांसल नहीं कह सकते। मोहक विशेषणों और उपमाओं में भारती का मन अधिक रहता है :

स्पर्श की बादल-घुली कचनार नरमाई सुहागन लाज में लिपटा शरद की धूप जैसा तन।

अथवा

अँधेरी रात में खिलते हुए बेले सरीखे तन।

फीरोजी होंठों पर बर्बाद होनेवाला कवि जब कहे कि :

तुम कितनी सुन्दर लगती हो जब तुम हो जाती हो उदास,

तो उसे मांसल कहना चाहिए या सूक्ष्म भावापन्न? कला की दृष्टि से यहाँ 'तुम' की द्विरुक्ति शिथिलता की सूचक है। यद्यपि भारती ने समाज की मनहूसी का भी चित्रण किया है तथा कविता की मौत पर आँसू भी बहाया है परन्तु यह उनका स्वभाव नहीं। उन्हें विलक्षण चित्रों द्वारा चौंकाने की लालसा अधिक है, सत्य की अभिव्यक्ति की आग कम-से-कम! जैसे :

आरती के दीपकों की झिलमिलाती छाँह में
बाँसुरी रखी हुई ज्यों भागवत के पृष्ठ पर।

जैसी पंक्ति 'चुम्बन' की पवित्रता की अपेक्षा दूरारूढ़ औपम्य अधिक खड़ा करती है। भारती पर उर्दू गजलियत तथा अंग्रेजी 'एपिग्रैम' कौशल का असर अधिक है। कलाकार के रूप में वे 'चलते हैं थोड़ी दूर हर एक राह रौ के साथ'। 'थके हुए कलाकार से' तथा 'कल्पने उदासिनी' में वे शम्भूनाथ सिंह का स्वर दुहराते हैं, 'गुनाह' आदि में बच्चन का तथा इधर माथुर, अज्ञेय आदि का। आस्था की डाँवाँडोल स्थिति के कारण ही यह प्रतिभा भटक रही है।

कवियों का आत्म-परिचय

शमशेर, भवानीप्रसाद मिश्र और शकुन्त को छोड़कर सबने अपना परिचय इस तरह दिया है गोया किसी रूमानी कहानी के नायक हों! शमशेर का परिचय सबसे अधिक

तथ्यपरक है। औरों में से किसी को तम्बू में पड़े-पड़े कोहरा देखना भला लगता है तो किसी को अपनी हँसी पर नाज है, साथ ही ढेरों चिट्ठियाँ लिखने का; किसी की नस-नस में लापरवाही भरी है।

'तारसप्तक' में जो व्यक्तिगत 'छूत' केवल एकाध शब्द या वाक्य तक सीमित थी, वह 'दूसरा सप्तक' में और फैलकर वैलक्षण्य की सीमा पर पहुँच गई है।

इन्हीं कवियों को अपने प्रयोगशील दृष्टिकोण से संकलित किया गया है। यद्यपि वह संकलन इन कवियों का प्रतिनिधित्व नहीं करता फिर भी इनके आधार पर इतना तो साफ कहा जा सकता है कि इतिहास का स्वर सबसे अधिक सशक्त, सीधा और प्रभावशाली है। भवानीप्रसाद मिश्र का सबसे अधिक सहज है; शमशेर का सर्वाधिक संगीतात्मक अथवा ध्वन्यात्मक है; नरेश का सर्वाधिक चित्रात्मक और मोहक है, रघुवीर सहाय में कौतुकी कुंठा, भारती में अटक-भटक तथा मनचलापन और शकुन्त माथुर में मजबूर ईमानदारी अथवा ईमानदार मजबूरी है। अधिकांश ने प्रयोग करते हुए सामाजिक लय की चाशनी देने की कोशिश की है परन्तु वस्तु और रूप का दुर्लभ समानुपात बहुत कम रचनाओं में ही आ पाया है और ऐसी रचनाओं में भवानीप्रसाद मिश्र तथा हरिव्यास की अधिक हैं।

जहाँ तक समूचे संग्रह की देन का सम्बन्ध है, यह हिन्दी कविता के शैली-शिल्प में अनेक नये मार्ग खोलता है। 'तारसप्तक' की भूमि पर काम करते हुए भी इस 'सप्तक' के कई कवियों ने उन अनगढ़ और प्रारम्भिक स्वरों को सँवारने-निखारने की कोशिश की है। शब्द-गठन में सरलता तथा वाक्य-गठन में क्षिप्रता आई। नरेश ने नेमि, भारतभूषण तथा गिरिजाकुमार की चित्रात्मकता को विशेष वस्तु-सत्य में पिरोया है। हरि व्यास ने मुक्तिबोध को सुबोध तथा सशक्त रूप दिया। भारती तथा रघुवीर सहाय ने प्राचीन कुंठाओं पर और अधिक पाउडर मला। शेष रहे अज्ञेय, माचवे और रामविलास शर्मा। न माचवे का व्यंग आगे बढ़ा और न अज्ञेय का अहं। रामविलास शर्मा का भदेसपन बढ़ाया तो केदार, नागार्जुन और त्रिलोचन ने। अगर ये कवि भी इस सप्तक में आ गए होते तो शायद यह हिन्दी कविता के नवीन चरण का पूर्ण प्रतिनिधित्व कर देता। इनके अतिरिक्त इस सप्तक में दो नये व्यक्तित्व हैं जिनकी भूमि बिलकुल अपनी है। वे हैं भवानीप्रसाद मिश्र तथा शमशेर। भवानीप्रसाद ने बच्चन की भाषा को बातचीत के लहजे पर और सहज, नाटकीय तथा सजीव बनाया; और शमशेर ने बातचीत के उसी लहजे को अधिक मनोमय करके भावों के अनुकूल दबती-उभरती हुई लय (कैडेंस) दी। शमशेर में निराला का द्वंद्व और संगीत आगे बढ़ा। 'दूसरा सप्तक' की कविताएँ छायावाद के बाद प्रगतिवाद तथा प्रयोगवाद के पारस्परिक अन्तर्विरोधों के बीच बढ़ने वाली हिन्दी कविता के स्वाभाविक विकास का सफल चरण है।

अब रही अज्ञेय की भूमिका।

यह जानते हुए भी कि 'एक पुस्तक की सफाई दूसरी पुस्तक की भूमिका में देना अन्याय है, उन्होंने 'तारसप्तक' की तथा अपनी सफाई 'दूसरा सप्तक' के कवियों के माध्यम से दी है। यही नहीं, उन्होंने इस पूर्वग्रह से कि 'प्रयोगवादी पूर्वग्रहों का आरोप दूसरा सप्तक के संकलित कवियों पर होगा ही, आलोचकों के तत्सम्बन्धी पूर्वग्रहों को इधर आकृष्ट किया है।' यह और कुछ नहीं, अपने दोषों के लिए दूसरों को भी समभागी बनाकर आत्मरक्षा करना है। समूचे 'तारसप्तक' की वकालत व्यर्थ करते हैं क्योंकि उसमें रामविलास, गिरिजाकुमार आदि ऐसे कवि हैं जिनकी कविताएँ प्रशंसित रही हैं। दुरूहता, अश्लीलता, कोश प्रयोगवाद, वैदेशिकता आदि के साथ-साथ आलोचनात्मक विचारों की समाज-निरीक्षता का आरोप अकेले अज्ञेयजी पर ही सर्वाधिक हुआ था। अस्तु।

सम्पादकीय 'भूमिका' में अज्ञेयजी ने पं. नंददुलारे वाजपेयी आदि के आरोपों का उत्तर कोरी सैद्धान्तिक ईमानदारी के द्वारा दिया है जबकि उचित होता अपनी कविताओं के सफल प्रयोगों का उद्धरण। ध्यान देने की बात है कि जब किसी कविता में कोई कलागत दोष निकाला जाता है तो वे उसे असफल प्रयोग कहकर छुट्टी पा लेने का तर्क रखते हैं लेकिन स्वयं किसी सफल प्रयोग को उपस्थित नहीं करते और न प्रयोग की सफलता की कोई अवधि या सीमा ही बतलाते हैं।

इस प्रकार एक ओर हैं उनके विचार और दूसरी ओर हैं उनकी तथा उनके द्वारा पसन्द की जाने वाली कविता। उनकी गोलमोल सैद्धान्तिक बातों की पोल एक ही बिन्दु पर खुल जाती है—वे जनवादी सामाजिक सत्य की व्यक्त करने वाली कविताओं से कतराते हैं, साथ ही इस प्रकार के विचारों का भी नाम नहीं लेते—वह भी ऐसे युग में जबकि इनसे बचना मुश्किल है। वे 'सत्य' और 'प्रयोग' दो ही बातों का जाप करते हैं, जो निश्चय ही गांधीजी के सक्रिय प्रयोगों से भिन्न कोरा शाब्दिक, निष्क्रिय और हवाई है। अब संक्षेप में उनके तर्कों का पर्यवेक्षण करें?

'प्रयोग साध्य नहीं, साधन है; बल्कि दोहरा साधन—प्रेषित सत्य को जानने का तथा प्रेषण-क्रिया के साधनों को जानने का।' यह कहकर अज्ञेयजी स्पष्ट करना चाहते हैं कि प्रयोगवाद कोरा रूपवाद (फार्मलिज्म) नहीं है और इसी आधार पर वे 'प्रयोगवाद' शब्द का भी विरोध करते हैं। लेकिन देखना है कि 'सत्य को जानने का साधन' कौन-सा है। अन्यत्र वे कहते हैं : 'नई परिस्थितियों के अनुसार नये रागात्मक सम्बन्ध।' नये रागात्मक सम्बन्धों में सबको छोड़कर केवल वे 'दमित कुंठित मौन परिकल्पनाओं को ही अपना विषय बनाते हैं'; गोया मानव समाज में और कोई सम्बन्ध या तो है ही नहीं या वह बदला ही नहीं। इतने से स्पष्ट है कि उनके 'सत्य को जानने का साधन' फ्रायडवाद है और इसीलिए उनकी प्रयोगशीलता 'प्रयोगवाद' है अर्थात् कोरा रूपवाद क्योंकि उनके पास कहने के लिए कोई बड़ा युग-सत्य नहीं है। इसीलिए वे नये-नये शब्दों के निर्माण तथा प्राचीन शब्दों में मुलम्मे की फिकर

में व्यस्त दिखाई पड़ते हैं। बिना भाषा के विचार का अस्तित्व नहीं। यदि सचमुच उनका मन युग की जनवादी आस्था से पगा होता तो वह विषय अपने उपयुक्त नई भाषा के रूप में उनके मनोलोक में स्पष्ट होता। अर्थ शब्दों के घूर टटोलने से नहीं बल्कि जीवन-संघर्ष की सक्रियता में प्राप्त होता है। खंड मानव के खंड मन की गंदगियों की वकालत करने वाली 'प्रयोगशीलता' निश्चय ही 'प्रयोगवाद' है और समाज की पतनोन्मुख धारा है। सम्भव है, आज सामाजिक चेतनाशील कवियों के काव्य मोटे तौर से देखने पर भिन्न न प्रतीत हों परन्तु युग-सत्य इनका उद्‌घाटन किए बिना न रहेगा। 'दूसरा सप्तक' में इस तरह की कविताएँ कुछ अवश्य हैं, विशेषतः रघुवीर सहाय की; परन्तु पूरे सप्तक का स्वर अज्ञेयजी के सम्पादकीय विचारों से काफी दूर और परे की चीज है। यदि अज्ञेयजी के विचारों का प्रतिबिंब 'दूसरा सप्तक' में कहीं और है तो वह कवर चित्र में। अपनी दुरूहता में वह प्रतीक वाद्य यंत्र विशेष तथा उसकी स्वर-धारा को व्यंजित करता है जो 'डालर' का भ्रम उत्पन्न कर देता है।

[हंस (सं. अमृतराय) : जनवरी, 1952]

महादेवी वर्मा : काव्य-कला और जीवन-दर्शन

हिन्दी समीक्षा में शिक्षोपयोगी संग्रह-युग चल रहा है। कुछ लोग एक कवि, लेखक या काव्य-धारा-सम्बन्धी दस-पंद्रह लेखकों के निबन्ध बटोरकर सम्पादक बन बैठते हैं और कुछ उन्हीं निबन्धों से लम्बे-लम्बे उद्धरण देकर स्वयं ही पुस्तक के लेखक। श्रीमती शचीरानी गुर्टू ने सुश्री महादेवी वर्मा के व्यक्तित्व, काव्य-कला तथा जीवन-दर्शन पर विविध लेखकों के छब्बीस निबन्धों का संग्रह करके पहली श्रेणी में एक नाम और जोड़ दिया है। विषय-चयन में योजना का अभाव, पुनरावृत्तियों की अधिकता, निबन्ध-क्रम में गड़बड़ी, अनुपात की अवहेलना, एक ही विषय पर अनेक निबन्धों का होना तथा कुछ पर एक भी न होना, महादेवीजी का तथ्यपरक जीवन-चरित तथा कालानुक्रम से उनकी रचनाओं की सूची, साथ ही उन पर प्रकाशित अब तक के ग्रंथों की तालिका का अभाव—सभी निबन्धों के आरम्भ में सार-संचय करते समय महत्त्वपूर्ण अंश का तिरस्कार आदि बातें बतलाती हैं कि सम्पादिका ने सम्पादन-कार्य पूरा नहीं किया है। यह सब इसलिए कहना पड़ता है कि इधर उनके सम्पादन की गूँज है। उन्होंने श्री सुमित्रानन्दन पन्त पर भी एक पुस्तक सम्पादित की है। उत्साह प्रशंसनीय है, लेकिन उत्तरदायित्व सापेक्ष भी है।

इतना होते हुए भी इस संग्रह का महत्त्व है और इसका श्रेय अनेक संकलित समीक्षकों को है। अब तक महादेवीजी पर गंगाप्रसाद पांडेय तथा विश्वम्भर 'मानव' जैसे काव्य-मुग्ध समीक्षकों ने ही कुछ पुस्तकें निकाली हैं, जिनमें कवयित्री की कुछ कविताओं के लम्बे-लम्बे उद्धरण तथा शेष के गद्य-रूपान्तरों के बाद स्वयं समीक्षक ने अपना गद्य-काव्य प्रदर्शित किया है। ऐसी दशा में यह जरूरी था कि महादेवीजी सम्बन्धी उन निबन्धों को एकत्र किया जाए जो अपनी कसावट में एक पुस्तक की रूपरेखा छिपाए थे। शचीरानीजी का यह कार्य सामयिक ही नहीं, ऐतिहासिक महत्त्व का है। यद्यपि उन्होंने यह नहीं बतलाया कि कौन निबन्ध किस सन् का लिखा है तथा सर्वप्रथम वह कहाँ प्रकाशित हुआ, तथापि महादेवीजी पर बिखरे हुए महत्त्वपूर्ण निबन्धों का संग्रह स्वयं ही एक बड़ा काम है। हिन्दी में संग्रहकर्ता के लिए 'कृतज्ञता-ज्ञापन' का चलन ही कहाँ है?

संग्रह में महादेवीजी के व्यक्तित्व-सम्बन्धी चार निबन्ध हैं, जिनमें देवेन्द्र सत्यार्थी कवयित्री के साहित्य पर भी राय देने की झोंक में 'उस पर ही' राय देते रह जाते हैं। वीर पूजा की भावना आजकल ऐसा भीषण रूप ले रही है कि कोई निरालाजी को देवता बनाने पर तुला है तो कोई महादेवीजी को देवी। सत्यार्थीजी की 'महाश्वेता महादेवी' बाण की 'कादम्बरी' की 'महाश्वेता' का स्मरण दिलाती हैं। श्री शिवचन्द्र नागर ने भी कुछ ऐसा ही आटोप बाँधा है। महादेवीजी के उन्मुक्त ह्रास को तो यारों ने ऐसा रहस्यात्मक जामा पहनाया है तथा इस हद तक फेटा है कि उसकी सारी सहजता जाती रही, और शचीरानीजी जैनेन्द्रजी से प्रश्न करते समय पहला प्रश्न यही करती है, 'सुना है, महादेवीजी नब्बे प्रतिशत हँसती हैं, बातें कम करती हैं।' क्या बढ़िया गणित का ज्ञान है!

तमाम शिल्पाभास (मैनरिज्म) तथा आत्मशंसा के बावजूद सत्यार्थीजी ने महादेवीजी के विषय में यह तथ्य ठीक ही लक्ष्य किया है कि 'एक लेखक तो ऐसा है जो लेखनी से थोड़ा अवकाश लेकर समकालीन लेखकों के अधिकारों के लिए 'कॉपी-राइट' के विषय में इतना चिन्तित हो।' श्री शिवचन्द नागर ने रेखाचित्र खींचते हुए ऊब-भरी वर्णनात्मक शैली में महादेवीजी की कलात्मक रुचि, अध्यापन-कला, बातचीत, फूलों की जानकारी, अच्छी स्मृति, क्रियाशीलता, बरसात-प्रियता, सभा-भीरुता, दर्पण-विमुखता, पारिवारिक भावना, तप:पूत जीवन-चर्या आदि की चर्चा करते हुए अन्त में 'हिमवत्' से उपमित किया है। श्री भानुकुमार जैन ने 'एक भेंट' के माध्यम से प्रसंगेतर बातों की बृहद् चर्चा की है और 'जन की ओर से वे उत्कीर्ण नहीं हुईं'—जैसा अज्ञान-भरा वाक्य लिखा है। अलबत्ता श्रीमती सावित्रीदेवी वर्मा ने स्त्री-जन-सुलभ सरलता तथा सहानुभूति से अपनी महादेवी बहनजी के छात्र-जीवन की अनेक अज्ञात बातें बड़े मनोरंजक ढंग से बतलाई हैं। आरम्भ से ही कवयित्री द्रवणशील तथा एकान्तप्रिय थीं, तेरह-चौदह की वय से ही काव्य-रचना करने लगी थीं। परन्तु सबसे सुन्दर बात सावित्रीजी ने यह बतलाई है : ''इनके चेहरे में जो एक विशेषता है, वह यह कि इनके कान कुछ आगे को बढ़े हुए झाँकते हुए-से हैं, मानो वे मानव की करुण पुकार सुनने के लिए कुछ सतर्क हो खड़े हों!'

कलाकार के रूप में महादेवी ने गद्य, चित्र तथा कविता—तीन प्रकार की रचनाएँ की हैं और इस संग्रह में तीनों पर निबन्ध हैं। महादेवी का गद्य भी विविध है—रेखाचित्र, सामाजिक निबन्ध, साहित्य-समीक्षा-सम्बन्धी निबन्ध। रेखाचित्र की दो पुस्तकें हैं—अतीत के चलचित्र तथा स्मृति की रेखाएँ; कुछ अन्य रेखाचित्र—जैसे निरालाजी सम्बन्धी अभी पुस्तकाकार संगृहीत नहीं हुए हैं। श्री गोपालकृष्ण कौल ने इन रेखाचित्रों पर विचार करते हुए लक्ष्य किया है : 'वे केवल रेखाओं में आकृति और मुद्रा को ही अंकित नहीं करतीं, वरन् मन के सूक्ष्म भावों को भी उभारकर शब्द-

रेखाओं में बाँधने का प्रयत्न करती हैं।' अन्त में वे इस निष्कर्ष पर पहुँचते हैं कि यद्यपि संस्मरण का संस्पर्श होने से उनकी कुछ रचनाएँ पूर्ण रेखाचित्र नहीं कही जा सकतीं, किन्तु उनमें भी रेखाचित्रों के स्फुट अंश दिखाई पड़ते हैं।

महादेवीजी के सामाजिक निबन्ध 'शृंखला की कड़ियाँ' में संगृहीत हैं और इसका अध्ययन श्री अमृतराय ने 'नारी-समस्या' की दृष्टि से उपस्थित किया है। दीर्घ उद्धरण-प्रेमी श्री अमृतराय ने अन्त में यह निर्णय दिया है कि नारी-समस्या पर महादेवीजी के विचार आद्यन्त समाजवाद की ओर उन्मुख हैं और उनकी पुष्ट सामाजिक चेतना का परिचय देते हैं। आरम्भ में उन्हें 'नीर-भरी दुख की बदली' कहना और अन्त में 'क्रान्तिकारिणी कुछ अजीब लगता है। इनकी अपेक्षा डॉ. रामविलास शर्मा का यह कथन अधिक युक्ति-संगत प्रतीत होता है कि 'महादेवीजी का कवि और गद्यकार एक-दूसरे से जुड़े हुए हैं, वे दो बिखरी हुई इकाइयाँ नहीं हैं।'... 'इसका कारण यह है कि संसार के प्रति उनका दृष्टिकोण विज्ञान-सम्मत नहीं है और उनके मनोबल और कर्म-सम्बन्धी इच्छा-शक्ति की अपनी सीमाएँ हैं।' इन सूत्रों के आलोक में श्रीमती शचीरानी ने जो यह धारणा बनाई है, वह सर्वाधिक वैज्ञानिक है : 'गद्य में सामाजिक जीवन की ह्रासोन्मुखी गतानुगतिकता के प्रति स्वस्थ एवं सफल विद्रोह होते हुए भी उनमें गतिशील क्रान्तिकारी चेतना और सजग क्रियाशीलता के चिह्न नहीं हैं। उनमें राग है, कशाघात नहीं; पराजय है, प्रतिकार-भावना नहीं; कोमलता है, कठोरता नहीं; निर्मम वास्तविकताओं के प्रति मूक स्वीकृति है, उनके निदान का कोई स्पष्ट उपचार नहीं।'

महादेवीजी ने जो आलोचनात्मक लेख लिखे हैं, उन पर डॉ. नगेन्द्र तथा देवराज उपाध्याय—दो विद्वानों ने विचार किया है। श्री देवराजजी ने अंग्रेजी समीक्षकों की अनूदित, अननूदित फिकरों की छटा दिखाने के बीच लगे हाथों महादेवीजी के 'काव्य-शास्त्र' पर भी कृपा कर दी है। वे कहते हैं, 'आप पाएँगे कि महादेवी ने कविता क्या है, साहित्य क्या है—इन प्रश्नों की छान-बीन में अधिक परिश्रम किया है।' परन्तु लगता है कि यह लिखते समय देवराजजी के दिमाग में महादेवीजी के स्थान पर आचार्य शुक्ल आ गए थे। डॉ. नगेन्द्र ने महादेवीजी के साहित्य-दर्शन और छायावाद-सम्बन्धी मत पर उद्धरण देकर विचार करने की चार बातें कही हैं :

1. महादेवीजी के साहित्यिक भाग नैतिकता के बोझ से काफी दबे हैं।
2. महादेवीजी ने छायावाद की तन्वी कविता पर दर्शन का बोझ कुछ अधिक लाद दिया है।
3. शुक्लजी की शास्त्रीय गवेषणा से सर्वथा भिन्न यह शैली प्रसाद और पन्त की ठोस बौद्धिक विवेचना की अपेक्षा टैगोर की लचीली काव्य-चिन्तना के अधिक समीप है।
4. ऐतिहासिक एकसूत्रता।

शचीरानीजी को उनमें 'अपने पक्ष समर्थन का आग्रह अधिक, वस्तुस्थिति की निर्दिष्ट दिशाओं का संश्लेषण कम' मिलता है। साथ ही 'दार्शनिक चिन्तन की बोझिलता से उनकी भाव-व्यंजना सहज दुर्विज्ञेय हो गई है।'

श्री मन्मथनाथ गुप्त के अनुसार : 'इन भूमिकाओं के कारण उनकी कविताओं को समझना और भी दुरूह हो गया है।' यह दुरूहता भाषागत ही नहीं, बल्कि परस्पर-विरोधी बातों के कारण है।

ये सभी विचार एक-दूसरे के पूरक समझकर ही रखे गए हैं। परन्तु महादेवी की समीक्षा का एक और अंग है, और वह है काव्य-परख। 'गीत-काव्य' निबन्ध में उन्होंने गीतों की जो ऐतिहासिक परम्परा दिखाई है, अन्यत्र दुर्लभ है। वहीं अपने समसामयिक तथा प्राचीन कवियों की कविताओं का जो मर्मोद्‌घाटन उन्होंने किया है, वह एक कुशल काव्य-पारखी की दृष्टि से ही सम्भव है।

महादेवीजी के गद्यगत विचारों के साथ गद्यशैली पर भी विचार जरूरी है और श्री रामचरण महेन्द्र ने यह कार्य सम्पन्न किया है। हिन्दी में शैली-सूचक पदावली की कमी है और इसका साफ मतलब है कि हिन्दी में शैली पर बहुत कम विचार हुआ है। श्री रामचरणजी के निबन्ध में भी यही ओछापन है। उन्हें 'हृदय की विशालता, भाव-प्रसार की विलक्षण शक्ति, मर्मस्पर्शी स्वरूपों की उद्‌भावना, कल्पना-शक्ति पर प्रभुत्व और शब्दों की नक्काशी का समुच्चय' महादेवीजी की गद्य-शैली में घुला मिलता है। उपमाओं का कोष लुटाना तथा वचन-वक्रता उन्हें अधिक पसन्द आती है। कुछ लोगों को महादेवीज़ी की शैली लद्‌धड़, प्रवाहहीन, घुमावदार तथा श्रम-साध्य लगती है। वस्तुत: शैली का विवेचन विषय का मर्म समझे बिना सम्भव ही नहीं। महादेवीजी की शैली में ही ये बातें नहीं मिलतीं बल्कि निराला को छोड़कर सभी छायावादियों में वह श्रम-साध्य पेचीदगी तथा संस्कृताऊ विशेषण बहुल वाक्य-विन्यास मिलता है। यह छायावादी चेतना का परिणाम था। छायावादी गद्य-शैली को छायावादी काव्य-शैली से अलग करके नहीं देखा जा सकता।

गद्य की ही भाँति महत्त्वपूर्ण हैं महादेवीजी के चित्र। महादेवीजी की कविता के साथ उनके चित्रों का तुलनात्मक अध्ययन प्रस्तुत किया है श्री प्रभाकर माचवे ने। माचवेजी स्वयं चित्रकार (शायद रेखाकार अधिक) हैं। परन्तु खेद के साथ कहना पड़ता है कि पांडित्य-प्रदर्शक उद्धरणों की आतंकमयी लड़ी के बीच माचवेजी ने अब तक कोई तथ्यपरक बात नहीं कही है। आरम्भ में व्यर्थ ही मीरा-महादेवी की तुलना में उलझकर उन्होंने कुछ दूर तक संचारी भावों की सूची के सहारे शास्त्रीय तथा गणनामूलक समीक्षा का प्रदर्शन किया है। हाथ लगता है यह सूत्र : 'महादेवीजी के चित्रों में करुण मुद्राओं का आधिक्य है। काँटों से बँधे हाथ, मृतप्राय शिशु, अँधेरा और टिमटिमाते दीप अधिक हैं।' जो सर्वविदित है। फिर मिलते हैं ऐसे फिकरे : 'वर्ण-वर्ण में पंक्ति बन गई है। रंग रेखाकार हो उठे हैं।' जिनका कोई अर्थ नहीं खुलता।

हम चित्र-विशेषज्ञ नहीं, जो इसमें व्यर्थ टाँग अड़ाएँ (यद्यपि हिन्दी समीक्षक के लिए सब कुछ जानने का अभिनय करना जरूरी है) लेकिन यह अवश्य कहेंगे कि अभी तक महादेवीजी के चित्रों का सही मूल्यांकन देखने में नहीं आया—कविताओं के साथ उनकी तुलना तो दूर की वस्तु है।

महादेवीजी की सबसे महत्त्वपूर्ण देन है कविता; और इस संग्रह में आधे से अधिक निबन्ध इसी पर हैं। 'कमलेश' जी ने प्रकृति-चित्रण पर लिखा है तो ओमप्रकाशजी ने अलंकार सौन्दर्य पर, मानवजी ने प्रणयानुभूति पर। और तीन समीक्षाएँ तुलनात्मक हैं—मीरा और महादेवी (रघुवीर प्रसाद सिंह), पन्त और महादेवी (शान्तिप्रिय द्विवेदी), क्रिस्टिना रोज्जेटी और महादेवी (शचीरानी गुर्टू)। दो समीक्षाएँ पुस्तक-परिचय देती हैं—नीरजा (विजयेन्द्र स्नातक तथा दीपशिखा (नगेन्द्र)। श्री मन्मथनाथ गुप्त और पं. नन्ददुलारे वाजपेयी 'दर्शन' समझाते हैं तथा सुधांशु, विनयमोहन शर्मा, प्रकाशचन्द्र गुप्त, इन्द्रनाथ मदान, रामविलास शर्मा समूची कविताओं का मूल्यांकन करते हैं। इस प्रकार काव्य-समीक्षा में भी एक योजना दिखाई पड़ती है। परन्तु वस्तुस्थिति ऐसी नहीं है। इस खंड में पुनरावृत्तियाँ सबसे अधिक हुई हैं। सबने दुःखवाद, पीड़ावाद, रहस्यवाद का राग अलापा है। मीरा और महादेवी की तुलना के विषय में अब बात इतनी साफ हो चुकी है कि स्वतंत्र निबन्ध देना ही व्यर्थ है। 'पन्त और महादेवी' में शान्तिप्रियजी ने तुलना करने का कोई प्रयत्न नहीं किया है परन्तु उस निबन्ध का उपयोग करने में सम्पादिका से त्रुटि हुई, क्योंकि समूचा निबन्ध मूलतः पन्त पर है। क्रिस्टिना रोज्जेटी के साथ महादेवी की तुलना, तुलना-प्रिय शचीरानीजी की कृति है और उनका उद्देश्य है महादेवी की अतृप्ति तथा असन्तोष को उभारना। इससे अधिक और कुछ हो तो वह दूरारूढ़ है। इस विषय में स्वयं शचीरानीजी भी मुगालते में नहीं हैं। इससे निबन्ध का सबसे बड़ा महत्त्व, रामविलास शर्मा के शब्दों में, यही हैं कि शचीजी ने महादेवी को देवी की जगह मानवी रूप दिया है। वे कहती हैं : 'महादेवी और क्रिस्टिना के काव्य में जो भावों की उत्कट तीव्रता, मर्मान्तक वेदना और अन्तर का हाहाकार व्यक्त हुआ है—वह अलौकिक अथवा आध्यात्मिक विरह-गर्भित न होकर लौकिक प्रणय की सहजानुभूति से उद्भूत हुआ है और काल्पनिक आवरण में लिपटकर उत्तरोत्तर रहस्यपूर्ण और अविज्ञेय होता गया है।'

शेष निबन्धों में रामविलास शर्मा, नन्ददुलारे वाजपेयी तथा नगेन्द्र के लेखों को छोड़कर अन्य यांत्रिक तथा पिष्टपेषित हैं। विनयमोहनजी को महादेवीजी के काव्यों में प्रकृति से परिचय लगता है और स्वयं हरसिंगार, शेफाली, दुपहरिया के फूलों को भिन्न-भिन्न नहीं, एक ही फूल मानते हैं। कहाँ हरसिंगार, और कहाँ दुपहरिया यानी अड़हुल। इसी प्रकार ओमप्रकाशजी ने 'यामा' का आलंकारिक सौन्दर्य रूपक, उपमा, अपनहुति और सबसे ऊपर सांगरूपकों में दिखाकर प्राचीन अलंकार-शास्त्रीय यांत्रिकता का भौंडा रूप खड़ा किया है।

शेष तीन महत्त्वपूर्ण लेखों में रामविलास शर्मा का निबन्ध सबसे महत्त्वपूर्ण तथा चिन्तनशील है, क्योंकि उसमें उक्त सभी समीक्षकों के महादेवी-सम्बन्धी विचारों का हवाला देकर गहराई से विचार किया गया है। डॉ. शर्मा ने सबसे पहला प्रश्न 'छायावाद' के स्वरूप पर उठाया है क्योंकि 'महादेवीजी छायावाद के मध्याह्नकाल से और अपने जीवन के उषाकाल से साहित्य-रचना करती आई हैं।' अस्तु वे वाजपेयीजी और नगेन्द्रजी के आदर्शवादी दृष्टिकोण की सीमाओं का निर्देश करते हुए कहते हैं : 'हिन्दी का छायावादी साहित्य सामंत-विरोधी औद्योगिक क्रान्ति के बाद का साहित्य नहीं है। वह साम्राज्यवाद और सामंतवाद के विरुद्ध भारतीय जनता के संघर्ष-काल का साहित्य है। उसमें सबसे सशक्त देश की स्वाधीनता और जनतंत्र प्राप्त करने की आकांक्षा का स्वर है।' फिर अंग्रेजी रोमांटिक साहित्य तथा हिन्दी छायावादी साहित्य का अन्तर बतलाते हुए वे कहते हैं : 'अंग्रेजी रोमांटिक साहित्य का एक सीमान्त समाजवादी विचारधारा को छूता है तो दूसरा आदर्शवाद (आइडियलिज्म) की विभिन्न धाराओं में डूबा हुआ है। हिन्दी के छायावादी साहित्य का एक सीमान्त साम्राज्य-विरोधी, सामन्त-विरोधी विचार-धारा को छूता है तो दूसरी ओर सामन्तवाद का समर्थन करने वाली अनेक आदर्शवादी धाराओं में डूबा हुआ है। इनके अतिरिक्त छायावादी या रोमांटिक साहित्य के दूसरे सीमान्त निर्धारित करना एक इतिहास-विरोधी कार्य होगा।'

नगेन्द्रजी ने छायावाद के साथ ही महादेवीजी की कविता को मानसिक दमन और अतृप्तियों से उत्पन्न कहा है जिसको स्पष्ट करते हुए डॉ. शर्मा कहते हैं कि यूरोप की उस पतित पूँजीवादी धारा को छायावाद से एकाकार नहीं किया जा सकता; छायावाद में अतृप्त-भावना है पर उसकी मूल प्रेरणा वही नहीं है : 'इसमें सन्देह नहीं कि महादेवीजी के काव्य में पीड़ावादी, पलायनवादी तत्त्व मौजूद हैं, लेकिन इनकी उत्पत्ति और स्थिति का सही कारण तब हम अच्छी तरह जान सकेंगे जब हम इनके विरोधी तत्त्वों पर भी दृष्टिपात करेंगे और दोनों के परस्पर-सम्बन्ध जानने की कोशिश करेंगे।'

इसके बाद रामविलासजी ने महादेवी में जीवन की चाह, नारी-सुलभ हठ, स्वाभिमान, शृंगार-भावना, प्रेम की विह्वलता तथा कष्ट सहने का साहस आदि सोदाहरण दिखलाया है। अन्त में उनका यह तर्क सत्यता के अधिक निकट है : 'यदि जीवन और सौन्दर्य की चाह प्रकट करने वाली कविता दमित इच्छाओं के ही कारण हो तो जितने भी जीवन और सौन्दर्य के कवि हैं, वे सब दमित इच्छाओं के शिकार साबित हों और जितने भी मृत्यु और कुरूपता के कवि हैं, वे सब तृप्त इच्छाओं वाले समझे जाएँ।' वस्तुतः नगेन्द्रजी ने अज्ञेय आदि आधुनिक प्रयोगवादी कवियों की दमित इच्छाओं को महादेवी पर भी आरोपित कर दिया है जबकि भेद स्पष्ट है।

डॉ. शर्मा ने महादेवीजी की पीड़ा का सामाजिक कारण बतलाते हुए ठीक कहा है—सामन्त-विरोधी सामाजिक और सांस्कृतिक आन्दोलन से दूर रहना ही मुख्य कारण है। उन्हीं के शब्दों में : 'महादेवीजी छायावाद की प्रतिनिधि कवि हैं। उनमें छायावाद का निराशावादी-पलायनवादी पक्ष है तो जीवन और सौन्दर्य की आकांक्षा का स्वस्थ मानववादी पक्ष भी है। उनके अन्दर एक विद्रोही आत्मा सोती है जो दृष्टिकोण और मनोबल की सीमाओं के कारण अपना पूरा चमत्कार नहीं दिखा सकी। उन्हें जनता से हार्दिक सहानुभूति है और वे उससे सम्पर्क स्थापित करती हैं—यह उनका सम्बल है। जिस दिन यह सहानुभूति सक्रिय रूप लेगी, उनके द्वन्द्व का भी अन्त हो जाएगा।'

रामविलासजी के निष्कर्षों से हम लगभग सहमत हैं, परन्तु दो बातों का निर्देश आवश्यक है। एक तो उन्होंने यह नहीं दिखलाया कि महादेवीजी के इस निराशा और आशामूलक अन्तर्द्वन्द्व का क्रमिक विकास किस प्रकार हुआ; दूसरा यह कि आज भी उनमें पीड़ा और जीवन-चाह का अनुपात ऐसा नहीं है कि हम उन्हें इतना विद्रोही कह सकें। फिर भी समूची पुस्तक में एकमात्र डॉ. शर्मा का निबन्ध ऐसा है जिसमें महादेवीजी को सही वैज्ञानिक-सामाजिक दृष्टि से देखने का प्रयत्न किया गया है। पुस्तक के आरम्भ में शचीजी का 'अपने दृष्टिकोण से' तथा जैनेन्द्रजी का वार्तालाप भी काफी मनोरंजक है। शचीजी के शब्द-जाल में भी तथ्य के कुछ कण हैं।

निस्सन्देह यह संग्रह महादेवीजी पर अब तक की प्रकाशित सभी पुस्तकों से उत्तम है।

[आलोचना-2, जनवरी, 1952]

खंड–2

कुछ कविताएँ

कहते हैं, कविता समझ में आने से पहले ही मन को छू लेती है। जनवरी की 'युग चेतना' में प्रकाशित रघुवीर सहाय की 'प्रेम की कुछ कविताएँ', केदारनाथ अग्रवाल की 'आत्माभिव्यक्ति' और 'कवि' में प्रकाशित त्रिलोचन की 'दर्द' तथा 'प्रिय गान नहीं गा सका तो...' पढ़ने पर पहले-पहल ऐसा ही अनुभव होता है। इनमें ऐसा 'कुछ' है जो सांकेतिक अर्थ—वस्तु—को स्पष्ट करने से पहले ही अन्तर्जगत के अस्पष्ट शिखरों को आलोकित कर जाता है। नई कविता की यह मोहक अस्पष्टता—रहस्यवादी अस्पष्टता से भिन्न है। ये किसी परोक्ष सत्ता की ओर संकेत नहीं करतीं, बल्कि हमारी अस्पष्ट अनुभूतियों की ओर संकेत करती हैं; अनाम भावनाओं को नाम देती हैं। रघुवीर सहाय में यह क्षमता सबसे अधिक है। केदार की सांकेतिकता संगीत तथा लय में है। त्रिलोचन में कुछ-न-कुछ ये दोनों विशेषताएँ दिखाई पड़ती हैं। इस विषय पर सूक्ष्मता से विचार होना चाहिए कि रघुवीर सहाय की ये तथाकथित 'प्रेम की कविताएँ' प्रेम की परिपाटी विहित कविताओं की सीमा से कहाँ अलग होती हैं और केदार की आत्माभिव्यक्ति व्यक्तिवादियों की आत्माभिव्यक्ति से किस प्रकार व्यापक है और त्रिलोचन का 'दर्द' अन्तर्मुखी कवियों के 'दर्द' से क्यों सशक्त है?

नवम्बर की 'कल्पना' में प्रकाशित पुरुषोत्तम खरे की 'माँ' शीर्षक लम्बी कविता भाषा और छन्द की अनगढ़ता के बावजूद मन पर वत्सल करुण की छाप छोड़ जाती है। 'दर्द', 'आस्था', 'आत्मरति' आदि की अन्तर्मुखी कोठरियों में बन्द नये कवियों के लिए यह कविता व्यापक मानवीय सम्वेदना का मार्ग दिखलाती है।

ऐसी मार्मिक कविताएँ पढ़ने के बाद 'राष्ट्रवाणी' की दुकान पर 'नई कविता' के लेबिल से विभूषित दर्जनों कविताओं को देखकर जायका बिगड़ जाता है। 'राष्ट्रवाणी' ने जनवरी के अंक में तीन दर्जन कविताएँ एकत्र छापकर दिखा दिया है कि 'नई कविता' सम्प्रदाय के नुस्ख़े क्या हैं। न ये 'नई' हैं और न 'कविता' ही। अनुकृति...अनुकृति...विकृति!

लक्ष्मीकान्त वर्मा ने 'नई कविता : यथार्थ के नये धरातल' लेख और 'नये साल का नया दिवस' कविता लिखकर सोदाहरण समझा दिया है कि उनके यथार्थ का नया धरातल जुगुप्सा है।

लोग कहते हैं कि कविता समझ में आने से पहले मन को छू लेती है; दरअसल वह समझ में न आने से पहले 'राष्ट्रवाणी' में आती है या फिर ऐसे आलोचकों के घोषणापत्र में आती है।

['कवि' (संपादक : विष्णुचन्द्र शर्मा) के जनवरी, 1957 अंक में स्तम्भ के अन्तर्गत 'कविमित्र' नाम से लिखी गई टिप्पणी]

कुछ और कविताएँ

'निकष' के नये अंक में अज्ञेय की 'सागर तट की सीपियाँ' कविता इस धारणा को पुष्ट करती है कि अब वे अपने को दुहरा रहे हैं। सागर, सीप और रेत के प्रतीक क्या अभी तक नहीं घिसे? 'रूप की प्यास' में भी 'दृश्य के भीतर से कुछ के उमड़ कर बोलने' की बात हम सुन चुके हैं। यों वे कलाकार हैं, पुराने प्रतीकों को भी नया सन्दर्भ तो दे ही सकते हैं। लेकिन 'बर्फ की झील' का नया प्रतीक लेकर भी वे मार्मिक प्रभाव नहीं उत्पन्न कर सके, यह चिन्त्य है। सर्वेश्वर की 'स्वयम् से साक्षात्कार' कविता की उठान जितनी प्रभावशाली है, अन्त उतना ही अकाव्यात्मक। भारती के पास गुनगुनी धूप, मोमबत्ती, कसे अंग जैसी थोड़ी-सी पूँजी है, जो उनकी हर कविता में आने के लिए लाचार है, इसलिए 'श्याम, एक थकी लड़की' में इन्हें देखकर आश्चर्य नहीं होता।

हमेशा की तरह मुक्तिबोध ने इस बार भी अपने 'सहचर मित्र' को सम्बोधन करके विस्तार से जीवन की विवशताओं का चित्रण किया है। जिस ईमानदारी के साथ 'मुक्तिबोध' आत्म-समीक्षा करते हैं, वह अन्यत्र दुर्लभ है और वही उनकी कविता का आकर्षण भी है। समझ में नहीं आता कि वे बहुत-सी कविताओं को एक कविता क्यों बना देते हैं।

लगे हाथों कुछ ऐसी रचनाओं की भी चर्चा कर लेनी चाहिए, जिन्हें 'निकष' ने 'कविता' कहकर उपस्थित किया है लेकिन हैं वस्तुत: अकविता। जाहिर है कि वीरेन्द्र कुमार जैन 'अपने प्यारे कवि कीट्स की याद में' उद्‌गार व्यक्त करने से अपने को न रोक सके। इसी तरह 'मन्वन्तर' जैसे बड़े विषय का भार उठाने से पहले राजेन्द्र किशोर को अपने अन्तर में देख लेना चाहिए था। लक्ष्मीकान्त वर्मा की रचना है 'स्टैम्पीड'; वे जो लिख दें, सब 'नई कविता' है। जगदीश गुप्त 'शब्द-दंश' में आज भी 'गारुड़ी' को बुला रहे हैं और 'निकष' के निर्णय से वह 'नई कविता' है।

अन्त में तीन कविताओं का घोषणापत्र। हस्ताक्षर तीन : कुँवर नारायण, मुद्राराक्षस और वसन्त देव। समझ में नहीं आता कि इन्हें कविता कहें या घोषणापत्र? इन्हें नई कविता और घोषणापत्र का गौरव इसीलिए मिला है कि इनमें, सम्पादक के अनुसार, 'क्षण' का जिक्र है। 'राष्ट्रवाणी' के सम्पादक वसन्तदेव ने तो भारती के प्रिय शब्द 'मर्यादा' का भी जिक्र किया है। यह दूसरी बात है कि कुँवर नारायण की कृति को छोड़कर अन्य दो कृतियाँ निर्दिष्ट क्षणवादी दर्शन से एकदम अनजान हैं।

['कवि' के 1957 के एक अंक में 'विवेक' स्तंभ के अन्तर्गत 'कविमित्र' नाम से 'निकष पर' शीर्षक से एक टिप्पणी।]

‘आजकल’ की कविताएँ

नये चित्रों के द्वारा अतिपरिचित भावनाओं में भी किस तरह नया उन्मेष प्रकट किया जा सकता है, इसका ताजा नमूना है अमृता प्रीतम का गीत–‘तुम नहीं आए’। अंगूरों को लाली ‘छू’—गई, हवा के होंठों में ‘शहद’—भर गया, धरती ने ‘अंजलि’ जोड़कर नीले नभ की दया पी ली जैसे नये चित्र केवल चित्र नहीं हैं, भावना के नये दिक् भी हैं। हिन्दी पाठकों को ऐसा प्रसन्न गीत सुलभ करने के लिए नागार्जुन बधाई के पात्र हैं। उन्हें अनुवादक की जगह रूपान्तरकार कहना चाहिए था।

ऐसी ताजगी हिन्दी के नये कवियों में भी मिल सकती है, इसका प्रमाण है रामदरश मिश्र का गीत : ‘तुम बिन’; जिसमें अमूर्त अभाव को भी विविध मार्मिक चित्रों द्वारा मूर्त कर दिया गया है। ‘तुम बिन लगता जैसे कोई त्योहार अजाने गया निकल’ जैसी पंक्ति लोकगीतों के संस्कार–संस्कृत कंठ से ही निकल सकती है।

ऐसी कविताओं की ताजगी पर परदा डालने के लिए कुंठा–कुंठित कवि इन्हें कैशोर भावना की कविता कहते हैं। लेकिन ताजगी और कचाई में अन्तर होता है; सहजता सरलता से भिन्न होती है। इनमें विवेक करने के लिए कीर्ति चौधरी की ‘एकान्त’ और ‘कई दिनों बाद’ जैसी कैशोर–सरल कविताएँ देखी जा सकती हैं। जब मन में कोई मूर्ति प्रतिष्ठित न हो पाई हो और अनजान दिशा में ही हाथ स्वयं जुड़ते हों तथा सुबह–सुबह उठने पर अपनी ही अंजलि में अपना मुख धर देर तक अपने से ही प्यार किया जाता है तो यह भावना किशोर–वय की कहलाती है। लेकिन किशोर भावना लिखी जाने से ही कविता कच्ची नहीं हो जाती; कच्ची होती है किशोर–भावना से लिखने पर। फिर भी नारी–मन का यह अबोध–अभाव प्यारा लगता है। कीर्ति की कविताओं का शायद यही आकर्षण है। स्त्री–कवि की यह जैवी सुविधा है।

लेकिन शकुन्त माथुर हैं कि इस सुविधा का उपयोग न करके नाहक ‘आयति’ और ‘आयत्त’ के आवर्त्त में कूद पड़ीं। कविपत्नी को ‘कविमित्र’ इससे ज्यादा और क्या कहें?

परन्तु प्रयागनारायण त्रिपाठी और बालकृष्ण राव से ‘कविमित्र’ कुछ जरूर कहेंगे। अच्छा हो कि प्रयागनारायण अपने को अब अज्ञेय के ‘संस्पर्श’ और ‘चीड़–अहं’

से मुक्त कर लें। और राव साहब पहले अपने–आपको ही अपनी 'पाषाण–कारा' से मुक्त करें। मलार्मे का वह सूत्र तो वे जानते ही होंगे कि कविता विचारों से नहीं लिखी जाती। और विचारों में भी नहीं, इतना 'कविमित्र' की ओर से।

[आजकल : मार्च, 1957 में प्रकाशित कविताओं पर 'कवि' (संपादक : विष्णुचन्द्र शर्मा) के वर्ष 1957 के अंक में 'विवेक' स्तंभ के अन्तर्गत 'कविमित्र' नाम से लिखी गई टिप्पणी]

वसन्त और पतझर

'कल्पना' में प्रकाशित रघुवीर सहाय की 'वसन्त' कविता को हम बेखटके इस महीने की कविता कह सकते हैं। वैसे, वसन्त पर वर्षों बाद एक कविता-सी कविता पढ़ने को मिली है। ऐसी कविताएँ हों तो वसन्त भी हो। आज तो यही स्थिति है कि मुर्गा न बोले तो सुबह ही न हो। यों भी, आधे से अधिक वसन्त कवियों की सृष्टि है। इसलिए जिस कवि में सृष्टि-रचना की क्षमता होती है, वही हर नये वसन्त की अनुभूति करा सकता है। रघुवीर सहाय का यह वसन्त केवल उस धूप का ऐन्द्रिय बोध जगाता है जिसमें गन्ध, स्मृति, ऊष्मा, पहचान, हवा वगैरह कुछ इस तरह घुल-मिल गई हैं कि समझ में नहीं आता कि यह क्या है। शब्द हैं : 'एक सुगन्ध है, बल्कि सुगन्ध नहीं, एक धूप है; बल्कि धूप नहीं, एक स्मृति है; बल्कि ऊष्मा नहीं, एक पहचान है...' पढ़ते-पढ़ते बॉदलेयर की 'करेस्पॉन्डेन्सेज' कविता याद आ जाती है। और इसका छन्द भी 'और, और' की आवृत्ति के साथ एक अनूठे अलस प्रवाह से चलता है, जो कि उन्मद आत्म-विस्मृति की अपनी लय है। सन् 1952 के 'प्रतीक' में भी रघुवीर सहाय ने वसन्त पर एक नायाब कविता लिखी थी।

'ज्ञानोदय' में आशा के विपरीत बहुत दिनों पर एक पढ़ने लायक कविता मिली, कुँवर नारायण की 'तुमने देखा', जिसकी आखिरी पंक्तियाँ न हों तो किसी उर्दू शायरी की शोखी का तर्जुमा मालूम हो। वे अन्तिम पंक्तियाँ जो इसे 'नई कविता' बनाती हैं, वे हैं, 'उस विरल क्षण की अद्वितीय व्याख्या में सदियों तक रहूँ!'

और उसी अंक में आशंका के अनुकूल मुंशी लक्ष्मीकान्त वर्मा की 'परिशिष्ट' कविता मिली जिसमें उन्होंने अज्ञेय के प्रति अपनी वफादारी दिखाने के लिए निःसंकोच भाव से 'मुट्ठी से बालू गिराने' वाला प्रतीक ले मारा है और यही इस कविता की विशेषता है।

'राष्ट्रवाणी' में सर्वेश्वर ने हमेशा की तरह एक आत्मविज्ञापन दिया है; 'मैंने कब कहा' जिसका निष्कर्ष है : 'मैं नया कवि हूँ।' कविमित्र कहते हैं कि मैंने यह कब नहीं कहा! देखकर अत्यन्त खेद होता है कि इतने संवेदनशील कवि को नेताओं ने अपने विचारों के अनुवाद कार्य में फँसा दिया। कुछ ऐसा ही कार्य 'नया पथ' में

केदारनाथ अग्रवाल ने 'लेखक की स्वतंत्रता' कविता (?) में किया है! केदार का यह पुराना रोग है; कवियों को चाहिए कि वे गद्य भी लिखा करें, इससे कविता का कल्याण होगा!

['कवि' (संपादक : विष्णुचन्द्र शर्मा) के 1957 के अंक में 'विवेक' स्तंभ के अन्तर्गत 'कविमित्र' नाम से लिखी गई एक टिप्पणी]

नई कविता : एक सम्भाव्य भूमिका

अन्वेषी कवि यदि नये-नये चित्रों की खोज करते हैं तो प्रतिनिधि कवि कुछ चित्रों को युगचेतना का प्रतीक बना देते हैं। टी.एस. इलियट ने अंग्रेजी की नई कविता को 'बेस्टलैंड' और 'हॅलो मेन' जैसे प्रतीक दिये लेकिन हिन्दी की नई कविता में अभी उस प्रकार का एक भी व्यक्तित्व नहीं दिखाई पड़ रहा है। ले-दे कर एक अज्ञेय हैं जिन्होंने इस दिशा में कुछ प्रयास किया है। उनका 'नदी के द्वीप' धीरे-धीरे कुछ लोगों के लिए प्रतीक बन चुका है और इधर 'सागर तट की सीपियों' तथा 'सेतु' की भाषा में भी कुछ कवि सोचने लग गए हैं, जो उनके नये काव्य-संग्रह 'इन्द्र-धनु रौंदे हुए ये' में क्रमशः प्रधानता के साथ प्रस्तुत हुए हैं।

नई कविता के इन प्रतीकों की यह सीमा है कि इनका विषय नया कवि स्वयं ही है। कविता का विषय स्वयं कवि—और कभी-कभी स्वयं कविता ही—बन जाए, यह प्रवृत्ति निरन्तर बढ़ती जा रही है जो एक इतिहासकार की दृष्टि में इस कविता के अन्त का सूचक है। अज्ञेय का 'सीपी' प्रतीक इस तथ्य को पूरी मार्मिकता के साथ उपस्थित करता है। युग के बालुका तट पर आज की सृजनशील प्रतिभाएँ रौंदी हुई सीपियों के समान पड़ी हैं, जिनके मुख में अब किरकिराते रेत कन भरे हैं। कवि के अनुसार, यही 'रौंदे हुए इन्द्रधनु' हैं।

'हम रौंदे हुए हैं' इसी अनुभूति का दूसरा प्रतीक है 'सेतु', जो सीपियों से इस मामले में विशेष है कि वह देश, काल और व्यक्ति की भिन्न सत्ताओं को जोड़ता है। यह सेतु भी एक प्रकार का रौंदा हुआ इन्द्रधनु ही है, किन्तु यह छायावादी कवि का शून्य में लटका हुआ 'आशा का सेतु' नहीं है, 'बल्कि मानव से मानव का हाथ मिलने से बनता है' और 'श्रम की शिखा से श्रम की शिखा को मिलता है' और इसीलिए यह सेतु 'जो है और जो होगा' उसको मिलाता है! यदि नये कवि की यह आकांक्षा सच्ची है तो 'नई कविता की सम्भाव्य भूमिका' इसी पथ से प्रारम्भ होगी।

किन्तु इस संग्रह की अन्य कविताओं को देखने से अभी तो यही प्रतीत होता है कि अज्ञेय 'चिर-वर्तमान के निमिष' वाले क्षणवादी दर्शन में इस तरह बँधे हुए हैं कि इस भाषा से मुक्त होना ही उनके लिए सबसे बड़ी समस्या है। यही वजह है कि इस संग्रह की अधिकांश कविताएँ 'शब्दार्थ' की समस्या सुलझाने और अपने

आलोचकों को उत्तर देने में ही भटक गई हैं। फलतः 'इन्द्र धनु रौंदे हुए ये' काव्य-संग्रह न होकर नई कविता का काव्य-शास्त्र हो गया है, जिसमें लक्ष्य भी है और लक्षण भी! और ये लक्षण भी प्रायः 'निरलक्ष्य तीर से रहित धनुष की प्रत्यंचा की अनमनी टंकार हैं।' सचमुच इससे 'हाथ कुछ नहीं आता!'

[अज्ञेय के सरस्वती प्रेस, इलाहाबाद से प्रकाशित कविता संग्रह 'इंद्रधनु रौंदे हुए ये' पर 'कवि' (संपादक : विष्णुचन्द्र शर्मा) के 1957 के अंक में 'विवेक' स्तंभ के अन्तर्गत 'कविमित्र' नाम से लिखी गई टिप्पणी]

गजानन माधव मुक्तिबोध

मुक्तिबोध, नई कविता के पाठकों के बीच, पूर्वपरिचित तो हैं, लेकिन लोकप्रिय नहीं हैं; क्योंकि उनकी कविताएँ अक्सर लम्बी होती हैं, उलझी दिखाई पड़ती हैं और बौद्धिक लगती हैं। इधर पाठक हैं कि उन्हें कविता के साथ माथापच्ची करने का अभ्यास नहीं है। लिहाजा, नये कवियों में लोकप्रिय प्राय: वही हैं जो छोटी कविताएँ लिखते हैं और वह भी ऐसी कविताएँ जिनमें दो-चार ताजा चित्र हों या एक तीव्र भावना हो! 'केसर रंग रँगे वन' और 'नवम्बर की गुनगुनी धूप' इन्द्रियों को तुरन्त प्रभावित करती हैं; और ऐसी कविताएँ बहुत सफल समझी जाती हैं। नि:सन्देह इस दिशा में प्रयोग करने वालों को सफलता जल्दी मिलती है और देखते-देखते अनेक नये कवि लोकप्रिय हो उठे हैं।

बात यह है कि ऐसे युग में जहाँ मान्यताएँ विवादग्रस्त और अनिश्चित हों, ऐन्द्रिय विषय ही निश्चित हैं और इन्हीं का यथातथा चित्रण सम्भव भी है। यही वजह है कि आज के अधिकांश किशोर तथा किशोर-मति कवि प्राकृतिक चित्रों की खोज में विकल हैं। झंझटों से बच निकलने का यह आसान तरीका है : समाज से कम झंझट प्रकृति में है और प्रकृति में भी इन्द्रियग्राह्य प्रभावों के चित्रण में सबसे कम झंझट है।

मुक्तिबोध उन कवियों में से हैं, जिन्होंने सफलता का यह सरल पथ छोड़कर इस युग की उलझनों में जानबूझकर अपने को डाला है। उन्होंने एक मुश्किल काम अपने हाथ में लिया है। उनकी कविताओं का केन्द्रीय विषय है : आज के व्यक्ति-मन का अन्तर्द्वन्द्व। सामाजिक अन्तर्द्वन्द्व की जो छाया व्यक्ति के जागरूक मन में प्रतिबिम्बित हो रही है, उसी के मार्मिक चित्रण का प्रयास मुक्तिबोध ने बार-बार किया है। इस तरह मुक्तिबोध आत्मविश्लेषण के माध्यम से इस युग के सामाजिक संघर्ष को समझना चाहते हैं। उनकी कविता में इसी आत्म-संघर्ष से छिटकी हुई चिनगारियों की चित्र-शृंखला मिलती है।

अंग्रेज कवि डब्ल्यू.बी. येट्स ने कहीं लिखा है कि जब हम अपने से बाहर संघर्ष करते हैं तो कथा-साहित्य की सृष्टि होती है और अपने-आपसे लड़ते हैं तो गीतकाव्य की। अपने-आपसे लड़ने पर जो गीतकाव्य पैदा होता है, वह नि:सन्देह

छायावादी गीत नहीं, बल्कि आज की कविता का गीत है। लेकिन एक तीसरी भी स्थिति होती है जब हम अपने-आपसे लड़ते हुए बाहरी स्थिति से भी लड़ने की कोशिश करते हैं और एक विशेष प्रकार की 'लम्बी कविताएँ' पैदा होती हैं, जो आधुनिक कविता की सबसे बड़ी उपलब्धि है। निराला की 'राम की शक्ति-पूजा', 'सरोज-स्मृति' आदि लम्बी कविताएँ इसी प्रकार के संघर्ष से उत्पन्न हुई हैं। मुक्तिबोध की लम्बी कविताएँ उसी परम्परा में आती हैं।

इस प्रकार का संघर्षशील कवि अनिवार्यतः भावुकता से कुछ दूर निकल जाता है; उसमें सम्भवतः निःसंगता सी है; उन्मथित भाव-विचार की सीमाएँ छूने लगते हैं; अनेक छोटी-छोटी भावनाएँ कार्य-कारण परम्परा में गूँथ कर शृंखलाबद्ध हो उठती हैं जिनकी अभिव्यक्ति के लिए विशेष प्रकार के 'बौद्धिक' व्यापार की आवश्यकता पड़ती है। आलोचकों ने सामान्यतः ऐसी कविताओं को बौद्धिक कहा है जो निश्चय ही अचिन्तित प्रयोग है। अचिन्तित इसलिए कि जो लोग आज नये कवियों को 'बौद्धिक' कह रहे हैं, वही एक समय छायावादी निराला को भी बौद्धिक कहते थे। तीव्र संवेदनाओं के कवि निराला को जो बौद्धिक कहे, कम-से-कम उस आलोचक को तो हम बौद्धिक नहीं कह सकते!

यहाँ इलियट का यह विचार युक्तिसंगत प्रतीत होता है कि 'बौद्धिक' और 'चिन्तक' कवि में अन्तर करना चाहिए। निराला की तरह ही मुक्तिबोध भी 'चिन्तक' कवि हैं; 'बौद्धिक' कवि के उदाहरण नये कवियों में प्रभाकर माचवे हैं। प्रसंगात् यहाँ यह संकेत कर देना आवश्यक प्रतीत होता है कि भावुकता वाले कवि ज्योंही गम्भीर होने का प्रयत्न करते हैं, चिन्तक न होकर प्रायः 'बौद्धिक' ही हो पाते हैं। छायावादी कवियों में आगे चलकर पन्तजी और प्रयोगशील कवियों में गिरिजाकुमार माथुर तथा भारती वगैरह की तथाकथित गम्भीर कविताओं में इस बौद्धिकता के दर्शन हो सकते हैं।

संक्षेप में यहाँ मुक्तिबोध की केवल रचना-प्रक्रिया का विश्लेषण किया गया है, जिससे उनकी उपलब्धियों पर विचार करने के लिए उचित मानदंड का निर्माण हो सके। उनकी उपलब्धियों पर विचार करने की यह जगह नहीं है। संकेतस्वरूप मैं केवल यही कह सकता हूँ कि मुक्तिबोध उन कवियों में से हैं जो अपने युग के सफल कवि नहीं, बल्कि सार्थक कवि कहलाने योग्य होते हैं और कभी-कभी सार्थकता सफलता से श्रेयस्कर होती है।

['कवि' (संपादक : विष्णुचन्द्र शर्मा) के 1957 के अंक में 'विशिष्ट कवि' स्तंभ के अन्तर्गत प्रकाशित टिप्पणी]

भवानीप्रसाद मिश्र की कविताएँ

और कवि लिखते हैं, लेकिन भवानीप्रसाद मिश्र कविता कहते हैं। 'जिस तरह हम बोलते हैं, उस तरह तू लिख' उनका मोटो है, जिसमें जोर शायद 'तरह' पर है। कविता में वे बोलचाल का लहजा भी ले आने की कोशिश करते हैं। इसका मतलब यह नहीं है कि वे एकदम नये छन्दों का प्रयोग करते हैं। प्रचलित छन्दों के पैटर्न पर ही वे बोलचाल का पैटर्न आरोपित कर देते हैं। यही उनका नया प्रयोग है और इसीलिए उन्हें प्रयोगशील कवियों में जगह दी गई है, अन्यथा भवानी हर तरह से बच्चन और दिनकर युग के कवि हैं।

बातचीत का यह लहजा बच्चन और दिनकर में भी देखा जा सकता है; साथ ही बच्चन-दिनकर के 'रेटरिक' से भवानी भी ग्रस्त हैं। लेकिन भवानी का आकर्षण उनकी निहायत बेतकल्लुफी में है, जो उनकी कविताओं को प्यारी व्यक्ति-व्यंजकता से भर देती है। इसीलिए कहीं-कहीं उनकी कविताओं में व्यक्ति-व्यंजक शब्दों का सा रस मिलता है। जगह-जगह वे 'भवानी' का उल्लेख करते हैं, जो खटकता कहीं भी नहीं। 'घर की याद', 'नया साल', 'दहन-पर्व', 'तेरा जन्मदिन' आदि कविताएँ इसी व्यक्ति-व्यंजकता के स्पर्श से सप्राण हो उठी हैं और इस संग्रह की सबसे बड़ी उपलब्धि भी यही हैं।

लेकिन एक सीमा के बाद अकृत्रिमता भी कृत्रिम हो जाती है : और लहजा भी लटका हो जाता है। खास तौर से जब उसे फलसफा बना दिया जाता है। वर्धा के सहजिया दर्शन को भवानी ने भाषा और लहजे तक ही लागू न करके जीवन और जगत को देखने तक फैला दिया अर्थात् 'पढ़ो जरा कम, कातो ज्यादा' तक। लिहाजा उन्होंने कपास की तरह कविता को भी कातना शुरू कर दिया। हलकेपन और सादगी के लिए उन्होंने कविता को कपास बना डाला। यही नहीं, वे 'शब्दों के महल' में कैद भी हो गए। सोचने लगे कि 'मेरे शब्द अब मुझसे भी बड़े हो गए हैं।' इसे मुगालता कहा जाए या मुबालगा? जो हो, जिस 'गीतफरोश' के साथ भवानी कविता के बाजार में आए, अब उसी के साथ यदि उनकी तमाम पुरानी कविताएँ भी आ गईं तो इनका स्वागत ही करना चाहिए।

[भवानीप्रसाद मिश्र के नवहिन्द प्रकाशन, हैदराबाद से प्रकाशित कविता संग्रह 'गीत-फरोश' पर 'कवि' (संपादक : विष्णुचन्द्र शर्मा) के 1957 के अंक में 'विवेक' स्तंभ के अन्तर्गत 'कविमित्र' नाम से लिखित]

केदारनाथ सिंह

केदारनाथ सिंह नई कविता की उस पीढ़ी के प्रमुख कवि हैं, जिसका उदय सन् 1950 के आसपास हुआ और जिसने नई कविता को एक विशेष दिशा में मोड़ने का सफल प्रयत्न किया। इस पीढ़ी के युवक कवियों की मन:स्थिति में चालीस के पुराने प्रयोगशील कवियों की घुटन, कुंठा, अन्तर्मुखीनता तथा कटु बौद्धिकता नहीं है, इनमें पिछली पीढ़ी के प्रगतिशील कवियों का कोरा राजनीतिक जोश भी नहीं है; इसके अतिरिक्त ये छायावादोत्तर प्रगीतवादियों के सरल गीतों से भी संतुष्ट होनेवाले नहीं हैं। कविता के क्षेत्र में इस पीढ़ी ने एक ऐसी स्वस्थ भावसत्ता के साथ प्रवेश किया जिसमें अपनी यथार्थ–संकुल निजता के बीच आशापूर्ण भविष्य की ललक तथा सुन्दर जीवन की अभिलाषा झलक मारती रहती है। इस नवीन उत्थान का सम्बन्ध परोक्ष रूप से तत्कालीन राष्ट्रीय तथा अंतर्राष्ट्रीय परिस्थिति से भी जोड़ा जा सकता है। साहित्यिक दृष्टि से इसे प्रगतिवाद, प्रयोगवाद तथा प्रगतिवाद के लम्बे घात–प्रतिघात का परिणाम भी कह सकते हैं; निश्चय ही इन विभिन्न प्रवृत्तियों ने एक दूसरे के एकान्तों की आलोचना करके कविता के क्षेत्र में एक नये स्तर के सन्तुलन की पृष्ठभूमि तैयार की। यह कविता न प्रगतिवाद थी, न प्रयोगवाद, न प्रगीतवाद ही; और न इन तीनों का समन्वय ही। यह 'नई कविता' है। यह आकस्मिक नहीं है कि 'नई कविता' का नारा इसी समय के आसपास दिया गया।

यह नवोत्थान बहुत कुछ अंग्रेजी कविता में डिलेन टामस के नेतृत्व में उदित होनेवाले नये ढंग के रोमैंटिक आविर्भाव की तरह है, जो सन् '30 वाले कवियों की अतिशय बौद्धिकता और यथार्थप्रियता के विरुद्ध उठ खड़ा हुआ। नई पीढ़ी के इस अभियान के महत्त्व को कम करने के लिए कुछ लोग इसे केवल लोकगीतों का संस्कृत रूप कहते हैं; लेकिन अपनी साहित्यिक परम्परा की ओर दृष्टिपात करने पर पता चलेगा कि कविता के क्षेत्र में हर नवोत्थान लोकगीतों की ओर उन्मुख हुआ है; चाहे वह आदिकालीन रासो का रोमांस काव्य हो, चाहे संत–भक्तिकाव्य अथवा आधुनिक युग का स्वच्छंदतावादी काव्य। यह तो लोक जागरण का प्रमाण है। लेकिन इस नई कविता को केवल लोकगीतों का अनुवाद कहना विवेक को पीठ देना है। इन कविताओं की अनुभूतियाँ लोकगीतों से कहीं अधिक आधुनिक और जटिल है।

इसी तरह कुछ पुराने प्रयोगशील कवियों ने अपना महत्त्व बढ़ाने के लिए इस नवोत्थान को अपनी ही रूमानियत का विकास कहा है, लेकिन विवेकी पाठक जानते हैं कि गिरिजाकुमार माथुर जैसे कवियों की रूमानी 'थकान' से इन कविताओं की तरुण ताजगी अलग है यही नहीं, इनकी संवेदनाएँ आरम्भिक ऐन्द्रियता और मांसल गरमाई से अधिक गहरी हैं।

पिछले चार-पाँच वर्षों में नई कविता पर जो कुछ लिखा गया है, उससे एकदम स्पष्ट है, इस नवोत्थान के कवियों में केदारनाथ सिंह का स्थान सर्वप्रमुख है।

ताजे चित्रण (इमेज) और संवेदनक्षम गीत केदारनाथ सिंह की विशेषताएँ हैं। चित्र नई कविता की कसौटी हैं और इनके जरिये किसी कवि की अनुभूतियों के क्षेत्र और साथ-साथ उसकी कला-शक्ति का पता चल सकता है। मुझे यह कहने में तनिक भी संकोच नहीं है कि चित्र-चयन और चित्र-रचना अर्थात् चित्रों द्वारा उपयुक्त रागबोध के 'पैटर्न' का निर्माण की जैसी क्षमता केदारनाथ सिंह में है वैसी आज किसी कवि में नहीं है। निस्सन्देह आरम्भ में वे नरेश मेहता की तरह फिजूल चित्रों की लड़ी लगा देते थे लेकिन धीरे-धीरे वे अब एक वृहद् चित्र के भीतर अंगांगि सम्बन्ध से केवल थोड़े-से आवश्यक चित्रों की योजना करने में सफल हो चुके हैं। प्रस्तुत कविताओं में से 'शंका-पुत्र' में यह मितव्ययिता देखी जा सकती है।

जहाँ तक केदार के चित्रों की व्याप्ति का प्रश्न है, वे प्राय: सरल ग्राम्य और वन्य जीवन के हैं; शहर के चित्रों में वे सड़क और चाय की भाप से आगे नहीं बढ़ते। कवि की मन:स्थिति बतलाने के लिए बार-बार आनेवाले कुछ चित्र—जो नि:सन्देह प्रतीक बन गए हैं—बहुत सहायक हो सकते हैं। बन्द कमरा है तो उसमें 'खिड़की', घर है तो 'आँगन'; बाहर निकले तो पगडंडी या खेत की दूर्वा-दल ढकी मेड़; अधिकांश कविताओं की पृष्ठभूमि में साँझ की छाया है या फिर भोर की हल्की उष्णता। 'कुहरा' केदार के यहाँ अक्सर उठता है और कभी-कभी दुहरा। चिड़ियों के गिरे पंख और फूल की झरी पंखुड़ियाँ उन्हें ज्यादा प्रिय हैं। क्रिया-कलाप में हल्की छुअन, नाम लिखना, हाँक लगाना, भटकना, अनागत की प्रतीक्षा, किसी अनदेखे को ढूँढ़ना इत्यादि।

ऐसे और इतने चित्र अपने से बाहर निकलने पर ही मिलते हैं, लगता है कि कवि अपनी स्पृहणीय भावनाओं को बाह्य प्रकृति और विस्तृत जीवन में खोज रहा है और उनका मूर्त रूप प्रतिष्ठित कर रहा है। यह आकुल प्रतीक्षा एक ऐसे भविष्य की है जिसका आभास उसे मिल गया है, रस्ता-घाट का यह भटकना उसी की तलाश में है। यह कोरी 'नॉस्टेल्जिया' नहीं है। किसी अन्तर्मुखी तथा कुंठित कवि के लिए यह संभव नहीं है।

इस अनूठी बहिर्मुखी प्रवृत्ति ने केदारनाथ सिंह के गीतों में एक विशेष प्रकार की नाटकीयता भर दी है, जो उनकी अपनी विशेषता है; इसीलिए उनकी मुक्त

छंदवाली कविताओं में भी अद्‌भुत गीतात्मकता मिलती है। वे प्रगीत कवि न होते हुए भी मूलत:गीतात्मक हैं और चित्रवादी न होते हुए भी चित्रात्मक हैं।

किन्तु कुल मिलाकर केदार मद्धिम या हल्के संवेगों के कवि हैं, उनके यहाँ आवेश कहीं नहीं है, संभवत: इसीलिय उनकी कविता का धरातल एकदम सम है, सभी कविताओं का स्तर प्राय: एक है या वे एक स्तर की हैं। ऐसे कवि प्राय: औसत कोटि के ही रह जाते हैं। तीव्र संवेगों के कवि (जैसे बायरन और निराला) की रचनाओं का स्तर प्राय: विषम होता है, उनकी कलम से बहुत-सी कविताएँ इतनी निम्नकोटि की निकलती हैं कि सहसा आश्चर्य होता है, लेकिन अपने सर्वोत्तम रूप में ये कवि बेजोड़ होते हैं।

हमें आशा करनी चाहिए कि जीवन के संघर्ष इस कवि की भावनाओं को विशुद्ध करके कभी-न-कभी तीवता अवश्य प्रदान करेंगे, जिससे वह अपनी काव्य-प्रतिभा का उचित विकास कर सके।

['कवि' (संपादक : विष्णुचन्द्र शर्मा) में 1955 में 'विशिष्ट कवि' स्तंभ के अन्तर्गत प्रकाशित टिप्पणी]

अखंड ज़िद से खेलते रहना

श्री भालचन्द्र नेमाड़े भारतीय साहित्य के यशस्वी लेखक हैं। मातृभाषा को अनुभूति और अभिव्यक्ति का सर्वश्रेष्ठी माध्यम माननेवाले नेमाड़े, देसीवाद के प्रवर्तक के रूप में विख्यात हैं। देसी बहुसांस्कृतिकता के पक्षधर नेमाड़े का स्पष्ट मत है कि भारतीय आधुनिकता की शक्ति देसी मूल्यों पर अवलम्बित है। ये मूल्य विश्व आधुनिकता में दिखनेवाली शून्यता को दूर करने में पूरी तरह सक्षम है।

यूँ तो रोजी-रोटी कमाने की विवशता में उन्होंने अंग्रेजी में शिक्षा प्राप्त की और यूरोप के कई देशों में लम्बे समय तक अध्यापन कार्य भी किया। उन्होंने अंग्रेजी में वैचारिक विषयों पर लगभग एक दर्जन किताबें भी लिखीं। अंग्रेजी के आधिकारिक ज्ञान के बावजूद सृजनात्मक लेखन उन्होंने मातृभाषा मराठी में ही किया।

नेमाड़े उपन्यासकार, कवि और आलोचक के रूप में प्रतिष्ठित हैं। 'कोसला', 'बिढार', 'हूल', 'जरीला', 'जूल' और 'हिन्दू : जीने का समृद्ध कबाड़' उनके बहुचर्चित उपन्यास हैं। 'साहित्य की भाषा' और 'टीका स्वयंवर' उनकी श्रेष्ठ आलोचना कृतियाँ हैं और 'मेलोडी' और 'देखनी' कविता-संग्रह।

'कोसला' उनका एक ऐसा उपन्यास है जिसने मराठी साहित्य की तीन पीढ़ियों को कथ्य; शिल्प और भाषा के स्तर पर बदला। यह किसी भी लेखक का युगान्तरकारी काम होता है। इसके अब तक 18 संस्करण प्रकाशित हो चुके हैं।

'हिन्दू : जीने का समृंद्ध कबाड़' उनकी विलक्षण कृति है। यह भारतीयता की खोज का महाआख्यान है। नेमाड़े इस उपन्यास में भूगोल, इतिहास, संस्कृति, राज्य और काल के विशाल परिसर में मोहनजोदड़ो तक यात्रा करते हुए, हिन्दू भारतीयता का उत्खनन करते हैं। नेमाड़े ने हिन्दू धर्म नहीं, हिन्दू भारतीयता की खोज में इस उपन्यास को प्रस्तुत किया है। इस उपन्यास में सदियों की 'हिन्दू भारतीयता' का सुचिन्तित आख्यान है। हिन्दू के माध्यम से वे न केवल हिन्दुस्तानी समाज, अपितु पूरे भारतीय उप-महाद्वीप की सभ्यता की पड़ताल करते हैं। नेमाड़े वस्तुतः इस उप-महाद्वीप की बहुसांस्कृतिक सभ्यता को, हिन्दू सभ्यता कहने का जोखिम उठाते हुए उपन्यास में एक विस्तृत विमर्श रखते हैं। यह सचमुच एक साहसिक पहल है।

नेमाड़े ने एक और महत्त्वपूर्ण काम किया है। अपनी आलोचना के जरिये वे भूमंडलीकरण से भारत में उपजे 'छद्म-आधुनिकता' और 'भ्रामक वैश्विकता' के संकटों को उजागर करते हैं। इस दृष्टि से वे विश्व-चेतस रचनाकार के रूप में उभरते हैं। देसीवाद की उनकी 'थीसिस' भूमंडलीकरण के ख़तरों का विश्लेषण भी है और जवाब भी।

कुल मिलाकार नेमाड़े अपने लेखन में मनुष्य, समाज और सृष्टि का पक्ष लेनेवाले गम्भीर रचनाकार हैं।

अपनी बात उनकी कविता की इन पंक्तियों से समाप्त करता हूँ—

अखंड जिद से खेलते रहना अच्छा
चाहे जाएँ हार,
पराकाष्ठा की बाजी
जीने की होती है
जीने के इस खेल में।

[25 अप्रैल, 2015 को ज्ञानपीठ सम्मान समारोह में दिया गया लिखित वक्तव्य]

अब जिगर थाम के बैठो

'जिगरी' के अनुवादक श्री जे.एल. रेड्डी का मन रखने के लिए फिलहाल सिर्फ दो शब्द। विस्तृत समीक्षा फिर कभी। समय मिलने पर।

बहरहाल। कथानक बहुत छोटा है। कथा के केन्द्र में एक भालू है, जिसे उसका मालिक 'सादुल' कहता है। सादुल यानी शार्दूल। मालिक है इमाम। बीबी बीवम्मा और बेटा चाँद। सादुल और चाँद दोनों हमउम्र हैं। कहानी वहाँ से शुरू होती है जब सादुल और चाँद दोनों बीस साल के हैं। फर्क सिर्फ यह है कि चाँद जवान है और सादुल बूढ़ा यानी किसी काम का नहीं। सवाल यह है कि उससे कैसा छुटकारा पाया जाय। इसी बीच यह सरकारी फरमान जारी होता है कि भालू पालना जुर्म है। इसी के साथ यह भी ऐलान होता है कि बेसहारा लोगों को सरकार आजीविका के लिए कुछ जमीन देगी।

जाहिर है कि इस स्थिति में सादुल नाम के भालू की घर में रखना खतरनाक है। इसलिए इमाम की बीवी और बेटे दोनों अपने बाप पर दबाव डालते हैं कि सादुल को किसी तरह जंगल में छोड़ दिया जाय। बीवी और बेटे के दबाव में इमाम उसे छोड़ने की कोशिश भी करता है लेकिन कामयाब नहीं होता। दूसरी बार माँ-बेटे विद्रोह कर देते हैं और तय होता है कि सादुल को कोई विषैली चीज खिलाकर जंगल में छोड़ आया जाय।

अन्ततः इमाम इसी इरादे से सादुल को लेकर जंगल में जाता है लेकिन दोनों में से कोई वापस नहीं लौटता और कहानी ख़त्म हो जाती है।

साफ है कि कहानी का कथानक बहुत छोटा है, लेकिन यह कहानी कही जिस ढंग से गई है, वह 'कला' ही उसे अद्वितीय और अविस्मरणीय कथा-कृति का दर्जा दिलाती है।

कथानक की संरचना को देखें तो इस कथाकृति की संरचना का आदि और अन्त कुंडलाकार है।

आरम्भ :

दिन निकल गया।
दिन डूब गया।

दिन गया। रात भी गई।

इमाम नहीं आया। सादुल का भी कहीं पता नहीं चला।

अन्त :

बात आधे घंटे की थी। लेकिन एक घंटा बीत गया।

दो घंटे बीत गए। सबेरा भी बीत गया। फिर दिन भी ढल गया।

लेकिन इमाम लौटकर नहीं आया।

कहने को तो 'जिगरी' अनुवाद है, लेकिन हमें तो वह एकदम मौलिक कथाकृति की तरह लगती है। तेलगू मूल में कैसी होगी, नहीं कह सकता, लेकिन हिन्दी अनुवाद के लिए श्री जे.एल. रेड्डी को दाद दिये बिना नहीं रहा जाता। पढ़ते समय मूल हिन्दी का स्वाद मिलता है। इसके लिए बधाई।

['जिगरी' उपन्यास की भूमिका]

फ़कीर मोहन सेनापति की परम्परा के कथाकार गोपीनाथ महान्ती

प्रतिष्ठित उड़िया कथाकार गोपीनाथ महान्ती के जन्मशती समारोह में उद्घाटन-भाषण का आमंत्रण मेरे लिए सम्मान की बात है और इसके लिए मैं साहित्य अकादमी का आभार मानता हूँ। मूल उड़िया भाषा में उनके उपन्यासों और कहानियों को पढ़ने का सौभाग्य तो मुझे प्राप्त न हो सका, किन्तु हिन्दी अनुवाद में उनके सभी उपन्यास सुलभ हैं। फिर भी खेद है कि बहुत चाहते हुए भी उन पर कुछ लिखने का मौका अभी तक न निकाल सका।

वैसे, उड़िया उपन्यासों में मेरी दिलचस्पी काफी पहले से रही है। फकीर मोहन सेनापति के कालजयी उपन्यास 'छ माण आठ गुंठ' के हिन्दी अनुवाद 'छह बीघा जमीन' का जिक्र मैंने साहित्य अकादमी की ही एक अन्तर्राष्ट्रीय संगोष्ठी में किया था, जिसका आयोजन मार्च, 1981 में हुआ था। उस भाषण का सम्भवत: एक अंश प्रासंगिक होगा।

'मेरी धारणा है कि पश्चिम में उपन्यास का उदय भले ही मध्यवर्ग के महाकाव्य के रूप में हुआ हो, किन्तु भारतीय उपन्यास का विकास किसान जीवन की महागाथा के रूप में हुआ है। भारतीय किसान के शोषण को लेकर लिखा गया पहला सशक्त भारतीय उपन्यास 'छ माण आठ गुंठ' (छह बीघा जमीन) 1897 में प्रकाशित हो चुका था जिसे फकीर मोहन सेनापति ने उड़िया भाषा में लिखा था।'

इसके बाद मैंने हिन्दी के सर्वश्रेष्ठ कथाकार प्रेमचन्द पर लिखते हुए एकाधिक निबन्धों में फकीर मोहन सेनापति के उपन्यास 'छह बीघा जमीन' के कुछ मार्मिक प्रसंगों का उद्धरण देते हुए विस्तृत समीक्षा भी की।

गोपीनाथ महान्ती, मेरी दृष्टि में, फकीर मोहन सेनापति की ही परम्परा के कथाकार हैं। हिन्दी में उनके प्राय: सभी उपन्यासों के अनुवाद भी सुलभ हैं। लेकिन मुझे उनके चारों उपन्यासों में पहला उपन्यास 'परजा' ही पसन्द है। वैसे तो 'परजा' के अंग्रेजी और हिन्दी दोनों अनुवाद सुलभ हैं, लेकिन मुझे हिन्दी अनुवाद ही विशेष रुचिकर लगा। यह और बात है कि हिन्दी अनुवादक शंकरलाल पुरोहित के अनुसार, अंग्रेजी अनुवाद पर ही पाठक मुग्ध हुआ है।

'परजा' कोरापुट जिले के एक छोटे से जनजातीय गाँव के एक यतीम परिवार की दर्दनाक कहानी है। परिवार का स्वामी शुक्रू जानी है और दो बेटियाँ हैं—जिली और बिली और माँ सोंबारी।

परिवार का पूरा संघर्ष इस बात के लिए है कि उनके जीवन में भी सूर्य की कोई किरण आ जाए। लेकिन उनके सारे प्रयत्न विफल हो जाते हैं। अन्त में वे उस साहूकार की हत्या कर देते हैं जिसने उनकी जमीन हड़प ली थी और उनको दास बना रखा था। यही नहीं कि बल्कि बहन के साथ व्यभिचार किया। हत्या करते समय वे कहते हैं :

"हाँ, तुमने दगाबाजी में हमारी जमीन ले ली है, लेकिन तुम उसे भोग नहीं सकोगे। कभी नहीं, कभी नहीं।"

दरअसल, हिन्दी अनुवाद में लगभग तीन सौ पृष्ठों के उपन्यास की जान उसके कथानक में नहीं, बल्कि मार्मिक प्रसंगों में है। जीवन के राग-रंग और सामूहिक रूप से गाए जानेवाले गीतों में है। उदाहरण के लिए प्रस्तुत है एक प्रसंग :

"उनके क्या दुख नहीं हैं ? कष्ट नहीं हैं ? हैं, जले भाग्य वाले मैले माथे मजूरों का देस, आधा पेट खाना, देह के लिए कभी-कभी बित्ता-आधा कपड़ा। उसमें भी कितने लोगों का कितना झमेला।"

मगर पहाड़ी लड़कियों की धुली-पुँछी हँसी उफन रही है पेड़ों के लम्बोतरे बेणी के सफेद फूल की तरह। सफेद हँसी, सुन्दर और अल्हड़।

कटाई करती छोरियाँ एक लय में गीत गा रही हैं :
इस माँडिया के खेत पर हम...
रोज मेहनत करें, रोज पसीना बहाती
पके फल गाड़ी-गाड़ी भर सहेजकर रखती।
किसके लिए ? ओ प्रिय, तेरे लिए।
तेरे लिए मेरी बाड़ी की मक्का, खेत का माँडिया
राँधा हुआ मद पी आँखें टिमटिमातीं,
मतवाली हो जब पुकारूँ, तुम आना।
चाँदनी रात में, पत्तों की छाँह, दबे-दबे पाँव तुम आना
क्योंकि तुम्हारी राह देखने में ही मेरी लाज सरम है।
पर हे प्रिय, हमने खून-पसीना कर माँडिया
पैदा किया है। खेत में तेरे लिए, तेरे लिए!

[गोपीनाथ महान्ती की जन्मशती के अवसर पर साहित्य अकादमी द्वारा आयोजित समारोह के उद्‌घाटन भाषण के लिए लिखित टिप्पणी]

जिसका सादृश्य एकत्र कहीं नहीं

'बाणभट्ट की आत्मकथा' में निपुणिका यानी नउनियाँ

कवि चन्द्रमौलि 'पुनर्नवा' में कविता की यह पंक्ति अक्सर गुनगुनाते हैं, 'इन्तैकत्र क्वचिदपि न ते चण्डि सादृश्यममस्ति।' हाय कोपने! एक जगह कहीं भी तुम्हारा सादृश्य नहीं मिलता। कालिदास के पाठक जानते हैं कि यह पंक्ति 'मेघदूत' के एक श्लोक की है। विरही यक्ष अपनी प्रिया के रूप का ध्यान करते हुए कहता है कि लताओं में तुम्हारे अंगों का सादृश्य मिल जाता है, चकित हरिणियों की दृष्टि में तुम्हारा दृष्टिपात दिख जाता है, मोरों के बईभार में तुम्हारे केशों की शोभा मिल जाती है, पहाड़ी नदियों की पतली धार की लहरों में तुम्हारे भ्रूविलास की चारुता दिख जाती है, पर हाय कोपन-स्वभावे! तुम्हारे सम्पूर्ण शरीर की शोभा का सादृश्य एक जगह तो कहीं नहीं दिखता। लेकिन 'पुनर्नवा' के चन्द्रमौलि जब यह कविता गुनगुनाते हैं तो उनकी वेदना कुछ और ही है। कहते हैं : 'मेरे निजी मानस की विक्षुब्धता केवल मेरे ही मानस में अँटती है। संसार में सर्वत्र उसके किसी-न-किसी अंश का साम्य मिलता है। हर पेड़-पौधा कुछ-न-कुछ उसका आभास दे जाता है, पर बंधु, एकत्र वे साम्य अगर कहीं ठीक-ठीक विद्यमान हैं तो केवल मेरे मन में ही हैं। उसे बाहर की रूप-सामग्री के माध्यम से किसी प्रकार पूर्ण रूप से अभिव्यक्त नहीं किया जा सकता। शब्द उसे क्या प्रकट करेंगे?'

सच पूछिए तो यह वेदना 'पुनर्नवा' के लेखक हजारी प्रसाद द्विवेदी की है। सच्ची अभिव्यक्ति की वेदना। सच्चे सर्जन की वेदना। इसके साथ ही यह सह-वेदना भी कि उसे ठीक-ठीक समझने वाला काई सहृदय नहीं है। लेकिन इस वेदना की विशेषता यह है कि इसमें विडम्बना का बोध भी शामिल है। पंडितजी अपने खास अंदाज में इस वेदना पर ठहाके भी लगाते हैं। उनमें अपने ऊपर हँसने का भी माद्दा था। उनकी यह विशेषता उन्हें औसत रोमांटिकों से अलग करती है। 'पुनर्नवा' में चन्द्रमौलि जहाँ अपनी वेदना की चर्चा करता है, उसका मित्र माढव्य अपनी घरेलू वेदना की कहानी सुनाकर समूचे प्रसंग को मजाक में बदल देता है और कहता है कि माढव्य भी मानता है कि पूरी बात कोई नहीं समझता। सहृदयता एक बीमारी का नाम है। एक बार मुझे भी इस बीमारी का शिकार होना पड़ा था, पर उस दिन से अपना हृदय इस चुटिया में रख दिया है। अब निश्चिन्त हूँ। ऐसे रचनाकार को ठीक-ठीक समझने का दावा तो

मैं भी नहीं कर सकता, लेकिन कोशिश जरूर करता रहा हूँ और जितना समझ में आ सका है, आज संक्षेप में उसी को आपके सामने रखने की कोशिश करूँगा।

पंडित हजारी प्रसाद द्विवेदी में विलक्षण सर्जनात्मक छटपटाहट थी। यह छटपटाहट उन्हें कई विधाओं की ओर ले गई। उनकी सर्जनात्मक प्रतिभा किसी विधा से पूरी तरह सन्तुष्ट नहीं थी। इसलिए हर विधा को अपने कथ्य के अनुरूप उन्होंने एक नया रूप दिया। उन्होंने निबन्ध लिखे : जैसे अशोक के फूल, शिरीष के फूल, आम फिर बौरा गए, कुटज, देवदास आदि। लोग इन्हें 'ललित निबन्ध' कहते हैं, किन्तु क्या ये निबन्ध वैसे ही 'ललित निबन्ध' हैं, जैसे विद्यानिवास मिश्र के या फिर कुबेरनाथ राय के? द्विवेदीजी से पूछिए तो वे इन्हें 'गप्प' कहेंगे। 'गप्प' शब्द सुनकर लोग जब कुछ अविश्वास से हँसने लगते थे तो गम्भीर मुद्रा में वे 'गप्प' का भाष्य करते थे। गप्प यानी गल्प। गल्प कहानी और उपन्यास ही नहीं होते। निबन्ध भी गल्प ही होता है। गल्प संस्कृत के 'कल्प' शब्द का तद्भव रूप है। इसी से कल्पना शब्द बना है। कल्पना ही नये सृजन का मूल है। इसीलिए अपने उपन्यासों को भी वे 'गप्प' ही कहते थे। और निबन्धों की तरह ही उन्होंने 'उपन्यास' विधा को भी अपने कथ्य के अनुरूप बदल दिया। इस दृष्टि से 'पुनर्नवा' शब्द बहुत सार्थक है। 'पुनर्नवा' सिर्फ एक उपन्यास का नाम नहीं, बल्कि द्विवेदीजी के समस्त उपन्यासों की सृजन-प्रक्रिया की बुनियादी अवधारणा है।

'पुनर्नवा' कालिदास का शब्द है। पंडितजी के अत्यन्त प्रिय काव्य 'कुमार सम्भव' का। पंचम सर्ग में तपश्चर्या के बाद पार्वती को जब भगवान शंकर अपने असली रूप में दर्शन देते हैं तो दर्शन देने के साथ ही यह भी कहते हैं कि 'हे अवनतांगि, आज से मैं तुम्हारा दास हूँ; तुमने अपने तप से मुझे खरीद लिया।' इसके बाद पार्वती की सारी थकान दूर हो गई और उन्होंने पुनर्नवता प्राप्त कर ली। स्वयं कवि के शब्दों में 'क्लेशः फलेन हि पुनर्नवतां विधते।' द्विवेदीजी ने इस 'पुनर्नवा' को एक नया अर्थ दिया। इतिहास को आज के लिए प्रासंगिक बनाकर, लोककथा को नये कथा-विन्यास में ढाल कर, मिथक में निहित जीवन अनुभवों को खोलकर तंत्रादिक साधनाओं से रस निचोड़कर। ये सब पुनर्नवता के ही विधि रूप हैं, किन्तु इन सबके साथ उपन्यास के रूप-विधान को भी उन्होंने 'पुनर्नवता' दी, जिसकी ओर अभी तक अच्छी तरह ध्यान नहीं दिया गया है। रूप-विधान की दृष्टि से उनके चारों उपन्यास एक दूसरे से भिन्न हैं। चाहें तो उन्हें 'नये प्रयोग' भी कह सकते हैं। इस प्रयोगशीलता को ठीक से न समझने के कारण ही प्रायः आलोचकों ने उन्हें उपन्यास-कला की दृष्टि से 'असफल' घोषित किया है।

स्पष्ट है कि आलोचकों के सामने उपन्यास विधा का कोई बना-बनाया औसत चौखटा है और द्विवेदीजी के उपन्यास उस चौखटे में फिट नहीं आते। हम अक्सर यह बात भूल जाते हैं कि विधाओं के औसत रूप सिले-सिलाए 'रेडीमेड' कपड़ों के समान हैं, निःसन्देह सामान्य जन इन 'रेडीमेड' कपड़ों से काम चला लेते हैं, लेकिन कोई

सर्जक साहित्यकार ऐसे बने-बनाए रूपों से सन्तुष्ट नहीं हो सकता। लेव तोल्स्तोय के प्रसिद्ध उपन्यास 'युद्ध और शान्ति' को फ्रांस के उन्नीसवीं शताब्दी के उपन्यासकारों ने उपन्यास मानने से ही इनकार कर दिया था, क्योंकि तोल्स्तोय ने अपने कथ्य के लिए एक ढीला-ढाला कथा-विन्यास चुना। इसी तरह जेम्स ज्वायस का 'यूलिसिस' भी काफी दिनों तक 'उपन्यास' की संज्ञा से वंचित रहा। यहाँ द्विवेदीजी के उपन्यासों की रूप-विधि के तकनीकी विश्लेषण की गुंजाइश नहीं है, इसलिए यह संकेत ही काफी है।

देखने की असल चीज तो वह कथ्य है, जिसके लिए उन्होंने उपन्यास के ढाँचे में इतने प्रयोग किए। उन चारों उपन्यासों को पढ़ने पर साफ लगता है कि सभी मूलतः प्रेम के उपन्यास हैं, किन्तु प्रेम के बारे में द्विवेदीजी की अपनी विशेष धारणा है। विचार करने की चीज यह प्रेम की विशिष्ट परिकल्पना ही है।

ऊपर-ऊपर से द्विवेजीजी के सभी उपन्यासों से प्रेम का एक त्रिकोण मिलेगा। सामान्यतः एक पुरुष दो स्त्रियाँ। कहीं-कहीं एक स्त्री और दो पुरुष भी। 'बाणभट्ट की आत्मकथा' में एक बाण और उसका प्यार चाहने वाली दो स्त्रियाँ—निपुणिका और भट्टिनी। 'चारु चन्द्रलेख' में सातवाहन केन्द्र में प्रेम पात्र रानी चन्द्रलेखा तथा मैना। 'पुनर्नवा' के नायक लोरिक तथा नायिकाएँ चन्द्रा और मृणाल मंजरी। 'अनामदास का पोथा' में स्थिति थोड़ी भिन्न है। स्त्री एक ही है जाबाला। उसे चाहनेवाला भी एक ही पुरुष है रैक्व, किन्तु जाबाला के प्रति अल्पकाल के लिए रैक्व के मित्र एक ऋषि कुमार का भी अनुराग दिखाया गया है। एक स्त्री और दो पुरुष की स्थिति 'चारु चन्द्रलेख' के आरम्भ में भी है।

चन्द्रलेख का झुकाव शुरू-शुरू में नागनाथ की ओर है, जबकि सातवाहन चन्द्रलेखा पर अनुरक्त है। इस त्रिकोण-प्रेम का अन्त दो में से एक स्त्री की मृत्यु में होता है। ये सारी बातें जानी-पहचानी हैं। घिसी-पिटी। खास बात यह है कि इस त्रिकोण में कहीं ईर्ष्या का भाव नहीं है। दोनों स्त्रियों में कहीं सौतिया डाह नहीं है। न निपुणिका और भट्टिनी में, न चन्द्रलेख और नैना में, न चन्द्रा और मृणाल मंजरी में। एक स्त्री दूसरी के लिए खुशी-खुशी आत्मबलिदान कर देती है। जो स्त्री आत्म- बलिदान करती है, उसका प्रेम सामान्य सामाजिक मर्यादा की दृष्टि से अवैध है, किन्तु उदात्तता वहीं है,जहाँ प्रेम अवैध है 'बाणभट्ट की आत्मकथा' में निपुणिका का प्रेम, चारु चन्द्रलेख में मैना का और 'पुनर्नवा' में चन्द्रा का। वस्तुतः द्विवेदीजी अपने उपन्यासों में इस तथाकथित अवैध प्रेम की महिमा का ही चित्रण करते हैं। ऐसा क्यों ? बातचीत के एक प्रसंग में पंडितजी ने कभी बताया था कि 'बाणभट्ट की आत्मकथा' में मैंने रवीन्द्रनाथ की एक कविता का अनुवाद रख दिया है, जिसकी ओर किसी ने ध्यान ही नहीं दिया। इस कविता के अनुवाद को रखने का शिल्पगत प्रयोजन तो यह था कि 'आत्मकथा' की प्राचीनता संदिग्ध हो जाए ? लेकिन इस कविता का एक और प्रयोजन भी है, जिसका सम्बन्ध उपन्यास की अन्तर्वस्तु से है। रवीन्द्रनाथ की वह कविता है 'पतिता'। यह

वही कविता है, जिसने शरच्चन्द्र के मन में ऐसी हलचल पैदा की कि नारी, विशेषत: समाज में पतित समझी जाने वाली नारियों के बारे में समूची दृष्टि ही बदल गई। यह वही 'पतिता' है, जो शरद बाबू के ज्यादातर उपन्यासों के केन्द्र में है।

कविता इतनी ही है कि उषाकाल में गंगा तट पर एक वारवनिता को स्नान करके निकलते देख अबोध ब्रह्मचारी युवक उषा सम्बन्धी वैदिक ऋचा का गान करने लगा। साफ है कि उसे उस नारी की वास्तविक स्थिति का कुछ भी पता न था, किन्तु उस भोले युवक के संस्तवन से वारवनिता को जैसे नया जन्म मिल गया। अभी तक उसने अपने कोठे पर रसिकों के चाटुवचन ही सुने थे, आज पहली बार वह एक सरल हृदय से निकली अमृतवाणी सुन रही थी। कविता के मूल बांग्ला अंश है : हृदय आभार नारीर महिमा बजाय उठिजो हृदय भेरि। धन्य रे आमि धन्य विधाता सृजेछि आमारे रमणि करि।। मधु राते कतो मुग्ध हृदये स्वर्ग मेनेछे ए देहखानि। तखन शुनेछि बहु चाटु कथा शुनि नि एमन सत्यवाणी।।

द्विवेदीजी इसी 'पतिता' समझी जाने वाली नारी के अन्दर निहित दिव्यता की पहचान कराने के लिए छटपटा रहे थे। उनके उपन्यासों से लगता है कि उनकी इस छटपटाहट के मूल में निजी अनुभव की चिनगारी थी। बाणभट्ट की 'निपुणिका' के वास्तविक नाम की ओर सामान्यत: ध्यान नहीं जाता। प्राकृत अपभ्रंश में वह 'निउनिया' है, संस्कृत नाटकों के सर्वथा अनुरूप। लेकिन वस्तुत: वह भोजपुरी की 'नउनिया' है, 'नाई' की स्त्री 'नाइन'। जाति की छोटी। किसी कदर बदनाम लेकिन आन्तरिक गुणों में बड़े बबुआन की कुलवधुओं से ऊँची। 'बाणभट्ट की आत्मकथा' इस 'निउनिया' की ही व्यथा-कथा है। गहरी, विषाद भरी और उदात्त। अन्य उपन्यास नारी की इसी व्यथा-कथा के विविध पहलू हैं। यहाँ सबके ब्योरे बताने जरूरी नहीं हैं। द्विवेदीजी ने अपने उपन्यासों में घुमा फिराकर इस नारी-महिमा और दिव्य प्रेम का ही दर्शन प्रस्तुत किया है। कहीं तंत्र का सहारा लेकर, कहीं मध्ययुगीन भक्ति को आधार बनाकर। गरज कि जो बातें उन्होंने 'हिन्दी साहित्य की भूमिका', 'नाथ सम्प्रदाय', 'कबीर' आदि शोधपरक चिन्तन प्रधान ग्रंथों में विचार के स्तर पर कहीं हैं, उसी को रस और सौन्दर्य की भाषा में उनके उपन्यास कहते हैं। मध्ययुगीन भक्तिकाव्य के अध्ययन और अपने जीवन के प्रत्यक्ष अनुभव से उन्होंने समाज के निचले हिस्से में छिपी हुई उदात्तता के दर्शन किये और साहित्य में उसी का सृजन किया। 'अधम ते अधम अधम अति नारी' में मानवता के दिव्य गुणों का अधिष्ठान ही द्विवेदीजी के साहित्य-सृजन का मूल मंत्र है।

[1990 के आसपास दिये गए एक व्याख्यान का लिखित एवं परिवर्धित रूप। 15 अक्टूबर, 2010 के 'लोकायत' में प्रकाशित]

छत्तीसगढ़ की 'कन्हार' के कवि : एकान्त श्रीवास्तव

'बीज से फूल तक' की कविताओं में एक खास तरह की कशिश है। उसे एकान्त एक जगह 'गुरुत्वाकर्षण' कहते हैं—जब समुद्र उन्हें अपनी तरफ खींचता है और अपनी तरफ खींचती है पृथ्वी। इस खींच-तान में समुद्र की अद्‌भुत छवियाँ छिटकी हैं। 'समुद्र पर सूर्योदय' में 'श्याम जल में झड़ते हैं इंगुरी के फूल / क्षितिज की झुकी हुई टहनी से'। और 'एक बहुत बड़ा हवनकुंड है भोर का समुद्र / मंत्रपुष्ट उठता है जल / हाहाकार है जल का मंत्रोच्चार'। फिर 'ढलती धूप की धीमी आँच में / पिघलता है शाम का समुद्र'। लेकिन इन दोनों घड़ियों के बीच दोपहर का समुद्र तो अद्वितीय है। वह 'हल्दी-मिला दूध है', 'जल का उद्विग्न वाद्य है' और है 'पानी का महाकाव्य / पानी की लकीरों पर लिखा हुआ / पानी का लोकगीत / पानी के कंठ से उठता हुआ'। हिन्दी में समुद्र पर पहली बार ऐसी कविताएँ दृष्टिगत हुई हैं, सम्भवतः। समुद्र को 'पानी का महाकाव्य' कहने का गौरव एकान्त को ही प्राप्त हुआ है। ऐसा लगता है, जैसे कोई पहले-पहल समुद्र को देख रहा हो : धरती पर पहला मनुष्य और हिन्दी का पहला कवि!

इस प्रसंग की सबसे कल्पनाशील कविता सम्भवतः 'जलपाँखी' है : 'ये पानी के फूल हैं / पानी में ही फूलते, महकते / और झड़ते हुए / वे रात भर पानी की आँखों में / रंगीन स्वप्न की तरह रहते हैं / और भोर के धुँधलके में उड़ते हैं / जैसे धरती के प्रार्थना गीत हों'!

लेकिन प्रबल गुरुत्वाकर्षण समुद्र से अधिक पृथ्वी का ही है। बड़ी कथा वही है जो छोटी कथा को अपनी तरफ खींचती है : 'जैसे पृथ्वी खींचती है हमें अपने गुरुत्वाकर्षण से / जब हम उससे दूर जाने लगते हैं / वह बचाए रखती है / हमारे पाँवों को विस्थापित होने से'। इसलिए 'बीज से फूल तक' की अधिकांश कविताओं का बीज-भाव यह 'विस्थापन' ही है जिसमें अपनी धरती और अपने लोगों के प्रति आकर्षण तीव्रतर हो जाता है।

एकान्त वस्तुतः छत्तीसगढ़ की 'कन्हार' के कवि हैं और 'कन्हार' केवल मिट्टी का नाम नहीं है और यह केवल एक छोटा-सा 'अंचल' भी नहीं है क्योंकि

'देश के किसी भी हिस्से में मिल जाएगा छत्तीसगढ़'। इस दृष्टि से एकान्त को कोरा 'आंचलिक' कवि कहना भी ठीक न होगा।

फिर भी 'बीज से फूल तक' कविता का ऐसा विशिष्ट अंचल है 'जहाँ शब्दों की महक से / गमकता है कागज का हृदय / और मनुष्य की महक से धरती'। इस प्रसंग में एकान्त यह याद दिलाना नहीं भूलते कि 'दिन-ब-दिन राख हो रही इस दुनिया में / जो चीज़ हमें बचाए रखती है / वह केवल मनुष्य की महक है'। इसीलिए उनकी इस उक्ति में सन्देह नहीं होता कि 'मैं यकीन के साथ कह सकता हूँ / कि उस सुगन्ध को—जो मिट्टी की देह और / मनुष्य की साँस को सुवासित करती है—मैं बचाए / रख सका हूँ / हालाँकि दिनों-दिन यह कठिन होता जा रहा है' (बुखार)।

'बीज से फूल तक' का काव्य-संसार एक ओर माँ-बाप, भाई-बहन का भरा-पूरा परिवार है तो दूसरी ओर अन्धी लड़की, अपाहिज और बधिर जैसे असहाय लोगों का शरण्य भी और 'कन्हार' जैसी लम्बी कविता तो एक तरह से नख-दर्पण में आज के भारत का छाया-चित्र ही है।

यदि वे साँस का नगाड़ा बजाते हैं तो उस स्पर्श से भी वाकिफ़ हैं जिसमें किसी को छूने में उँगलियों के जल जाने की आशंका होती है। इस क्रम में दिवंगत भाई के लिए लिखी हुई कविताएँ सबसे मर्मस्पर्शी हैं, खास तौर से 'पाँचवें की याद'!

'अन्न हैं मेरे शब्द' से अपनी काव्य-यात्रा आरम्भ करनेवाले एकान्त आज भी विश्वास करते हैं कि 'जहाँ कोई नहीं रहता / वहाँ शब्द रहते हैं'। आज जब चारों ओर से 'शब्द पर हमला' हो रहा है, एकान्त उन थोड़े से कवियों में हैं जो 'शब्द' को अपनी कविताओं से एक नया अर्थ दे रहे हैं।

निश्चय ही एकान्त का यह तीसरा काव्य-संकलन एक लम्बी छलाँग है और ऊँची उड़ान भी—कवि के ही शब्दों में 'एक भयानक शून्य की भरपाई'।

[राजकमल प्रकाशन से 2003 में प्रकाशित एकांत श्रीवास्तव के संग्रह 'बीज से फूल तक' का ब्लर्ब]

महेश्वर का निर्णय

महेश्वर को स्मरण करते हुए मेरे हृदय में वही सम्मान है जो वीरगति को प्राप्त एक योद्धा के लिए होना चाहिए। 'आदमी को निर्णायक होना चाहिए' शीर्षक काव्य-संग्रह की कविताओं से एक सच्चे योद्धा कवि की छवि उभरती है। यह छवि बहुत कुछ वैसी ही है, जैसी 'छाड़ पत्र' के बांग्ला कवि सुकान्त भट्टाचार्य की! टीकों और टाँकों से छलनी हो गया था शरीर उस योद्धा का और अंतत 25 जून, 1994 को वह अस्पताल के 'निर्जन मोर्चे' पर खेत रहा; किन्तु अंत तक वह बहादुरी के साथ मौत से जूझता रहा और इस आन्तरिक युद्ध की गाथा कविताओं में कलमबंद करता रहा। 'आदमी को निर्णायक होना चाहिए'—ऐसे ही संघर्षशील क्षणों का मार्मिक दस्तावेज है। बड़ी गहरी पीड़ा से महेश्वर ने लिखा है कि 'ऐंड़ लगाते ही टुट गई मेरे घोड़े की बाग!' वह तो एक लम्बे अभियान के लिए निकला था। यह निर्णय उसने बहुत पहले ले लिया था। सन् 72-73 के दिनों से ही, यानी जब से उसे मैं जानता हूँ।

उन दिनों उसकी राजनीतिक सक्रियता को देखकर मैं मजाक में कहा करता था। 'हमारी बातें ही बातें हैं, सय्यद काम करता है!' आगे चलकर इस सय्यद ने राजनीति के मोर्चे पर क्या-क्या कमाल किये, इसकी ज्यादा जानकारी नहीं है। मेरे सामने तो आज उसके वे अग्निगर्भी शब्द ही हैं—कविताओं की शक्ल में और वही शब्द कुछ कहने के लिए उद्वेलित कर रहे हैं। ताकत बंदूक की नली से ही नहीं निकलती, शब्दों में भी होती है—इसका एहसास महेश्वर को भी था। महेश्वर की एक कविता है : 'शब्दों के बारे में'। जिन्दगी की मुश्किल घड़ी में आखिर शब्द ही काम आए : 'सब कुछ को देते हुए आकार!' कवि के सिवा इस बात को और कौन जानता है कि 'शब्दों से आप बच नहीं सकते! शब्दों को छूकर देखिए—पहुँच जाएँगे आप अपनी जड़ों तक', लेकिन इसके साथ-साथ यह चेतावनी भी है कि शब्दों से सावधान रहिए/लाख छुपाने पर भी वे ढुँढ़ निकालेंगे/आपके भागते हुए कदमों के निशान/शब्द छल करते हैं/शब्द बोलते हैं सच/शब्दों में छुपता है झूठ और शब्दों में ही मारा जाता है/शब्द खेलते हैं शब्दों से'।

जाहिर है कि महेश्वर ने यह सब 'शब्द को साधकर-शोधकर' देखा था और इस प्रक्रिया में एक निराकार व्यक्ति ने 'साकार समूह का आत्मचेतन विस्तार' प्राप्त किया था।

महेश्वर ने ज्यादातर उद्‌बोधन गीत ही लिखे हैं—साथियों की सम्बोधित और साथियों का हौसला बढ़ाने के लिए। शायद अपने-आपको आत्मदया से उबारने के लिए भी! पर मुझे सच्चे कवि का स्वर उन कविताओं में सुनाई पड़ता है जब कवि महेश्वर 'आत्मालाप' करते हैं। पीजीआई चंडीगढ़ में 1922 की लिखी हुई एक ऐसी ही कविता है जिसका शीर्षक भी 'आत्मालाप' है :

> मेरे साथी टिकना नहीं चाहते मेरे पास रस्मी तौर पर हाल-चाल पूछने से ज्यादा
> वक्त के ठीक इसी मुकाम पर उतरता है अकेलापन
> और आकाश में छाई गोधूलि की तरह मन के तमाम कोने-अंतरों में पसर जाता है
> यह अकेलापन ही है मेरी शक्ति इसी के गर्भ से जन्म लेती है मेरी जिजीविषा!

कवि का यह अकेलापन 'ओस और भोर की लाली के नाजुक तन्तुओं से बुना है' और शायद इसी बल पर अन्त में वह अपने साथियों को यह चेतावनी देने का भी साहस करता है :

> तुम मारे जाओगे मारे जाओगे
> क्योंकि जीवन में कहाँ सीखी तुमने
> आदमी के अकेलेपन में आदमी के साथ हिस्सा बँटाने की राजनीति!

यह मानवीय संवेदना ही महेश्वर की राजनीतिक कविताओं को औसत राजनीतिक कविताओं के स्तर से ऊपर उठाकर एक और आयाम प्रदान करती है।

इसी प्रकार की एक और कविता है जिसके नीचे 'पटना अस्पताल', 18.3.86 दर्ज है।

> आज मुझे थोड़ा उदास होने दीजिए, साथियों उदास होने दीजिए मुझे
> बदलने के लिए दर्द का जायका घुटन का एहसास
> ताकि कहीं-न-कहीं तो टूट सके एकरसता का लम्बा सिलसिला।

किन्तु इस उदासी का रंग ही कुछ और है। इसमें 'अमलतास और गुलमोहर के बागी फूल' भी हैं और 'धूप का जश्न भी'!

'आदमी को निर्णायक होना चाहिए' की कविताएँ बहुत कुछ एक 'क्रान्तिकारी रोमांटिक' कवि का आभास देती हैं। लगता है, जैसे दस गुना बारह फीट के कमरे में एक 'उन्मत्त झरना' बन्द कर दिया गया है। गति, ऊर्जा और सौन्दर्य इन कविताओं की प्राणधारा है। एक ऐसी खुली हुई कवि-दृष्टि है जो 'गतिमय विस्तार का सौन्दर्य' एक निमेष में माप लेना चाहती है। यह भी एक संयोग ही है कि स्पेनी भाषा के क्रान्तिकारी गायक लोर्का की तरह ही महेश्वर के काव्य संसार में भी दौड़ते हुए घोड़े दिखते हैं।

रोग–शय्या से लिखी गई कविताएँ और भी हैं किन्तु महेश्वर की इन इक्यावन कविताओं से होकर गुजरने का अनुभव कुछ और ही है। ये ऐसे विश्चेतस् कवि की कविताएँ हैं जिसका विश्वास था कि 'किडनी बचाते हुए जान गँवाने से बेहतर है/ 'जानलेवा जनतंत्र से अपने/देशवासियों को बचाते हुए मरना'। यही वह कवि है जो अपनी तीमारदारी को भी 'हर बीमारी के खिलाफ/एक लम्बी जंग की तैयारी' में इस तरह बदल देना चाहता था कि उसमें 'आग के दरिया में डूबकर/मुक्ति का कमल खोज लाने का साहस' हो! कहने की आवश्यकता नहीं कि यह 'मुक्ति का कमल' वही है जिसे खोजकर लाने के लिए मुक्तिबोध भी 'अँधेरे' में तड़प रहे थे।

महेश्वर ने ऐसे दौरे में हम सबको निर्णायक होने का आह्वान किया है जब बड़ों–बड़ों की आस्थाएँ डगमगा गई हैं और जब शताब्दी के अवसान, समाजवाद के अन्त और स्वयं इतिहास के अन्त के आर्तनाद से दि ग्दिगंत गूँज रहा है। संशय, अनिश्चय और अनास्था के इस 'उत्तरआधुनिकतावादी' माहौल में आस्था का यह स्वर दुर्लभ है।

महेश्वर मँझधार में बिछड़े। असमय ही। 'अधूरी चीजें तमाम छोड़कर' लेकिन जैसा कि रवीन्द्रनाथ ठाकुर ने एक गीत में कहा है, यह अधूरा काम भी व्यर्थ नहीं गया है :

> जे फुल ना फूटिते झरेछे धरणीते
> जे नदी मरुपथे हारालो धारा
> जानि हे जानि, ताओ हयनि हारा।

['पुरुष' के किसी अंक में प्रकाशित]

आईना क्यों न दूँ

विश्वनाथ जी की एक कविता है : 'एक प्राध्यापकीय अनुभूति'। सन् '67 की 'आलोचना' में छपी थी। कविता कुछ इस तरह है : एक प्राध्यापक की गर्दन में फूलों का मौसम जयमाल बनकर गिर पड़नेवाला ही था कि उसे अपने एम.ए. पास विद्यार्थी का चेहरा याद आ गया। निराशा को दबाती हुई चेहरे की असहायता। वह बेधुला--काले से भूरा होता हुआ कोट। फटी चप्पलों को घसीटने के कारण लँगड़ाना। जो वाद-विवाद प्रतियोगिताओं में कई प्रकार जीत चुका है, उसी का एम.ए. पास करने के बाद हकलाने लगना। जब यह सब याद आया तो सहसा वह जयमाल नियुक्ति-पत्र बनकर ऊपर आसमान में फड़फड़ाने लगी!

15 फरवरी, 1996 को विश्वनाथ जी दिल्ली विश्वविद्यालय की सेवा में 65 वर्ष पूरे करने के बाद निवृत्त हो गए। जल्द ही किसी दिन विदाई भी होगी ही। गर्दन में जयमाल भी शायद पड़ेगी। क्या उस समय उन्हें यह अपनी कविता याद आएगी? 4 साल पहले मैं भी इसी तरह जे.एन.यू. से सेवानिवृत्त हुआ था। तब मुझे विश्वनाथ जी की यह कविता बेसाख़्ता याद आई थी।

अध्यापन के पेशे में ऐसी ही 'प्राध्यापकीय अनुभूति' बचे रहने की ताकत देती है।

बात 1967 की होगी। विश्वनाथ जी दिल्ली विश्वविद्यालय के एक कॉलेज में प्राध्यापक थे और विश्वविद्यालयों की दुनिया से बाहर। वे मॉडल टाउन में रहते थे, मैं मॉडल टाउन छोड़कर तीमारपुर के एक कमरे में आ बसा था। वे सुबह टहलने निकलते तो अक्सर मुझसे मिलने आ जाते। एक दिन कुछ ऐसा हादसा हुआ कि दरवाजे पर अचानक पड़ोसी के कुत्ते की जोर-जोर से भूँकने की आवाज सुनाई पड़ी। दरवाजा खोला तो देखा कि विश्वनाथ जी बदहवास खड़े हैं : कपड़े फटे हुए और पाँव लहूलुहान! सन्न रह गया! हौं ही सब अनरथ कर हेतू।

कुत्ता अल्सेशियन था। उसके मालिक ने आश्वासन दिया कि वह पागल नहीं। लेकिन विश्वनाथ जी क्योंकर आश्वस्त होने लगे! सबसे ज्यादा चिन्ता उन्हें अपनी बच्चियों की थी, पत्नी की थी। किसी तरह घर गए। हम उन्हें हर रोज लगभग एक हफ्ते-भर फोन पर उस कुत्ते की आवाज सुनवाते रहे—यह बताने के लिए कि वह

मरा नहीं बल्कि जिन्दा है। एकाध बार उन्हें वहम हुआ कि कहीं वह आवाज किसी दूसरे कुत्ते की न हो! इसलिए वे बीच में दो बार उस कुत्ते को अपनी आँखों देखने भी आए।

दुर्घटना के शिकार वे हुए थे, लेकिन अपराध-बोध की पीड़ा मुझे भी कम न थी। 'आलोचना' के ग़ालिब विशेषांक की तैयारी चल रही थी। संयोग से एक दिन ग़ालिब का 'दीवान' उलटते हुए इस शेर पर नज़र पड़ी :

पानी से सग-गज़ीदा डरे जिस तरह असद
डरता हूँ आईने से कि मुर्दम-गज़ीदा हूँ।

उस ग़मे-दौराँ में डरते-डरते एक शाम विश्वनाथ जी को यह शेर सुनाया—बिना यह जोड़े कि 'आप तो कुत्ते के ही काटे हुए हैं, मैं तो आदमी का काटा हुआ हूँ।' तब मुझे पता न था कि किसी आदमी के काटे हुए वे भी हैं। आख़िर इस दिल्ली के काटे कौन बचा है!

विश्वनाथ जी याद आएँ और तुलसीदास याद न आएँ—यह हो ही नहीं सकता! बाबा उनके तो बाबा ही हैं, मेरे सिर-माथे पर हैं। काशी में 'कवितावली' के छन्द रचते हुए कभी उन्होंने 'कलियुग' को चुनौती देते हुए कहा था : 'बाम्हन ज्यों उगिल्यो उरगारि हौं त्योंही तिहारे हिय न हितैहौं'। गरुड़ ने भ्रमवश ब्राह्मण को निगल लिया था, लेकिन पेट में ऐसी ज्वाला हुई कि विवश होकर उसे उगल देना पड़ा था!

हम जैसों के लिए शायद दिल्ली ही वह गरुड़ है—ऐसे 'बाम्हन' कम ही होंगे, जिन्हें यह गरुड़ हज़म न कर सका हो। आज भी विश्वनाथ जी को साबुत और सही-सलामत देखकर बाबा याद आ जाते हैं और साथ ही अपने भी होने का अहसास।

और अन्त में, बल्कि सबसे पहले ही, विश्वनाथ जी के साथ पंडित जी को तो याद आना ही है। पंडित जी अर्थात् हजारीप्रसाद द्विवेदी। हम दोनों के गुरु। सन्दीपन गुरु। सच तो यह है कि हम दोनों मिलते हैं तो ज़्यादातर बातें पंडित जी को लेकर ही होती हैं। विश्वनाथ जी जब निरुत्तर हो जाते हैं तो हारकर कहते हैं : 'गुरु ने ज्ञान की गठरी तो आप ही के सामने खोली थी!'

खोली होगी मेरे सामने, लेकिन आज मैं कहना चाहता हूँ कि दी वह गठरी उन्होंने विश्वनाथ जी को ही। यह सच है। लेकिन उस गठरी में ज्ञान के साथ धड़कते हुए अत्यन्त संवेदनशील हृदय का एक टुकड़ा भी था। विश्वनाथ जी के पास वह अमूल्य गठरी आज भी सुरक्षित है। वह निधि अन्ततः अधिकारी को ही मिली! अन्तेवासी भी तो वही थे!

विश्वनाथ जी ने हक अदा कर दिया, यह मैं आज निःसंकोच कह सकता हूँ। तुलसीदास पर पंडित जी लिखना चाहते थे, पर लिख न पाए। विश्वनाथ जी ने

'लोकवादी तुलसीदास' लिख दिया। फिर उन्होंने मीरा पर लिखा और हरिशंकर परसाई पर भी। सब पर उसी तन्मयता के साथ जिस तन्मयता से पंडित जी ने 'कबीर' लिखा था। गरज कि वह सब किया जो न गुरु से हो सका और न उनके इस शिष्य से।

इसी क्रम में मैं यह भी जोड़ना चाहूँगा कि रेणु की 'तीसरी कसम' की मार्मिक व्याख्या भी वही मानस कर सकता है, जिसमें 'पुनर्नवा' की चन्द्रा के साथ अपनापन हो!

परन्तु अभी विश्वनाथ जी की साहित्यिक उपलब्धियों का लेखा-जोखा पेश करने का समय नहीं आया है, इसलिए आज तो उन्हें सिर्फ यह छोटा-सा 'आईना' देना चाहता हूँ इन शब्दों के साथ—ऐसा कहाँ से लाऊँ कि तुझसा कहें जिसे!

भारत एक खोज : एक परिचय

दूरदर्शन द्वारा प्रस्तुत 'भारत : एक खोज' एक तरह से भारतीय संस्कृति का एक विराट बहुरंगी 'कोलाज' या 'मौज़ैक' है जिसके एक-एक रंग की अपनी पहचान है—'भिन्नता में एकता' की भावना की मनोहर प्रतिच्छाया।

1936-37 के देशव्यापी चुनावों के दौरान जब नेहरू जी पूरे भारत के तूफानी दौरे पर निकले तो वे दूर-दराज के छोटे-से-छोटे कस्बे और गाँव तक पहुँचे। इस तरह उन्होंने असली भारत को आँख भर देखा। अपने भारत को गहराई से खोजने की चाह नेहरू जी में यहीं से जागी, लेकिन वह चाह पूरी हुई सितम्बर, 1944 में अहमदनगर किले की कैम्प जेल में। चार महीने तक कलम घिसने के बाद नेहरू जी ने महसूस किया कि 'जिस तरह मेरा दिमाग लिखित इतिहास से प्राप्त चित्रों और कमोबेश सुनिश्चित तथ्यों से भरा हुआ था, उसी तरह एक बिना पढ़े-लिखे किसान के मन में भी एक चित्रदीर्घा होती है। हालाँकि ये चित्र अधिकांशत: मिथकों, परम्पराओं, महाकाव्यों के नायकों-नायिकाओं की देन होते हैं और इनमें इतिहास का योगदान बहुत कम होता है, फिर भी यह चित्र-दीर्घा काफी सजीव होती है।'

इस प्रक्रिया में नेहरू जी को भारत 'एक ऐसे प्राचीन भोजपत्र की तरह प्रतीत हुआ जिस पर विचारों और दिवास्वप्नों की परतें एक दूसरे पर कुछ इस तरह अंकित होती रही हैं कि कोई भी नई परत पहले से अंकित इबारत को पूरी तरह मिटा नहीं सकी।'

जेल की एकान्त कोठरी में धीरे-धीरे इस प्राचीन भोजपत्र के पन्ने एक के बाद एक खुलते चले जाते हैं और भारत के पाँच हजार वर्षों का इतिहास आँखों के सामने सजीव चित्रों के रूप में उभरने लगता है और सबसे पहले सुनाई पड़ती है वेद वाणी—ऋग्वेद का नासदीय सूक्त, जिसके आरम्भिक शब्द हैं : 'नासदासीन्नो सदासीत् तदानीं...' सृष्टि से पहले सत् नहीं था, असत् भी नहीं...।

विशेष रूप से उल्लेखनीय बात यह है कि इस इतिहास-धारा के बीच साहित्य, संगीत, कला तथा चिन्तन के क्षेत्र की महान् प्रतिभाओं को भी सम्मान के साथ यथास्थान प्रस्तुत किया गया है।

वस्तुतः 53 प्रसंगों में विभक्त इस धारावाहिक का सबसे बड़ा आकर्षण है इसकी कलात्मक प्रस्तुति में कविता, गान, नृत्य–नाट्य आदि सभी ललित कलाओं का समुचित समायोजन। इस रचना–विन्यास में लोक और शास्त्र, दोनों का यथास्थान सन्निवेश है।

प्रसंगवश 'महाभारत' को दो खंडों में प्रस्तुत करते हुए इसमें जिन दो प्रसिद्ध नाटकों का उपयोग किया गया है, उनमें एक है भास का संस्कृत 'उरुभंगम्' और दूसरा धर्मवीर भारती का 'अन्धा युग'। यहाँ शास्त्रीय और देशी का सुखद समन्वय दृष्टिगोचर होता है।

'रामायण' की प्रस्तुति में सूर्पणखा नाक कटैया और सीता–हरण के प्रसंग को केरलीय कथकली नृत्यशैली के अतिरिक्त सेराईकेल्लै छाऊ नृत्य के साथ प्रस्तुत किया गया है। छाऊ और ओडिशी का प्रयोग आगे चलकर युद्ध के निर्वाण के प्रसंग में भी किया गया है। इसी प्रसंग में चार्वाक के सिद्धान्तों का मज़ाक उड़ाने के लिए कृष्णचन्द्र लिखित 'प्रबोध चन्द्रोदय' नामक प्रहसन का उपयोग भी काफी दिलचस्प है।

कालिदास को लेकर इस धारावाहिक में दो प्रसंग हैं। एक है कालिदास का जीवन चरित, जो मोहन राकेश के प्रसिद्ध नाटक 'आषाढ़ का एक दिन' के अनुसार प्रस्तुत किया गया है। इसके अतिरिक्त कालिदास के विश्वप्रसिद्ध नाटक 'अभिज्ञान शाकुन्तलम्' के मराठी अनुवाद को इस प्रसंग में अपनाया गया है।

वस्तुतः भारत की विविध भाषाओं, साहित्यिक कृतियों, नृत्य कलाओं और गायन शैलियों का सम्मिश्रण करके भिन्नता में एकता की भावना को सुदृढ़ करने की कोशिश की गई है। धारावाहिक का 53वाँ और अन्तिम प्रसंग एक प्रकार से 'भारत : एक खोज' उपसंहार और निष्कर्ष जैसा है। अन्ततः यह सवाल स्वाभाविक है कि भारत को खोजने की इस कोशिश में मिला क्या?

कहना न होगा कि पाँच हजार वर्षों के जीवन्त इतिहास से गुजरते हुए हमें निश्चय ही जीवन के कुछ महत्त्वपूर्ण मूल्य मिलते हैं, जैसे—तर्क की स्थापना, त्याग का महत्त्व, अनुष्ठानों–पाखंडों का विरोध, सत्य की स्थापना, सद्भाव, भाईचारा, सामाजिक जड़ता का प्रतिरोध, दृढ़ निश्चय आदि।

'द डिस्कवरी ऑफ इंडिया' यानी हिन्दी में 'हिन्दुस्तान की कहानी' के प्रकाशन के दो वर्ष बाद भारत को आज़ादी मिल गई। आजादी मिलने के तुरन्त बाद नेहरू जी ने आधी रात को देश के नाम पहला उद्घोष किया, उसमें नियति के साथ मिलने के वादे का जिक्र है। वे कहते हैं कि 'आप खुद क्या हैं और हिन्दुस्तान को आगे चलकर क्या बनाएँगे, हमारे देश का भविष्य इसी पर निर्भर करता है। हम किसी मामूली देश के नागरिक नहीं हैं। अपनी धरती, अपने देश, अपनी संस्कृति और अपनी परम्पराओं पर हमें गर्व है। लेकिन इस गर्व का यह अर्थ नहीं है कि हम

अपने अतीत के प्रति पूजा-भाव से भर उठें और अन्य देशों से दूरी बनाते हुए उनके तौर-तरीकों का सम्मान न करें।'

भाषण का अन्त रवीन्द्रनाथ ठाकुर की प्रसिद्ध कविता से है। 'भारत : एक खोज' का आरम्भ ॠग्वेद और अन्त रवीन्द्रनाथ ठाकुर के गीत से। आरम्भ जैसा दिव्य, अन्त वैसा ही भव्य।

पंजाब की साँझी विरासत का स्वागत

बाबा फरीद के सलोक, बुल्ले शाह की काफियाँ, वारिस शाह की हीर और फजल शाह का किस्सा सोहणी-महींवाल—ये सब पंजाबी साहित्य की अत्यन्त लोकप्रिय और कालजयी कृतियाँ हैं। पंजाब के इन मुसलमान सूफी सन्तों ने दिव्य प्रेम की ऐसी धारा प्रवाहित की जिससे सम्पूर्ण लोकमानस रस से सराबोर हो उठा और इसी के साथ एक ऐसी साँझी संस्कृति भी विकसित हुई जिसकी लहरों से मजहबी भेद-भाव की सभी खाइयाँ पट गईं।

पंजाबी साहित्य की यह बहुमूल्य विरासत एक तरह से सम्पूर्ण भारतीय साहित्य की भी अनमोल निधि है। लेकिन बहुत कुछ लिपि से अपरिचय और कुछ-कुछ भाषा की कठिनाई के कारण पंजाब के बाहर का बृहत्तर समाज इस धरोहर के उपयोग से वंचित रहता आया है। वैसे, इस अवरोध को तोड़ने की दिशा में इक्के-दुक्के प्रयास पहले भी हुए हैं। उदाहरण के लिए कुछ समय पहले प्रोफेसर हरभजन सिंह शेख फरीद और बुल्ले शाह की रचनाओं को हिन्दी अनुवाद के साथ नागरी लिपि में सुलभ कराने का स्तुत्य प्रयास कर चुके हैं। सम्भव है, इस प्रकार के कुछ और काम भी हुए हों!

लेकिन वारिस शाह की हीर और फजल शाह का किस्सा सोहणी-महींवाल तो, मेरी जानकारी में, हिन्दी में पहले-पहल अब आ रहे हैं और कहना न होगा कि इस महत्त्वपूर्ण कार्य का श्रेय 'नेशनल इंस्टीट्यूट ऑफ पंजाब स्टडीज' को है। ये चारों पुस्तकें 'पंजाब हेरीटेज सीरीज' के अन्तर्गत एक बड़ी योजना के साथ तैयार की गई हैं। मुझे इस योजना से परिचित करवाने और फिर एक प्रकार से संयुक्त करने की कृपा मेरे आदरणीय शुभचिन्तक प्रोफेसर अमरीक सिंह ने की है और इसके लिए मैं उनका आभार मानता हूँ!

सच पूछिए तो आज हिन्दी में हीर को देखकर मुझे फिराक साहिब का वह शेर बरबस याद आता है :

दिल का इक काम जो बरसों से पड़ा रक्खा है
तुम ज़रा हाथ लगा दो तो हुआ रक्खा है।

हीर को हिन्दी में लाना सचमुच दिल का ही काम है और ऐसे काम को

अंजाम देने के लिए दिल भी बड़ा चाहिए। पंजाब भारत का वह बड़ा दिल है—इसे कौन नहीं जानता! फरीद, बुल्ले शाह, वारिस शाह, फजल शाह—ये सभी उसी दिल के टुकड़े हैं। आज हिन्दी में इन अनमोल टुकड़ों को एक जगह जमा करने का काम जिस 'हाथ' ने किया है, उसका नाम है, 'नेशनल इंस्टीट्यूट ऑफ पंजाब स्टडीज'! इस संस्थान ने सचमुच ही आज अपना हक अदा कर दिया। मेरा भी उसे सत श्री अकाल।

['नेशनल इंस्टीट्यूट ऑफ पंजाब स्टडीज़' के लिए अनामिका पब्लिशर्स एंड डिस्ट्रीब्यूटर्स (प्रा. लि.) द्वारा प्रकाशित पुस्तक 'बाबा फरीद' की भूमिका]

'भारतभूषण अग्रवाल स्मृति पुरस्कार' से सम्मानित कवियों की कविताओं पर निर्णायक मत

तय तो यही हुआ था

जब तक शरद बिल्लौरे जीवित रहे, उनका लिखा हुआ बहुत कम प्रकाशित हो पाया था, किन्तु उनकी छिटपुट कविताओं से ही उनकी विलक्षण प्रतिभा का अहसास होता था। केवल पच्चीस वर्ष की अल्पायु में उनकी दु:खद मृत्यु के दो वर्ष बाद जब उनका संग्रह 'तय तो यही हुआ था' प्रकाशित हुआ तब हिन्दी जगत इस अपूरणीय क्षति का पूरी तरह अन्दाज लगा सका। स्पष्ट है कि स्वर्गीय शरद बिल्लौरे आज के युवा कवियों में एकदम अलग मिजाज, भाषा और शैली रखते थे। उनकी इस कविता में आज के भूखे आदमी के यातनापूर्ण संघर्ष तथा सब कुछ दे चुकने के बाद भी रक्त-मांस की भूख न मिटा पाने के मर्मान्तक मोहभंग को जिस तरह एक पौराणिक आख्यान में केवल संकेत से जोड़ा गया है, वह वर्तमान और अतीत के सम्बन्धों और अर्थों को नये और प्रासंगिक ढंग से आलोकित करता है।

प्रार्थना के शिल्प में नहीं

परम्परा के साथ एक नये सम्बन्ध की स्थापना, प्रखर सामाजिक चेतना और जीवन्त भाषा संवेदना के द्वारा देवी प्रसाद मिश्र आज के युवा कवियों के बीच अपनी विशिष्ट पहचान रखते हैं। इसकी बानगी कविता शृंखला की एक छोटी-सी कविता 'प्रार्थना के शिल्प में नहीं' से मिल सकती है।

अयोध्या 1991

अक्टूबर, 1992 की 'कथा' पत्रिका (इलाहाबाद) में कवि की जो चौदह कविताएँ प्रकाशित हुई हैं, उनसे निश्चय ही एक ऐसी होनहार प्रतिभा का आभास मिलता है

जिसमें सर्जनात्मक सम्भावना है। बेहतर कविताएँ शायद और भी हों, पर 'अयोध्या 1991' कविता प्रासंगिक है। जो बात इस कविता को विशिष्ट बनाती है, वह है अयोध्या का एक आम शहर के रूप में साधारणीकरण। इस कविता की अयोध्या वह नहीं है जिसमें कभी राम रहते थे; बल्कि और शहरों की तरह ही एक शहर है जिसमें मनुष्य रहते हैं; 'जिनमें रहता है भगवान' जो अल्लाह भी हो सकता है। इस कविता में एक ऐसा चुनौती देता-सा युवा तेवर है जो बरबस अपनी ओर आकृष्ट करता है।

अजनबी शहर में

'अजनबी शहर में' शीर्षक कविता ने मुझे विशेष रूप से आकृष्ट किया है। यह 'अजनबी शहर' दरअसल बाज़ार है जहाँ पहुँचते-पहुँचते रुपया इतना बौना हो जाता है कि झुककर भी उसे उठाया नहीं जा सकता, लिहाजा आम आदमी खाली हाथ घर लौटता है, लेकिन देखता है कि उसका दुःख पहले ही घर पहुँच चुका है। यह वही आदमी है जिसके सिरहाने रातभर एक लोटा जल रखा रहा और वह नदी के सपने में रात भर पत्तियों की तरह टूट-टूटकर गिरता रहा। सपना और सच को मिला-जुलाकर दबी जबान से एक ऐसी कहानी कही गई है जिसे कविता के सिवा और कुछ नहीं कहा जा सकता। कुन्दन की सर्जनात्मक प्रतिभा में प्रचुर सम्भावनाएँ हैं।

कविता के मुक्तिबोधों का समय नहीं यह

निर्धारित आयुवर्ग के कवियों में सुन्दर चन्द ठाकुर मेरी दृष्टि में 'भारतभूषण अग्रवाल स्मृति पुरस्कार' वर्ष 2003 के लिए सर्वथा योग्य हैं। इस युवा कवि में कुछ-कुछ वैसी ही बेचैनी और छटपटाहट है जो किसी समय गजानन माधव मुक्तिबोध में थी। इस सर्जनात्मक छटपटाहट ने ही मुझे सुन्दर चन्द ठाकुर की ओर विशेष रूप से आकृष्ट किया है।

सुन्दर चन्द ठाकुर साफ-सुथरी, कटी-छँटी, सरल-सपाट और सुघड़-सलोनी कविता लिखने से बचकर जिन्दगी के बीहड़ में धँसने का हौसला रखते हैं। अपनी कविता की दुकान को किसिम-किसिम की रंग-बिरंगी चीजों से सजाने के बजाय वे चीजों की रूह को उकेरने का पित्तमार काम करने में यकीन करते हैं। इसीलिए 'एक सरल रेखा खींचते हुए उनके हाथ काँपते हैं'। कभी 'उपयुक्त विशेषण' खोजने में परेशान हैं तो कभी इस उधेड़बुन में हैं कि 'क्या कहूँ कैसे कहूँ किससे कहूँ'। और यह सब देखकर मानना पड़ता है कि भाषा उनके लिए सचमुच ही एक बड़ी मुश्किल

है, जिसका एक नमूना है—'दृष्टि के परदे पर हजारों वर्चुअल प्रतिबिम्ब उड़ते हैं'। यह अटपटापन भी उस साहसिक प्रतिभा का ही आभास है। परम्परानुसार प्रस्तुत तो एक ही कविता की जा रही है किन्तु इस बीच कवि की और भी अच्छी कविताएँ पर्याप्त संख्या में प्रकाशित हुई हैं जिनसे एक सम्भावना-सम्पन्न प्रतिभा के उदय का आभास होता है।

अट्ठाइस साल की उम्र में

तद्भव, वागर्थ, उन्नयन आदि पत्रिकाओं में निशान्त की प्रकाशित कविताओं को पढ़कर यह आभास होता है कि वे एक ऐसे उदीयमान युवा कवि हैं जिसमें सर्जनात्मक विकास की पर्याप्त सम्भावनाएँ हैं। बड़बोलेपन से बचते हुए यह कवि अपने आस-पास के जीवन से सीधे साक्षात्कार करने का प्रयास करता है।

यह कवि विशेष रूप से मध्यवर्गीय जीवन के अनछुए पहलुओं—यहाँ तक कि कामवृत्ति के गोपन ऐन्द्रिय अनुभवों को भी संयत ढंग से व्यक्त करने का साहस रखता है। काव्यभाषा पर भी कवि का अच्छा अधिकार है। इन्हीं बातों को ध्यान में रखते हुए मैं निशान्त को इस वर्ष के 'भारतभूषण अग्रवाल स्मृति पुरस्कार' के लिए संस्तुत करता हूँ।

खंड-3

कांग्रेस का बंगलोर अधिवेशन : आशा-दुराशा

23 जुलाई से बंगलोर में अखिल भारतीय कांग्रेस कमेटी की बैठक हो रही है। शासक पार्टी होने के कारण उसके इस अधिवेशन की ओर पूरे देश का ध्यान आकृष्ट होना स्वाभाविक है।

काला बाजार और काला धन देश को निगलता जा रहा है। भीषण महँगाई और अन्न संकट की मार से हाहाकार मचा हुआ है। देश की आर्थिक स्थिति दीवालिया होती जा रही है। आमदनी से ज्यादा खर्च है। अन्न और अस्त्रों के आयात से विदेशी मुद्रा का संकट पैदा हो गया है।

17 जुलाई को भारत के वित्तमंत्री कृष्णमाचारी ने देशवासियों के नाम जो रेडियो ब्राडकास्ट किया, उसमें रुपये का अवमूल्यन न करने और विदेशी कर्ज की अदायगी करने की बात कही गई। उसमें आर्थिक आत्मनिर्भरता और स्वतंत्रता की राष्ट्रीय गौरव भरी बातें कही गईं। इस तरह का भाषण बारंबार दिया जाता है। शायद बंगलोर अधिवेशन में भी दिया जाएगा। लेकिन भाषणों से समस्या नहीं हल होती।

आर्थिक दीवालियेपन के खतरे ने राष्ट्रीय संकट का भीषण रूप धारण कर लिया है। इस संकट ने देशी-विदेशी इजारेदारों पर आर्थिक निर्भरता की खोखली नीति को बेपर्दा कर दिया है। देश के प्रति वफादारी का तकाजा है कि कांग्रेस इस नीति का परित्याग करे और आर्थिक आत्मनिर्भरता व स्वतंत्रता की नीति को दृढ़ता से स्वीकार करे।

अस्त्रों के आयात के बावजूद हमारी राष्ट्रीय सुरक्षा की गारंटी नहीं। पाकिस्तान और चीन के साथ सीमा-विवाद कायम है। अभी-अभी कच्छ के सवाल पर पाकिस्तान के साथ जो समझौता किया गया है, उससे दोनों देशों के बीच युद्ध का खतरा टल गया। इस युद्ध-विराम को भंग करने की माँग कुछ हलकों में हो रही है। बंगलोर अधिवेशन में भी यह माँग गूँजेगी। हमें आशा है कि यह माँग मंजूर नहीं होगी।

लेकिन कच्छ की युद्ध-विराम सन्धि ने इस बात को भी प्रकट कर दिया है कि जब तक कांग्रेस सरकार राष्ट्रीय सुरक्षा के लिए अंग्रेज-अमरीकी साम्राज्यवादियों पर निर्भर करती रहेगी तब तक देश की आर्थिक आत्मनिर्भरता और राष्ट्रीय सुरक्षा,

दोनों में से किसी की गारंटी नहीं हो सकती। इसलिए बंगलोर अधिवेशन को राष्ट्रपति राधाकृष्णन् के इस विचार को स्वीकार कर लेना चाहिए कि पाकिस्तान और चीन के साथ भारत के जो सीमा-विवाद हैं, उनको राष्ट्रीय प्रभुसत्ता और मर्यादा की रक्षा करते हुए पारस्परिक वार्ता के माध्यम से शान्तिपूर्ण तरीके से हल करना चाहिए।

बंगलोर अधिवेशन के सामने राष्ट्रीय एकता की समस्या बहुत उग्र होकर प्रकट हुई है। नागा समस्या, गोवा के सवाल पर महाराष्ट्र-मैसूर का झगड़ा, इस्पात के पाँचवें कारखाने के स्थान पर आन्ध्र-तमिलनाडु का झगड़ा, राजभाषा के प्रश्न पर हिन्दी और अहिन्दी-भाषियों का झगड़ा—इन तमाम झगड़ों की गूँज बंगलोर अधिवेशन में उठेगी। यदि समय रहते कांग्रेस ने अपनी उस नीति पर पुनर्विचार नहीं किया जिससे विघटनकारी शक्तियाँ बढ़ रही हैं तो उसका सत्यानाशी परिणाम पूरे देश को भुगतना पड़ेगा।

बंगलोर अधिवेशन में कांग्रेस निश्चय ही अपनी संगठनात्मक समस्याओं पर विचार करेगी। सम्भवतः कांग्रेस के अध्यक्ष पद के लिए कामराज को फिर चुनने के रास्ते में जो संवैधानिक कठिनाई है, उसको दूर किया जाएगा। विभिन्न राज्यों में चल रहे कांग्रेसी-दंगलों पर भी कुछ लीपा-पोती की जाएगी। आनेवाले आम चुनाव के लिए कांग्रेसी-एकता का आह्वान और उद्‌बोधन होगा।

लेकिन जब तक कांग्रेस अपने संगठनात्मक विघटन को राष्ट्रीय नीति के प्रश्नों से अलग-थलग करके हल करती रहेगी तब तक वही कहावत चरितार्थ होगी कि ज्यों-ज्यों दवा दी, मर्ज बढ़ता ही गया। आखिर कांग्रेस का संगठनात्मक विघटन देश के आर्थिक और राजनीतिक संकटों का ही प्रतिफल है।

कांग्रेस की नीति ने काले बाजार और काले धन का राज कायम किया है। उसी का फल है कि आज कांग्रेस की सदस्यता भी काले बाजार और काले धन का सौदा बन गई है। ये राष्ट्रघाती परिणाम हमारे देश के आर्थिक जीवन पर देशी-विदेशी पूँजीपतियों तथा राजनीतिक जीवन पर कांग्रेस शासन की इजारेदारी के दुष्परिणाम हैं। हम कांग्रेस से राजनीतिक इजारेदारी त्यागने की आशा नहीं करते। लेकिन यदि उसने आर्थिक इजारेदारी को तोड़ने की दिशा में कदम नहीं उठाया तो यह कांग्रेस के लिए ही भस्मासुर साबित होगा।

[जनयुग : 25 जुलाई, 1965]

खाद्य-संकट और उसका समाधान

खाद्य-संकट ने हमारे देश में जैसे स्थायी डेरा डाल दिया है। जब देश की प्रधान फसल धान जनवरी-फरवरी में तैयार हो जाती है तो कुछ दिनों के लिए ऐसा मालूम होता है कि अब कीमत गिरने लगी हैं और खाद्य-संकट खतम हो जाएगा। उस समय हमारे खाद्यमंत्री और दूसरे मंत्री डींग हाँकने लगते हैं कि उन्होंने कीमतों पर कब्जा कर लिया और खाद्य-संकट को करीब-करीब हल कर दिया। लेकिन सच तो यह है कि राशन के बदले भाषण करने वाले मंत्रियों की इन डींगों के शब्दजाल में जनता को बेखबर करके बड़े-बड़े अन्न-व्यापारी, भूमिपति और बैंकपति खाद्यान्नों पर कब्जा कर लेते हैं और जब खाद्यान्नों पर उनका कब्जा हो जाता है तो फिर कीमतें बढ़ने लगती हैं। जनता की भूख का यह तस्कर व्यापार वर्तमान खाद्य-संकट का प्रधान कारण है।

अभी-अभी 10 जुलाई को दिल्ली में अखिल भारतीय खाद्यान्न व्यापारी संघ का सातवाँ सम्मेलन हुआ था। इस सम्मेलन में अपने वफादार अंगरक्षक भूतपूर्व वित्तमंत्री मोरारजी देसाई को बुलाकर इजारेदार व्यपारियों ने देश के खाद्य-संकट पर घड़ियाली आँसू बहाते हुए मूल्य, वितरण और व्यापार के नियंत्रण पर खूब रोना रोया। मुरारजी भाई ने उनके आँसू पोंछे और उन्हें सदाचार के उपदेश सुनाए। लेकिन भुखमरी से पीड़ित बिहार राज्य के मुख्यमंत्री श्रीकृणवल्लभ सहाय ने इन व्यापारियों की गुहार सुन ली। उन्होंने चावल पर जो भी शुल्क और मूल्य नियंत्रण लगाया था, उसको भी उठा लिया। दूसरे ही दिन कीमत फी मन पाँच रुपए बढ़ गई।

भारत के आर्थिक-राजनीतिक जीवन की यह सबसे बड़ी विडम्बना है कि राष्ट्रीय स्वतंत्रता के 17 वर्षों के बाद भी वह खाद्यान्न में स्वावलम्बी नहीं हो सका है। गत तीन वर्षों में उसने 600 करोड़ रुपए के खाद्यान्न बाहर से खरीदे हैं। अमरीकी पी.एल. 480 का फंदा भारत के गले में कसता जा रहा है।

खाद्य-संकट इस साल कम होता यदि सरकार ने गल्लाचोरों को गल्ला-चोरी की सुविधा नहीं दी होती। इस साल पिछले साल की तुलना में पैदावार और आयात दोनों अधिक हुए हैं। पिछले साल के 7 करोड़ 94 लाख टन के मुकाबले इस साल 8 करोड़ 72 लाख टन की पैदावार हुई है और 45 लाख 56 हजार टन अन्न के

मुकाबले में इस साल 62 लाख 65 हजार टन आयात हुआ है। इससे जाहिर है कि व्यापारियों और भूमिपतियों ने खाद्यान्न को अपनी खत्तियों में छिपा रखा है ताकि वे पीड़ित जनता की भूख का सौदा करके अधिक-से-अधिक मुनाफा मारें।

साल-ब-साल वे ऐसा ही करते आ रहे हैं। जब परसाल उन्होंने ऐसा ही किया था तो जनता ने कम्यूनिस्ट पार्टी तथा दूसरे वामपक्षी दलों के नेतृत्व में बन्द-आन्दोलन, सत्याग्रह-आन्दोलन, घेरा डालो आन्दोलन, गल्ला-पकड़ो आन्दोलन, आदि के द्वारा एक हद तक मूल्य, वितरण और व्यापार को नियंत्रित करने की नीति स्वीकार करने के लिए सरकार को मजबूर किया था। लेकिन सरकार ने उस सीमित नीति पर भी अमल नहीं किया। खाद्यान्न के राजकीय व्यापार के प्रश्न पर भारत के खाद्यमंत्री सुब्रह्मण्यम और महाराष्ट्र के मुख्यमंत्री नाइक के सार्वजनिक विवाद ने इस बात को जग-जाहिर कर दिया है।

इसलिए सरकार को सही खाद्य नीति अपनाने और उस पर अमल करने पर मजबूर करने के लिए जरूरी है कि इस साल और व्यापक जन-आन्दोलन खड़ा किया जाए। इस आन्दोलन की माँग होनी चाहिए :

1. खाद्यान्न का थोक व्यापार सरकार अपने हाथ में ले ताकि किसानों को उचित कीमत मिले, खरीदारों को नियंत्रित दर पर खाद्यान्न मिले और तस्करी का अन्त हो।
2. जब तक खाद्यान्न का सरकारी व्यापार न लागू हो तब तक जमाखोरों के स्टॉक को सरकार अपने हाथ में ले।
3. बैंकों का राष्ट्रीयकरण किया जाए। खाद्य-व्यापारियों को दिये जानेवाले बैंक-ऋण पर प्रतिबन्ध लगाया जाए। किसानों को बैंक दर पर ऋण दिया जाए।
4. बड़े शहरों और अति अभावग्रस्त क्षेत्रों में पूरी राशनिंग तथा छोटे शहरों और अभावग्रस्त क्षेत्रों में आंशिक राशनिंग लागू की जाए।
5. अन्न-चोरों को गिरफ्तार किया जाए और उन्हें कड़ी सजा दी जाए। अन्न-चोरों के खिलाफ लड़ने वालों का दमन बन्द हो।
6. खाद्यान्न के लिए अमरीका पर मुँहताजगी का खातमा हो और देश को स्वावलम्बी बनाया जाए। किसानों को ऋण, खाद, सिंचाई आदि की उचित सुविधाएँ दी जाएँ।

[जनयुग : 18 जुलाई, 1965]

कांग्रेस का राजनीतिक दिवालियापन

चन्दन-चर्चित, रम्य कलेवर बंगलोर के शीतल, सुखद शीशमहल में बैठकर दो दिनों तक कांग्रेस महासमिति ने जो कुछ विचार-विनिमय किया, उसे न केवल कांग्रेस का जन-बिलगाव बल्कि उसकी राष्ट्रीय समस्याओं पर विचार करने की असमर्थता भी प्रकट होती है। राजनीतिक और सांगठनिक मतभेदों से कांग्रेस इतनी जर्जर हो चुकी है कि वह तमाम ज्वलंत राष्ट्रीय और अन्तर्राष्ट्रीय समस्याओं को ताक पर रखकर ही अपनी संगठनात्मक एकता की रक्षा कर सकी।

शायद कांग्रेस के इतिहास में उसकी महासमिति का यह पहला अधिवेशन था जिसने किसी भी राजनीतिक समस्या पर कोई प्रस्ताव तक पास नहीं किया। राष्ट्रीय और अन्तर्राष्ट्रीय परिस्थिति की गम्भीरता के प्रसंग में उसका यह राजनीतिक दिवालापन और भी अधिक अक्षम्य और असह्य है।

सम्पूर्ण देश में भीषण महँगाई और अन्न संकट से हाहाकार मचा हुआ है। इस हाहाकार को कांग्रेस महासमिति के कानों तक पहुँचाने के लिए कम्यूनिस्टों और सोशलिस्टों ने प्रदर्शन भी किया। फिर भी उसने देश की इस सर्वाधिक गम्भीर समस्या पर विचार तक नहीं किया।

योजना का संकट, विदेशी मुद्रा का संकट, भाषा-संकट, नागा-संकट, राष्ट्रीय सुरक्षा का संकट, पाकिस्तान और चीन के साथ सीमा-विवाद का संकट—सभी-के-सभी चिल्ला-चिल्लाकर प्रगतिशील समाधान की माँग कर रहे हैं।

वियतनाम में युद्ध-पिपासु, मदमत्त अमरीकी साम्राज्यवादियों ने वहाँ की राष्ट्रीय स्वतंत्रता के खिलाफ जो अमानुषिक, बर्बर युद्ध छेड़ रखा है, उसने विश्व की सम्पूर्ण मानवता के अन्तस्थल को आन्दोलित कर दिया है। विश्व की शान्ति और हर देश की राष्ट्रीय स्वतंत्रता पर खतरा पैदा हो गया। लेकिन कांग्रेस महासमिति ने किसी भी ज्वलंत राष्ट्रीय और अन्तर्राष्ट्रीय समस्या पर विचार तक नहीं किया। परिणामस्वरूप बंगलोर अधिवेशन का जो जन-चित्र उपस्थित हुआ है, वह गालिब की निम्नोक्ति को ही चरितार्थ करता है :

बहुत शोर सुनते थे पहलू में दिल का,
जो काटा तो कतरा-ए-खूं भी न निकला!

कांग्रेस महासमिति ने तमाम राष्ट्रीय और अन्तर्राष्ट्रीय, आर्थिक और राजनीतिक सवालों को टालकर केवल दो प्रस्ताव पास किए। एक प्रस्ताव के द्वारा उसने अपने अन्दरूनी झगड़ों को निपटाने के लिए बोर्ड कायम करने का आदेश अपनी कार्य समिति को दिया। दूसरे प्रस्ताव के द्वारा उसने विभिन्न राज्यों के बीच चल रहे झगड़ों को निपटाने के लिए केन्द्रीय सरकार को एक उपयुक्त यंत्र कायम करने के लिए कहा है। इसके अलावा उसने कामराज के पुनः कांग्रेस-अध्यक्ष चुने जाने के रास्ते में जो कठिनाई थी, उसको दूर किया।

आश्चर्य और चिन्ता की बात यह है कि देश भर के सैकड़ों चुनिन्दा कांग्रेसी नेता जो बंगलोर में जमा हुआ, वे भी कांग्रेस हाईकमांड की समस्याओं को टालने की नीति के सामने सर झुकाकर चुपचाप वापस चले आए। 'समाजवाद' के लिए लड़ने वाले वामपंथी कांग्रेसी नेताओं ने भी खामोशी में ही खैरियत समझी। शायद आनेवाले आम चुनाव में टिकट प्राप्त करने की सर्वगत चिन्ता ने लोगों के मुँह पर ताला डाल दिया। जनता और देश की समस्याओं को ताक पर रखकर केवल पदलोलुपता के आधार पर कांग्रेस ने एकता की जो धोखे की टट्टी खड़ी की है, वह आम चुनाव के नजदीक आते-आते उसके विघटन के विस्फोट का कारण ही बनेगी। बाहर से असन्तुष्ट जनता और भीतर से असन्तुष्ट कांग्रेसजन—इन दो चक्कियों के बीच कांग्रेस पिस जाएगी।

हमने अपने गतांक ही में लिखा था : जब तक कांग्रेस अपने संगठनात्मक विघटन को राष्ट्रीय नीति के प्रश्नों से अलग-थलग करके हल करती रहेगी तब तक वही कहावत चरितार्थ होगी कि ज्यों-ज्यों दवा की, मर्ज बढ़ता ही गया। आखिर कांग्रेस का संगठनात्मक विघटन देश के आर्थिक और राजनीतिक संकटों का ही फल है।

न केवल देश और जनता बल्कि स्वयं कांग्रेस के हित का तकाजा है कि प्रगतिशील कांग्रेसजन प्रगतिशील राष्ट्रीय नीतियों के संघर्ष से कतराने की प्रवृत्ति छोड़ दें। इन नीतियों के लिए चलने वाले जन-आन्दोलनों में साहसपूर्वक भाग लेकर ही वे प्रगतिशीलता की अपनी भूमिका सार्थक कर सकते हैं।

[जनयुग : 1 अगस्त, 1965]

युद्ध-विराम : लेकिन गफलत नहीं, सतर्कता!

तेइस तारीख को प्रातः साढ़े तीन बजे गरजती तोपों के मुँह शान्त हुए। एशिया के इस भूभाग में शान्ति पुनः अवतरित हुई। छल से, धोखे से, हथियारों के बल से, साम्राज्यवादियों के समर्थन से कश्मीर को हड़पने का पाकिस्तान की फौजी तानाशाही का षड्‌यंत्र विफल रहा।

सिद्ध हो गया कि यह देश धर्म-निरपेक्षता, गुट-निरपेक्षता और जनतंत्र के अपने सिद्धान्तों पर निर्भय होकर यदि डटा रहता है तो खौफनाक से खौफनाक हथियार भी उसका बाल बाँका नहीं कर सकते।

सिद्ध हो गया कि देश की मेहनतकश जनता मजबूती और विश्वास के साथ राजनीतिक क्षेत्र में यदि पहलकदमी करती है तो साम्राज्यवादियों के देश-विरोधी षड्‌यंत्रों को विफल करती हुई वह राष्ट्रीय एकता को एक नई मंजिल पर पहुँचा सकती है, सम्प्रदायवादियों और राष्ट्रघाती तत्त्वों के मंसूबों को चकनाचूर कर सकती है।

सिद्ध हो गया कि देश-रक्षा के लिए जूझते हमारे जवानों के मनोबल को साम्राज्यी शस्त्रागारों के बड़े से बड़े हथियार भी नहीं तोड़ सकते—बशर्ते कि जवानों को जनता के समर्थन, जातीय एकता और सही नीतियों का बल प्राप्त हो। हमारे जवानों ने नपाम बमों, सैबरजेट विमानों और पैटन टैंकों से जूझने में जो कुर्बानियाँ की हैं और जो अपूर्व वीरता दिखाई है उसे देश कभी नहीं भूल सकता। भारत माता के इन सपूतों के प्रति हम सदा कृतज्ञ रहेंगे।

हाँ, युद्ध-विराम लागू हो गया है। एशिया और विश्व के सही सूझ-बूझ वाले सभी देशों ने इसका स्वागत किया है।

लेकिन हमें एक क्षण के लिए भी नहीं भूलना है कि युद्ध किसने हम पर थोपा था, क्यों थोपा था और किसके बल-बूते पर थोपा था। सपने में भी क्या यह कल्पना की जा सकती थी कि 'छोटा-सा' देश पाकिस्तान भारत में अपने घुसपैठियों को भेजने और युद्ध की घोषणा करने की जुरअत कर सकेगा—अगर उसे अमरीका और ब्रिटेन ने एड़ी से चोटी तक हथियारों से लैस न किया होता, भारत के बार-बार चेतावनी देने पर भी बेशर्मी से इन हथियारों का पाकिस्तान में अम्बार न लगाया

होता, कच्छ में रँगे हाथों पकड़े जाने पर भी पैटन टैंक और सैबरजेट विमानों को भारत के खिलाफ अड़ाने व अयूब को उकसाने का काम जारी न रखा होता? सिद्ध हो गया है कि हमलावर पाकिस्तान ने हम पर युद्ध थोपा, कश्मीर को हड़पने की कोशिश की और उसे अमरीकी-ब्रिटिश हथियारों का पूरा समर्थन प्राप्त रहा!

और आज—युद्ध-विराम हो जाने पर भी—किससे छिपा है कि अमरीका के प्रतिनिधि श्री गोल्डबर्ग ने सुरक्षा परिषद की इमर्जेंसी बैठक में मिस्टर भुट्टो से जो कुछ कहा, उन बातों के पीछे कौन से इरादे हैं!

हाँ, युद्ध-विराम : स्वागत लेकिन सावधान! हर कदम पर सतर्कता और सावधानी की आज बेहद जरूरत है क्योंकि साम्राज्यवादियों ने साजिश करके सुरक्षा परिषद के प्रस्ताव में ऐसी विष-बेलें बो रखी हैं जिनके फलीभूत होने की वे आज नहीं तो कल आशा लगाए हैं। हमें ऐसी सभी विष-बेलों की जड़ें काट देनी हैं। सुरक्षा परिषद के प्रस्ताव की आड़ लेकर भारत पर किस्म-किस्म के दबाव डाले जाने का खतरा मौजूद है। कोशिश की जाएगी कि युद्ध-विराम के बाद भारत की मौजूदा स्थितियों को खत्म कर पाक स्थितियाँ फिर ऊपर उठा दी जाएँ। ये बहुत खतरनाक बातें होंगी।

तो भी दुनिया जानती है कि प्रस्ताव में मतगणना या प्लेबिसाइट का नाम तक नहीं है। इसलिए इस सवाल को हम नाम तक के लिए भी उठने नहीं देंगे।

देश के जिन जवानों ने मातृभूमि की रक्षा में हँसते-हँसते प्राणों का बलिदान किया है, आज उनका रक्त पुकार-पुकारकर माँग कर रहा है—कि इस देश की सरकार शपथ ले कि वह भविष्य में कभी भी साम्राज्यवादी षड्यंत्रकारियों की मिठौती बोलियों के लासे में नहीं फँसेगी, कि एशिया-अफ्रीका के नव-स्वतंत्र देशों और सोवियत संघ जैसे देश की मदद से स्वतंत्र सुरक्षा व्यवस्था दिनों-दिन मजबूत बनाई जाएगी और देश इसी धैर्य के साथ हर आक्रमणकारी का मुकाबला करेगा।

[जनयुग : 26 सितंबर, 1965]

कॉमनवेल्थ से नाता तोड़ो!

कश्मीर भारत का अभिन्न अंग है और रहेगा। इस सिलसिले में बहस उठाने की न तो गुंजाइश है, न बहस उठाने की किसी को इजाजत दी जानी चाहिए। अपनी अटूट एकता से, भारत के प्रति अपने प्यार से और पाक-षड्यंत्रों को दी गई करारी मात से कश्मीर की जनता ने सिद्ध कर दिया है कि धर्मनिरपेक्षता और जनतंत्र की हिफाजत में वह महाराष्ट्र, गुजरात, केरल, तमिलनाडु, बंगाल, उत्तर प्रदेश, बिहार या पंजाब की जनता से कतई पीछे नहीं, कि जातीय और साम्प्रदायिक एकता इस राष्ट्र का मूल आधार है, कि हमारे जनतंत्र में उत्तर और दक्षिण, पूरब और पश्चिम का कोई भेद नहीं। हम एक हैं और सदा एक रहेंगे।

लेकिन कुछ ताकतें हैं जिन्हें हमारे देश की यह एकता फूटी आँखों नहीं सोहाती। इन ताकतों ने शुरू से पाकिस्तान की मजहबी फौजी तानाशाही को हथियारबन्द किया और भारत के खिलाफ उसे उकसाया है। इन ताकतों में से दो ताकतें सरनाम हैं : एक ब्रिटेन, दूसरी अमरीका। दोनों का चोली-दामन का साथ है। दोनों ने भारत विरोधी भूमिका अदा की है। लेकिन इन दोनों में से एक देश, ब्रिटेन, ऐसी ताकत है जिसके साथ हमारा यह देश भारत, कॉमनवेल्थी सम्बन्धों के जरिये, 'स्वेच्छा से' बँधा हुआ है; भारत 'ब्रिटिश कॉमनवेल्थ' का सदस्य है। इस सदस्य के साथ ब्रिटेन ने जो व्यवहार किया है उसने देश की पैंतालीस कोटि जनता की आँखें खोल दी हैं। लोकसभा में भागवत झा आजाद के प्रस्ताव पर और फिर राजधानी के रामलीला मैदान में प्रधानमंत्री शास्त्री के भाषण के समय तमाम पार्टियों और आम जनता की जो प्रतिक्रिया देखने को मिली, उसने स्पष्ट कर दिया है कि कोटि-कोटि जनता क्या चाहती है। देश के एक छोर से दूसरे छोर तक कोटि-कोटि जनता का आज एक ही नारा है। यह नारा है : कॉमनवेल्थ छोड़ो!

भारत को दो सौ साल तक की ब्रिटिश गुलामी का कटु अनुभव है। बहुत जानबूझकर ब्रिटेन ने फिर 'फूट डालो और राज्य करो' का जंग लगा टूटा हथियार निकाला और पाकिस्तान की मदद के लिए दौड़ पड़ा। ब्रिटेन के शासक भूल गए कि हमारा देश 1857 के मुक्ति-संग्राम का देश है, लाल-बाल-पाल और गदर पार्टी का देश है, खिलाफत आन्दोलन और जलियांवाला बाग के शहीदों का देश है,

चिटगाँव के क्रान्तिकारियों, असहयोग आन्दोलन और महात्मा गांधी का देश है। जातीय एकता और राष्ट्रीय सम्मान की भावनाएँ इस देश की जनता की रग-रग में कूट-कूट कर भरी हैं। हमारे देश में न कोई हिन्दू है, न सिख है, न पारसी है, न ईसाई है। हममें से हरेक भारतीय और केवल भारतीय है।

ब्रिटेन के साम्राज्यी शासकों ने, ब्रिटेन के अखबारों ने और बी.बी.सी. ने भारत की जनता पर जो कीचड़ उछाला और झूठ व बकवास का जो भारत-विरोधी बवंडर खड़ा किया, वह देश के आत्मसम्मान को खुली चुनौती है। ब्रिटेन ने भारत के प्रति पूर्ण शत्रुता का व्यवहार किया है। उसने न सिर्फ पाकिस्तानी हमलावरों का भरपूर समर्थन किया, वरन् हमारी सुरक्षा शक्ति को, जरूरी माल की सप्लाई रोककर, विघटित करने की कोशिश की। उसने भारत को सबमैरीन देने से तो इनकार किया ही, भारत ने जब एक समाजवादी देश से सबमैरीन हासिल किए तो तूफान उठा दिया कि उसकी सुरक्षा के लिए खतरा पैदा हो गया है। ब्रिटिश तेल-कम्पनियों ने, अमरीकी कम्पनियों के साथ मिलकर, तेल-पैट्रोल की सप्लाई में बनावटी अड़ंगे डालने में कुछ भी नहीं उठा रखा। उसने भारत के सुरक्षा-प्रयास की जड़ काट देनी चाही। ब्रिटिश समाचार-पत्रों और रेडियो ने प्रचार किया कि भारत ने पाकिस्तान पर हमला किया है। उसने कहा : भारत एक 'हिन्दू' राज्य है और उसका प्रधानमंत्री भी 'हिन्दू' है इसलिए उसने पाकिस्तान पर हमला किया है। क्या इससे बड़ी नीचता कोई दूसरी हो सकती है?

ब्रिटेन ने भारत को कॉमनवेल्थी नागपाश में फाँसकर पाकिस्तान का ज्यादा से ज्यादा हित और भारत का अहित किया है। जनता ने यह अच्छी तरह देख और समझ लिया है। ऐसे कॉमनवेल्थ का 'सदस्य' बने रहना दरअसल इस देश की श्रेष्ठतम राष्ट्रीय परम्पराओं के प्रति विश्वासघात करना है। कॉमनवेल्थ में रहना देश के आत्मसम्मान को तिलांजलि देना है। अतः गली-गली से, घर-घर से, गाँव-गाँव से और हर नगर से नारा उठ रहा है और समूचे देश में गूँज रहा है :

साम्राज्यवादियों से नाता तोड़ो! कॉमनवेल्थ छोड़ो!

[जनयुग : 3 अक्टूबर, 1965]

परनिर्भरता—बर्दाश्त नहीं!

अमरीकी 'सद्भावना' के गीत गाने वालों को इस देश में बुरी तरह मुँह की खानी पड़ रही है। अमरीका की घृणित भारत-विरोधी कार्रवाइयों के खिलाफ देश के गाँवों और नगरों की गलियों से लेकर संसद भवन तक क्रोध की अप्रतिहत लहर हिलोरें ले रही है। अमरीकी हथकंडों के खिलाफ 27 नवम्बर को विरोध-प्रदर्शन के लिए देश के एक कोने से दूसरे कोने तक तैयारियाँ जारी हैं।

भारत की स्वतंत्रता, गुटनिरपेक्षता और आत्मनिर्भरता की संरक्षक व्यापकतम जनतांत्रिक शक्तियों का इस विरोध-प्रदर्शन को समर्थन हासिल है।

और, समर्थन क्यों न हासिल हो?

भारत-विरोधी अमरीकी हथकंडों की फेहरिस्त मामूली फेहरिस्त नहीं है। कश्मीर के मामले में, शुरू से ही, सुरक्षा परिषद में पाकिस्तान का समर्थन, गोवा, दमन व दिव की मुक्ति के प्रश्न पर पुर्तगाल के सालाजार का समर्थन, वियतनामी युद्ध में अमरीकी बर्बरता के विरुद्ध एक वक्तव्य दे देने पर प्रधानमंत्री की अमरीका यात्रा का रद्द किया जाना, आदि—चंद जानी-मानी, लेकिन पुरानी, मिसालें हैं, ताजा मिसाल, जाहिर है, वह है जो भारत के लिए सर्वाधिक संकटपूर्ण काल में पिछले दिनों देखने को मिली। अमरीका ने न सिर्फ भारत को हमलावर ठहराने की कोशिश की, न सिर्फ पाकिस्तान का नैतिक समर्थन किया बल्कि पाकिस्तान को, भारत के खिलाफ जंग चलाने के लिए, स्टारफाइटरों, सैबरजेट विमानों और पैटन टैंकों की मदद जारी रखी। और, ताजा से ताजा मिसाल यह कि इन विमानों और पैटन टैंकों आदि को उसने जब जनतांत्रिक भारत की मेहनतकश जनता के सपूतों के हाथों कचनाचूर होते देखा तो पी.एल. 480 का फंदा खींच दिया।

इतने पर भी कुछ लोगों को यह फंदा न सिर्फ 'सद्भावनापूर्ण' लग रहा है, बल्कि ये लोग इसे राजनीतिक फंदा मानते ही नहीं।

'अनाज हमारा राजनीतिक हथियार है,' 1961 में ही अमरीकी कृषि मंत्री ने घोषणा कर दी थी, 'अनाज में दूसरों को काबू में लाने की ताकत है...'

'कश्मीर के बारे में अपना नजरिया छोड़िए,' अमरीकी टेलीविजन के टिप्पणीकार ने हाल में ही राय दी है।

अनाज, अमरीकी राष्ट्रपति की चंद दिन पहले की घोषणा है, 'हमारे विदेश नीति कार्यक्रम का अभिन्न अंग' है।

और पी.एल. 480 के मातहत दी गई रकम का एक हिस्सा खुद भारत में अमरीकी सरकार की गुप्त एजेंसियों के भारत–विरोधी कार्यक्रमों पर खर्च होता है, क्या यह आज किसी से छिपा है?

अपने भारत–विरोधी हथकंडों को अमरीका लगातार इसलिए बढ़ा रहा है क्योंकि वह भारत को शान्ति, गुटनिरपेक्षता और आत्मनिर्भरता के मार्ग से विमुख करना चाहता है। वह कश्मीर के प्रश्न पर दबाव डालकर भारत की प्रभुसत्ता का अपहरण करना चाहता है। वह हिन्द महासागर में फौजी अड्डे कायम करके भारत को आर्थिक और सामरिक शिकंजे में जकड़ना चाहता है।

हमारा देश, स्पष्ट ही, यह बर्दाश्त करने को तैयार नहीं। राष्ट्रीय नीतियों की सुरक्षा के लिए, देश की स्वतंत्रता की सुरक्षा के लिए, जनता की जागरूकता इसकी मिसाल है। देश में जगह–जगह हो रही सभाएँ इसकी मिसाल हैं। प्रमुख लेखकों, शिक्षाविदों, अध्यापकों तथा तमाम बुद्धिजीवियों द्वारा परनिर्भरता को तिलांजलि देने, आत्मनिर्भरता को सबल बनाने और राष्ट्रीय एकता को सुदृढ़ करने के अनेकानेक कार्यक्रम इसकी मिसाल हैं।

और, इसकी मिसाल है 27 नवम्बर को अमरीकी हथकंडों के खिलाफ विरोध–प्रदर्शन का कार्यक्रम। देश की जनता अमरीकी हथकंडों को चूर करके दम लेगी, सन्देह नहीं।

[जनयुग : 21 नवम्बर, 1965]

नया शर्तनामा ? नहीं, नया हमला!!

प्रधानमंत्री शास्त्री के ताशकन्द जाने का दिन जैसे-जैसे नजदीक आ रहा है, कुछ विदेशी और देशी राजनीतिक चक्रों की बौखलाहट बढ़ती जा रही है। अमरीका ने यकायक अपने राजनयिक हमले तेज कर दिये हैं। इन हमलों की सबसे ताजा मिसाल है यह हमला जो 'राजनीतिक और आर्थिक कार्यक्रमों' के सिलसिले में 'राष्ट्रपति जानसन की ओर से' नये 'शर्तनामे' के रूप में किया गया है। इस बदनाम शर्तनामे का मकसद है भारत पर जबरिया दबाव डालकर प्रधानमंत्री शास्त्री को ताशकन्द यात्रा से विचलित करना, आर्थिक और संरक्षात्मक 'मदद' के नाम पर अमरीकी गुलामी के कठघरे में भारत को घसीटना और भारतीय कृषि के क्षेत्र में खुले हस्तक्षेप के जरिये स्वावलम्बन और आत्मनिर्भरता के जन संकल्प को सदा के लिए पराजित और विघटित करना। और तब आहिस्ते से कश्मीर को फौजी अड्डों के लिए पूरी तरह हथिया लेना।

दिलचस्प बात यह है कि अमरीकी एजेंसियों के कुछ प्रकट और अप्रकट कारकुन भी यकायक सक्रिय हो उठे हैं। श्री एस.के पाटिल के फेंके पाँसे के खुद पलटकर पाटिल के खिलाफ पड़ने और उनकी जबान बन्द हो जाने के बाद कुछ दूसरे लोगों ने, जो उतने काबिल नहीं, बदनाम अमरीकी एजेंसियों के बाजार में अपना दिन-दिन घटता मान बढ़ाने, सचाई को तोड़े-मरोड़कर पेश करने और ताशकन्द-यात्रा के निर्णय पर कीचड़ उछालने का काम हाथ में लिया है।

पाकिस्तान को निरन्तर हथियारबन्द करने और भारत के खिलाफ अड़ाने के अमरीकी-ब्रिटिश पैंतरे पर ये लोग इन शब्दों में पर्दा डालते हैं कि ये देश 'प्रत्यक्ष या परोक्ष पाकिस्तान को बढ़ावा देते रहे हैं या वैसा नहीं भी करते रहे' हैं (जोर हमारा)। हाँ और नहीं की अन्तर्मनी गहराइयों में डूबे इन मनोवादी फॉसिलों को यदि यह पता नहीं चला कि देश किस अग्नि-परीक्षा से गुजर चुका है और उसके विकास की दिशा क्या है, तो इसमें ताज्जुब क्या। अलबत्ता एक 'मार्मिक' खोज उन्होंने की है : रूस में कोई 'सूक्ष्म परिवर्तन' हो गया है।

रूस की नीति में, भारत और कश्मीर के प्रति नीति में, क्या परिवर्तन हुआ है या क्या नहीं, यह तो जनता अनुभव से देख-समझ चुकी है। उसे समझाने की जरूरत

नहीं। तो भी क्या भूमिका रही है उन देशों की जो पाकिस्तान को बढ़ावा देते रहे हैं 'या वैसा नहीं भी करते रहे' हैं। इन 'वैसा न करने वाले' देशों के अखबार खुद ही बता रहे हैं कि 'भारत के मिजाज में इस गर्मी का एक फौरी नतीजा यह है कि वह कश्मीर को स्वतंत्र बनाने का महत्त्व ही नहीं समझ पा रहा है।' (टाइम्स, लास एंजेल्स, 28 अक्टूबर, 65)। 'अन्न के राजनीतिक हथियार के रूप में इस्तेमाल से बच निकलना असम्भव होता है।' (रजिस्टर-गार्ड यूजीन, ओरेगोन, 7 नवम्बर, 65)। 'वावेल्स की भारत को चेतावनी—अमरीकी मदद पाकिस्तान से समझौते पर मुतहसर!' (वाशिंगटन पोस्ट में सेलिग एस. हैरिसन का लेख, 18 नवम्बर, 65)। 'पाकिस्तान का कश्मीर पर हमेशा कानूनी हक रहा है!' (क्रिश्चियन साइंस मानीटर, 20 नवम्बर, 65)। और तो और, 30 नवम्बर, 65 तक 'न्यूयॉर्क टाइम्स' में पाकिस्तानी हमले को 'भारत और पाकिस्तान के बीच हिंसात्मक कार्रवाइयाँ' की ही संज्ञा दी जा रही है।

अब यह समझना कठिन नहीं कि राष्ट्रपति जानसन के नये शर्तनामे की धार क्यों इतनी तेज और जहरबुझी है। इस नये हमले का मकसद, जैसा कि ऊपर स्पष्ट किया जा चुका है, भारत के आत्मसम्मान, प्रभुसत्ता और स्वतंत्रता का हनन करना है।

लेकिन पिछले अनुभवों ने इस देश को बहुत कुछ सिखा दिया है। कश्मीर और भारत की अभिन्नता को सुरक्षित रखने के लिए बड़े से बड़ा त्याग करने के लिए तत्पर जनता इस घृणित शर्तनामे को बर्दाश्त नहीं करेगी।

भारत की जिस वीर जनता ने पैटन टैंकों को ध्वस्त किया, वही इस शर्तनामे को भी जलाकर दम लेगी। जनता को इससे कोई ताकत नहीं रोक सकती, तुच्छ फॉसिलों की तो बिसात ही क्या!

[जनयुग : 5 दिसम्बर, 1965]

पाकिस्तान को अमरीकी मदद

राज्य सभा में भी और लोक सभा में भी पाकिस्तान को अमरीका द्वारा दिये गए हथियारों के मसले को लेकर वातावरण गर्म हो उठा। यह स्वाभाविक ही था। श्री केशवदेव मालवीय व श्री हीरेन मुखर्जी ने सरकार पर आरोप लगाया कि मालूम होता है कि वह अमरीका से कुछ पूछने में डरती है।

परराष्ट्र मंत्री ने इन आरोपों को गलत ठहराते हुए कहा कि अमरीका ने वायदा किया था कि इस सिलसिले में वह पाकिस्तान से जवाब-तलब करेगा। उन्होंने यह भी कहा कि अमरीकी सरकार का मत है कि उनके आंशिक दबाव के कारण ही पाकिस्तान ने कच्छ में हमला जारी नहीं रखा। स्वभावत: ही परराष्ट्र मन्त्री के इन उत्तरों से किसी को सन्तोष नहीं हो सकता। कश्मीर में पाकिस्तान का रवैया सबको मालूम है।

अमरीका पाकिस्तान में स्थित विशाल राडार स्टेशन के कारण, जो सैनिक महत्त्व की दृष्टि से अमरीका के लिए अत्यधिक महत्त्वपूर्ण है, पाकिस्तान को किसी भी हालत में अपने प्रभाव से बाहर नहीं निकलने देना चाहता। बदले में पाकिस्तान अमरीका पर बार-बार दबाव डालता है कि कश्मीर किसी तरह उसके हवाले कर दिया जाए। युद्ध-विराम रेखा को पार करने और छद्मवेश में फौजी दस्तों के कश्मीर में दाखिल होने में संयुक्त राष्ट्रसंघी पर्यवेक्षकों की मिलीभगत के बारे में सन्देह की गुंजाइश अब नहीं रह गई। जनरल निम्मो का अमरीका के परराष्ट्र विभाग से घनिष्ठ सम्बन्ध है। पाकिस्तानियों की जम्मू-कश्मीर में घुसपैठ पर जनरल निम्मो ने यह कहकर पर्दा डालने की कोशिश की है कि युद्धविराम के नियमों में इस बात की इजाजत मौजूद है कि हथियारबन्द नागरिक युद्धविराम-रेखा को बिना रोकटोक के पार करें। इसे पाकिस्तानियों के हमले का खुला समर्थन नहीं तो और क्या कहा जाएगा? अमरीकी और ब्रिटिश अखबार जिस ढंग से खबरें छाप रहे हैं, उससे भी पाकिस्तान का समर्थन प्रकट होता है।

लेकिन इससे भी बड़ी एक और चीज है जो आँखें खोल देनेवाली है। वह यह कि फैंटम-104 नामक जेट विमानों को हासिल करने के सिलसिले में हमारी सरकार जहाँ अभी अमरीका के उत्तर की प्रतीक्षा ही कर रही है, वहाँ विश्वस्त सूत्रों

से पता चला है—अमरीका और पाकिस्तान के बीच पाकिस्तान को भारी मात्रा में फैंटम-104 की सप्लाई का सौदा अभी ही पट चुका है। इन विमानों को चलाने के प्रशिक्षण के लिए पाकिस्तानी फौजी हवाबाजों की पहली टुकड़ी अमरीका के लिए रवाना हो चुकी है, दूसरी टुकड़ियाँ जल्दी ही पहुँचने वाली हैं।

ऐसे में भारत सरकार का पाकिस्तान को अमरीकी मदद के प्रति दब्बूपन का रवैया अगर किसी के लिए घातक सिद्ध हो सकता है तो भारत की जनता के लिए। इस लीक पर चलकर, और साम्राज्यीय मदद पर आँखें गड़ाये रहकर, भारत अपनी विस्तृत सीमाओं की स्वतंत्र और टिकाऊ सुरक्षा व्यवस्था कभी कर ही नहीं सकता।

[जनयुग : 22 अगस्त, 1965]

लास एंजेल्स में दंगे

पिछले सप्ताह लगातार तीन दिनों तक अमरीका में गोरी चमड़ी वालों ने काली चमड़ी वालों के प्रति अपनी घृणा का एक बार फिर क्रियात्मक रंग दिखलाया। लास एंजेल्स में कोई 17 नर–तनधारी इस सुसंगठित बचकानी घृणा के शिकार हुए। इनमें से 12 ऐसे नागरिक थे जिनका किसी भी लड़ाई–झगड़े से कोई नाता नहीं था। 11 तो नीग्रो जाति के थे। शान्तिप्रिय पर असन्तुष्ट नीग्रो जाति को लोकतंत्र के हिमायती अमरीका के 'स्वर्गिक–विधान' में आए–दिन ऐसी घृणा का शिकार होना पड़ता है। दैनिक व्यवहार में गोरी चमड़ी के लोग इन्हें तंग करके उकसाया करते हैं और तिल का ताड़ बनाकर अमरीकी सेनाएँ नीग्रो लोगों का दमन करने पहुँच जाती हैं। इस घटना में भी लगभग 2000 अमरीकी सैनिकों ने सक्रिय और 'कानून' समर्थित हिस्सा लिया। मृतकों की थोड़ी–बहुत जो भी संख्या प्राप्त सूचनाओं में दिखलाई गई है, उससे मालूम होता है कि सैनिक कितने निष्पक्ष रहे हैं।

अमरीका की अन्य जगहों में भी आए–दिन जातीय दंगे जोर–शोर से उभरते रहते हैं। शिकागों में भी दंगे हुए जिनमें 4 घायल बताए जाते हैं और 75 गिरफ्तार। स्प्रिंगफील्ड, मैस्चुसेट्स में भी रंगभेद की सरगर्मियाँ जारी हैं। कैलिफोर्निया में राष्ट्रीय सुरक्षादल को अस्त्र–शस्त्रों से सुसज्जित कर दिया गया है कि जरूरत पड़ने पर वे दंगाइयों का खात्मा कर दें। जाहिर है कि गोरी पुलिस किन्हें अपनी गोली का शिकार बनाएगी।

[जनयुग : 22 अगस्त, 1965]

मिथ्या का महल मलबे की ओर

बिहार के मुख्यमंत्री कृष्णवल्लभ सहाय ने कहा है कि बिहार में जो कुछ हुआ, वह कम्यूनिस्टों के नेतृत्व में सत्ता हथियाने के लिए रचा गया विध्वंसक कार्य है। उन्होंने यह भी कहा कि कम्यूनिस्ट पार्टी के दोनों अंग एक-दूसरे के पूरक हैं। आपने फरमाया—समय आ गया है कि लोकतंत्र और देश की सुरक्षा या कम्यूनिस्ट पार्टी के अस्तित्व में से एक को चुना जाए।

श्री सहाय ने बिना किसी शर्म के यह स्वीकार किया है कि राज्य में खाद्यान्नों का अभाव हो गया है और दाम बहुत बढ़ गए हैं। पूर्णिया जिले में 80 रुपये और पटना में 55 रुपये मन चावल बिक रहा है। इन तथ्यों को स्वीकार करते हुए उनमें यह कहने की बहादुरी नहीं आई कि अब भुखमरी के लिए जिम्मेदार मेरी सरकार को बने रहने का कोई अधिकार नहीं है। जनता की जरूरीयात के लिए 9 अगस्त को पटना बन्द का नारा देनेवाले नेताओं को न केवल गिरफ्तार करना किन्तु पुलिस दमन का शिकार बनाना—ऊपर से उन पर विध्वंसक कार्रवाइयों का आरोप लगाना अपने बचाव का ऐसा बचकाना बहाना है, जिसका कोई ठिकाना नहीं।

भारत रक्षा कानून के अन्तर्गत संसद सदस्यों और विधान सभा के सदस्यों की गिरफ्तारी से उत्पन्न जनरोष की जरा भी परवाह न करते हुए गृह मंत्रालय ने अपने गुप्तचर विभाग के सौजन्य से बिहार, पश्चिमी बंगाल, मैसूर, हैदराबाद और उत्तर प्रदेश के जन-आन्दोलनों में 'अवांछनीय तत्त्वों' द्वारा की गई गड़बड़ी की जाँच आरम्भ कर दी है। अब तक प्राप्त खबरों के अनुसार गृह मंत्रालय की यह सोच है कि इन सारी घटनाओं में कम्यूनिस्टों का हाथ है। सरकार को कितने बड़े झूठ का सहारा लेना पड़ रहा है, साफ है। निरन्तर मिथ्या का सहारा लेकर सत्तारूढ़ दल जो 'सुरक्षा महल' बनाता जा रहा है—वह एक दिन उन्हीं के कारनामों का 'मलबा' बन जाएगा।

[जनयुग : 22 अगस्त, 1965]

राम-मन्दिर का तुलसी फॉर्मूला

काँची के शंकराचार्य का फॉर्मूला आएगा जब आएगा। क्या जरूरी है कि हम उसी के भरोसे हाथ-पर-हाथ धरे बैठे रहें ? कहना फ़ैज का—'बहार आएगी जब आएगी, यह शर्त नहीं/कि तश्नः काम रहें गरचः बादः रखते हैं।' आखिर हमारे पास तुलसीदास का 'रामचरितमानस' है—वही 'मानस' जिससे लोकमानस राममय हुआ। लेकिन विडम्बना यह है कि आज 'जै श्रीराम' के उद्‌घोष में उस 'मानस' की वाणी सुनने की परवाह किसी को नहीं है। इतिहासकारों ने भी यह कहकर सन्तोष कर लिया कि राम जन्मभूमि मन्दिर के अस्तित्व के बारे में तुलसीदास खामोश हैं। खामोश क्यों हैं, यह पता लगाने की कोशिश नहीं की गई। वैसे, सच्चे संत की खामोशी भी बोलती है और संत यदि कवि, बल्कि महाकवि हो तो क्या कहने ?

लेकिन तुलसी ने यथास्थान इस प्रसंग में कुछ-न-कुछ कहा भी है जिसे सुनने के लिए विशेष प्रकार के प्रयास की आवश्यकता है। इस दृष्टि से 'रामचरितमानस' के द्वितीय सोपान में जिसे 'अयोध्या कांड' कहने का चलन है, वाल्मीकि के साथ राम का संवाद प्रसंगोचित है। वाल्मीकि को अपने वनवास की कहानी सुनाने के बाद राम ने पूछा कि 'अस जिय जानि कहिअ सोइ ठाऊँ। सिय सौमित्र सहित जहँ जाऊँ॥' अर्थात् वह स्थान बतलाइए जहाँ मैं सीता और सौमित्र के साथ (रहने के लिए) जाऊँ।

जवाब में विदग्ध आदिकवि ने पहले तो यह कहा :

पूछेहु मोहि कि रहौं कहँ, मैं पूछत सकुचाउँ।
जहँ न होहु तहँ देहु कहि, तुम्हहि देखावौं ठाउँ॥ (2/127)

यह सुनकर 'सकुच राम मन महुँ मुसकाने' और वाल्मीकि भी हँसे। लेकिन सवाल को टालने का यह कोई बहाना नहीं था। मुनिवर ने जो जवाब दिया, उसका निष्कर्ष यह है :

जाहि न चाहिअ कबहुँ कछु, तुम्ह सन सहज सनेहु।
बसहु निरन्तर तासु मन, सो राउर निज गेहु॥ (2/131)

अर्थात् जिसे कभी कुछ न चाहिए और जिसका तुम्हारे साथ सहज स्नेह हो, उसी मन में निरन्तर बसें और वही आपका अपना घर है। वैसे, व्यवहार के स्तर पर चित्रकूट रहने के लिए सुपास की जगह है पर असली जगह तो मनुष्य का हृदय ही

है—निस्सन्देह कुछ गुणों से युक्त हृदय। संवाद में वाल्मीकि ने उन गुणों की लंबी सूची भी दी है। किन्तु सर्वत्र टेक यही है : 'तेहि के हृदयं रहहु रघुराई' और 'राम करहु तेहि के उर डेरा।'

ध्यान देने की बात यह है कि महाकवि ने यह सच कहलाया स्वयं आदिकवि के मुख से।

कथाक्रम में आगे बढ़ने पर तो यही बात प्रत्येक भक्त स्वयं दुहराता है। तीसरे सोपान में, जिसे 'अरण्य कांड' कहते हैं, शरभंग, सुतीक्ष्ण और अगस्त्य मुनि के साथ-साथ स्वयं राम लक्ष्मण से 'मानस' के इसी सच को दुहराते हैं :

शरभंग : मम हियं बसहु निरन्तर, सगुन रूप श्रीराम। (3/8)
सुतीक्ष्ण : मम हिय गगन इंदु इव बसहु सदा निहकाम। (3/11)
अगस्त्य : बसहुँ हृदयं श्री अनुज समेता। (3/13/10)
लक्ष्मण से : बचन कर्म मन मोरि गति, भजनु करहिं निःकाम।
तिन्ह के हृदय कमल महुँ करउँ सदाविश्राम॥ (3/11)

इस प्रकार राम का वास्तविक निवास सच्चे भक्त का हृदय है, इस सच पर वाल्मीकि और तुलसीदास के साथ स्वयं श्रीराम सही करते हैं। बात बहुत सीधी-सरल यहाँ तक कि सपाट मालूम होती है, किन्तु इससे जो ध्वनि निकलती है, वह विस्फोटक है। ध्वनि यह है कि राम के लिए मन्दिर की आवश्यकता नहीं है। राम जब केवल हृदय में रहते हैं तो निश्चित है कि वे मन्दिर में नहीं रहते। तुलसीदास के अनुसार मन्दिर देवताओं के लिए होते हैं जबकि राम ब्रह्म हैं, कोई देवता नहीं। और पारब्रह्म या परात्पर ब्रह्म को किसी मन्दिर में नहीं बाँधा जा सकता है।

उल्लेखनीय है कि 'विनयपत्रिका' के आरम्भ में काशी के सभी देवी-देवताओं की वन्दना करने के क्रम में तुलसीदास ने एक-एक कर उन सबके नाम लिये हैं जिनके नाम पर कोई न कोई मन्दिर है, लेकिन इस सूची में राम का नाम नहीं है, न राम के किसी मन्दिर का जिक्र।

'रामचरितमानस' के छठे सोपान में, जिसे 'लंका-कांड' कहते हैं, राम रामेश्वर के दर्शन का तो फल बताते हैं, किन्तु 'मानस' में राम का कोई मन्दिर नहीं है। लंका में विभीषण का जो गृह है, वह 'रामायुध अंकित' है, उसमें कोई मूर्ति नहीं है। वैसे इस प्रसंग में 'हरि मन्दिर तहँ भिन्न बनावा' से किसी को भ्रम हो सकता है किन्तु लंका-वर्णन में 'मन्दिर' शब्द का प्रयोग सर्वत्र 'भवन' के ही अर्थ में हुआ है, 'देवालय' के अर्थ में नहीं। पुराना और मूल अर्थ भी यही है। वैसे, जिसे आजकल मन्दिर कहते हैं, उसके लिए तुलसी ने अपने युग के अनुरूप 'देवल' शब्द का प्रयोग किया है जो 'देवालय' का तद्भव है। जैसे 'दोहावली' (384) के इस दोहे में :

तुलसी देवल देव को, लागे लाख-करोरि।
काक अभागे हगि भर्‍यो महिमा भई कि थोरि॥

मन्दिरों के निर्माण में एक तो लाखों-करोड़ों लगते हैं; दूसरे, कौवे बीट करके उन्हें गन्दा करते रहते हैं—शायद इसीलिए तुलसीदास अपने राम के लिए किसी मन्दिर को उचित नहीं मानते थे। इस बिन्दु पर तुलसीदास भी कबीर के साथ खड़े हैं क्योंकि कबीर के राम भी 'ना मैं मन्दिर, ना मैं मसजिद' कह चुके थे। तुलसी के राम की जगह मन्दिर में नहीं, बल्कि सच्चे मनुष्य के हृदय में है, इस सच को वही समझ सकता है जिसका हृदय इस 'तुमुल कोलाहल कलह' में सही-सलामत बचा रह गया हो। मन्दिर बनाने के जुनून में जिनका हृदय पत्थर हो गया है, उन्हें तुलसी के राम का यह मर्म समझाना मुश्किल है।

आखिरी दिनों में स्वयं तुलसीदास भी अन्दर-ही-अन्दर बेहद बेचैन थे। सम्भवत: उसी मन:स्थिति में उन्होंने यह दोहा लिखा था :

रामायन अनुहरत सिख, जग भयो भारत-रीति।
तुलसी-सठ की को सुने, कलि-कुचालि पर प्रीति॥

[सीख दी जाती है रामायण के अनुरूप भाईचारा निभाने की, लेकिन जगत में महाभारत की रीति पर भाई-भाई के बीच युद्ध हो रहा है। ऐसा कलियुग आ गया है कि कुचाल पर ही लोगों की प्रीति हो गई है। फिर तुलसी जैसे शठ की कौन सुने?]

वह कलियुग अभी खत्म नहीं हुआ है, बल्कि शिखर पर है। ऐसे समय तुलसीदास के 'फॉर्मूले' की चर्चा करने वाला अपने-आपको महाशठ के अलावा और क्या कहेगा?

['सहारा समय' के 'यथा समय' स्तंभ में]